Les Publications de l'Université Euromed de Fès

FUSION DES HORIZONS

Basma AZZOUZI

STRUCTURE D'ACTIONNARIAT, PERFORMANCE ET MESURES DE RESTRUCTURATION :

Cas des entreprises cotées à la bourse des valeurs de Casablanca

Préface du Pr. Abdeslam SEDDIKI,
Ancien Ministre de l'Emploi et des Affaires Sociales

L'Harmattan

UNCAC
كرسي الأمم المتحدة لتحالف الحضارات
THE UNITED NATIONS CHAIR FOR THE ALLIANCE OF CIVILIZATIONS
LA CHAIRE DES NATIONS UNIES POUR L'ALLIANCE DES CIVILISATIONS

UEMF
الجامعة الأورومتوسطية بفاس
EUROMED UNIVERSITY OF FES
UNIVERSITÉ EUROMED DE FÈS

5-7, rue de l'École-Polytechnique – 75005 Paris
www.editions-harmattan.fr
ISBN : 978-2-336-59241-1
EAN : 9782336592411
Dépôt légal : janvier 2026

SOMMAIRE

LISTE DES FIGURES

LISTE DES GRAPHIQUES

LISTE DES TABLEAUX

INDEX DES ABREVIATIONS

AG : Assemblée générale
AMF : Autorité des marchés financiers
AMMC : Autorité Marocaine des Marchés de Capitaux
BNDE : Banque Nationale pour le Développement Economique
BVC : Bourse des valeurs de Casablanca
BVMC : Bourse des Valeurs Mobilières de l'Afrique Centrale
CA : Chiffre d'Affaires
CDVM : Conseil Déontologique des Valeurs Mobilières
CO : Concentrated Ownership
DEA : Data Envelopment analysis
DO : Dispersed Ownership
IPO : Initial Public Offering
MADEX : Moroccan Most Active Shares Index
MASI : Moroccan All Shares index
MBV : Market to book Value
OCDE : Organisation de coopération et de développement économiques
OCP : Office Chérifien des Phosphates
ONA : Omnium Nord-Africain
OPA : Offre Publique d'Achat
OPCVM : Organismes de placement collectifs en valeurs mobilières
OPV : Offre Publique de Vente
PME : Petite ou Moyenne Entreprise
PMI : Petite ou Moyenne Industrie
SA : Société Anonyme
SEC : Securities and Exchange Commission
SFI : Société financière internationale
SNI : Société Nationale d'Investissement
VIF : Variance Inflation Factor

PRÉFACE

Cet ouvrage, objet d'une thèse soutenue brillamment par Basma Azzouzi, examine de manière systématique le rôle de la structure d'actionnariat dans le fonctionnement des entreprises marocaines cotées, en étudiant ses effets simultanés sur la **performance financière et boursière** ainsi que sur les **mesures de restructuration** adoptées lors des situations de difficulté. L'étude s'inscrit dans le champ de la gouvernance d'entreprise, où la structure de propriété constitue un mécanisme central dans la réduction des asymétries d'information, la discipline managériale et l'allocation efficiente des ressources. Le choix du contexte marocain confère à ce travail un intérêt particulier, en raison de la prédominance des groupes familiaux, du degré élevé de concentration du capital et des transformations récentes du cadre réglementaire et financier.

La première partie de l'ouvrage propose un cadrage théorique structuré autour de trois axes. Le premier axe clarifie les concepts relatifs à l'actionnariat et à son organisation au Maroc. Il rappelle que la distinction entre actionnariat concentré et actionnariat dispersé n'a pas uniquement une portée descriptive, mais influence directement la capacité des actionnaires à surveiller la direction et à orienter les décisions stratégiques. La thèse décrit également les différents types d'actionnaires – majoritaires, minoritaires, familiaux, institutionnels ou étrangers – et souligne la manière dont leur identité peut modifier les incitations, les préférences de risque et les exigences de contrôle.

Le deuxième axe porte sur la performance de la firme. L'auteure revient sur les contributions théoriques majeures en matière de mesure de la performance, qu'elle soit comptable ou boursière. Elle présente les indicateurs utilisés (tels que le ROA ou le Q de Tobin), en montrant leur pertinence dans l'analyse de la création de valeur pour les actionnaires. L'examen de la littérature met en évidence des résultats hétérogènes sur le lien entre structure d'actionnariat et performance, ce qui justifie l'intérêt d'une investigation empirique dans un contexte émergent encore peu documenté.

Le troisième axe concerne les mesures de restructuration. La thèse explicite les notions de restructuration opérationnelle, financière et stratégique, ainsi que les conditions dans lesquelles les entreprises y recourent. Elle insiste sur les transformations organisationnelles observées au Maroc, en particulier durant et après la crise sanitaire de 2020, qui a accentué la vulnérabilité de certaines firmes et renforcé l'usage des dispositifs de réorganisation. L'auteure rappelle que la littérature internationale suggère que la structure de propriété pourrait jouer un rôle déterminant dans la décision d'engager ou non des restructurations, ainsi que dans le type de mesures retenues.

La deuxième partie de la thèse, consacrée aux analyses empiriques, constitue l'apport central de l'ouvrage. L'auteure décrit d'abord la méthodologie adoptée : constitution d'un échantillon de sociétés cotées à la Bourse de Casablanca, choix des variables, élaboration du modèle de recherche et justification des techniques statistiques mobilisées. L'approche combine analyses descriptives, corrélations, régressions linéaires multiples et modèles logistiques, ce qui permet de tester les hypothèses de manière rigoureuse tout en tenant compte des spécificités du marché étudié.

Les résultats concernant la performance montrent que la concentration de l'actionnariat exerce un effet mesurable, mais non uniforme, sur la performance comptable et boursière. La présence d'actionnaires familiaux est analysée dans le détail, et le travail met en évidence des effets différenciés selon les niveaux de détention et selon les identités des actionnaires. L'étude souligne également que l'impact de la structure de propriété peut varier en fonction des indicateurs de performance retenus, ce qui renforce la nécessité d'une analyse multidimensionnelle.

L'analyse des restructurations constitue un second volet empirique important. Les résultats révèlent les types de restructuration privilégiés par les entreprises marocaines en période de difficulté, qu'il s'agisse de mesures opérationnelles, financières ou de portefeuille. La thèse montre que certains profils d'actionnariat, notamment les actionnaires majoritaires ou familiaux, sont associés à des comportements de restructuration spécifiques. Elle identifie également des variables susceptibles de modérer la relation entre actionnariat et restructuration, telles que le secteur d'activité, la situation financière initiale ou l'intensité du choc subi.

L'ensemble de ces résultats contribue à enrichir la compréhension du rôle de l'actionnariat dans les marchés émergents. L'étude met en évidence que, dans un contexte où la concentration du capital demeure la norme, les mécanismes de gouvernance ne fonctionnent pas de manière identique à ceux observés dans les marchés développés caractérisés par un actionnariat largement dispersé. Les implications sont importantes pour les décideurs publics, les régulateurs, les investisseurs institutionnels et les dirigeants d'entreprise, dans la mesure où elles permettent de mieux anticiper les comportements de gouvernance et les réactions stratégiques des entreprises confrontées à des enjeux de performance ou à des situations de crise.

Cette thèse présente enfin des pistes de recherche futures, notamment l'examen d'autres mécanismes de gouvernance complémentaires, l'analyse de la dynamique temporelle de l'actionnariat ou l'étude de l'évolution du cadre légal marocain et de son influence sur la discipline managériale. Elle met également en évidence la nécessité d'approfondir les travaux empiriques portant sur les restructurations dans les économies émergentes.

Par sa construction méthodique, la clarté de son cadre théorique et la pertinence de ses résultats, cet ouvrage constitue une contribution significative aux recherches sur la gouvernance d'entreprise dans les contextes émergents et offre une base utile pour de futurs travaux portant sur l'actionnariat, la performance et les ajustements organisationnels.

Abdeslam SEDDIKI, Professeur Universitaire et Ancien Ministre de l'Emploi et des Affaires Sociales.

INTRODUCTION GÉNÉRALE

La structure de propriété est un mécanisme interne important de gouvernance d'entreprise. Cette dernière est une question d'importance croissante, à la fois théorique et pratique. L'émergence de ce thème (gouvernance d'entreprise) est généralement attribuée au débat ouvert par Jensen et Meckling (1976). Pour ces auteurs, la séparation des fonctions de propriété et de décision au sein d'une société donne lieu à une relation d'agence entre un principal et un agent. Cette relation soulève des tensions entre les différents partenaires en raison de la divergence d'intérêts. Cependant, le moyen le plus efficace pour réduire les coûts d'agence et améliorer la valeur de l'entreprise, est d'avoir une très bonne structure d'actionnariat qui à son tour, selon la théorie financière, peut avoir une influence déterminante sur les résultats et la performance d'une entreprise.

A cet effet, la structure de l'actionnariat d'une entreprise change, se modernise et se développe au fur et à mesure qu'elle s'agrandit. Chaque étape de son cycle de vie, correspond à un besoin de financement particulier où elle se trouve devant le choix de s'introduire en bourse ou de rester fermée. Ce choix est déterminé essentiellement par les coûts de production de l'information supportés par l'entreprise. L'accès aux marchés boursiers permet à l'entreprise de lever des fonds, d'accroitre et de diversifier les différentes sources de financement, de plus, l'entreprise cotée est perçue par le marché comme ayant atteint une dimension économique et financière la situant dans une catégorie de risque inférieure par rapport aux firmes non cotées. Il permet également l'accroissement de la liquidité des titres, la diversification du patrimoine et le désengagent des titres pour les anciens actionnaires.

Il est largement reconnu que l'actionnariat concentré incite les grands actionnaires à surveiller la direction. À mesure que la participation des grands détenteurs de blocs augmente, les détenteurs de blocs pourraient être plus incités à accroître la performance de l'entreprise et à surveiller la direction que les actionnaires dispersés. De plus, les actions concertées des grands actionnaires sont plus faciles que celles des actionnaires dispersés. Les grands actionnaires ont à la fois intérêt à récupérer leur argent et le pouvoir de l'exiger. La concentration de la propriété présente des avantages évidents, mais aussi des contre-arguments. Premièrement, les grands actionnaires sont généralement réticents au risque. En revanche, en raison d'une grande aversion pour le risque, une concentration plus élevée impose des primes de risque croissantes à mesure que l'entreprise s'agrandit (Demsetz et Lehn, 1985), ce qui entraîne des problèmes potentiels de ``sous-investissement''. Deuxièmement, une surveillance renforcée par une propriété concentrée décourage les parties prenantes internes (les gestionnaires ou les travailleurs) de faire des investissements coûteux spécifiques à l'entreprise. Troisièmement, la propriété concentrée pourrait conduire à un autre type de problème d'agence : les conflits entre les grands actionnaires et les petits actionnaires. Les grands actionnaires sont incités à utiliser leur position de contrôle pour obtenir des avantages privés aux dépens des actionnaires minoritaires. Outre la concentration de la propriété, l'identité de la propriété est également pertinente dans le contexte du problème de l'agence. La surveillance est plus efficace lorsque les actionnaires de contrôle ont une connaissance et une expérience suffisantes des questions financières et commerciales. En général, les investisseurs étrangers et les investisseurs institutionnels sont connus pour avoir les ressources et la capacité de suivre correctement les décisions de gestion.

A cet effet, les gestionnaires doivent avoir une compréhension des buts et objectifs, des perceptions des risques et des préférences temporelles de leurs actionnaires afin d'établir une adéquation entre la stratégie d'entreprise (les objectifs de profit, les dividendes, la structure du capital et taux de croissance) et la structure de l'actionnariat (Thomsen & Pedersen, 2000).

Tous ces constats légitiment notre choix d'étudier la structure d'actionnariat, un phénomène qui s'est fortement développé depuis une trentaine d'années dans la majeure partie des pays émergents et industrialisés, et qui a créé un intérêt considérable, aussi bien pour les chercheurs que les praticiens. Elle est généralement considérée comme une construction multidimensionnelle, et qui ne peut pas être reflétée par une seule variable et est plutôt caractérisée par la concentration de l'actionnariat et l'identité des actionnaires en deux dimensions : la concentration de l'actionnariat fournit des informations quantitatives sur l'actionnariat, tandis que l'identité des actionnaires révèle des informations qualitatives sur le type d'actionnaire.

Au Maroc, il est largement reconnu que l'actionnariat est concentré majoritairement entre les mains d'une famille, et les entreprises familiales constituent aujourd'hui la forme d'organisation la plus répandue dans le monde. Cette forme de structure d'actionnariat incite à accroître la performance de l'entreprise et à surveiller la direction, contrairement à l'actionnariat dispersé. Cette particularité du mécanisme de l'actionnariat au Maroc est à l'origine du choix que nous avons fait dans le cadre de ce travail de recherche de croiser différents angles de la structure d'actionnariat au Maroc, souhaitant aboutir ainsi à des résultats plus fouillés, en explorant mieux notre projet de recherche.

L'originalité de ce travail étant notamment notre volonté d'étudier l'actionnariat en enrichissant notre analyse par deux variables explicatives (la performance et les mesures de restructuration). Ce regard croisé nous permettra d'aboutir à une analyse plus approfondie de l'actionnariat, ainsi que l'imbrication de ces deux approches théoriques, de par leur complémentarité, des angles d'étude originaux vont fournir une meilleure compréhension de notre objet de recherche.

D'une part, les mesures de la performance du marché des capitaux sont basées sur les données boursières des sociétés cotées en bourse. Les plus grandes forces de ces mesures sont leur disponibilité immédiate et l'adaptation presque instantanée des cours des actions aux nouvelles informations accessibles au public.

D'autre part, l'un des aspects les plus marquants du comportement des entreprises au cours de ces cinq dernières années était la mise en place des mesures urgentes de restructuration des entreprises ayant connu des difficultés, et plus particulièrement pour faire face à la situation sanitaire exceptionnelle qu'a connu le Maroc en mars 2020, en raison de la propagation de l'épidémie de la Covid–19. A cet effet, les entreprises ont connu des changements radicaux dans leurs portefeuilles et dans leurs structures financières.

Les restructurations constituent un sujet qui vient à la fois susciter la curiosité de la communauté scientifique, mais également de tous les praticiens et dirigeants d'entreprises. Il devient essentiel de mieux cerner ces différents effets provoqués par les restructurations. Alors que certaines entreprises réussissent leur restructuration, d'autres échouent. Cet ouvrage vise à démontrer les conditions de succès des restructurations. Cameron (1994), a déjà démontré, il y a une vingtaine d'années, une trentaine de conditions de succès en signalant des pratiques à éviter quant aux restructurations. Il souligne que les organisations ont changé leurs perceptions quant aux facteurs de succès d'une organisation. Il y a une quarantaine d'années, on pouvait mesurer le succès d'une organisation en fonction de la taille de celle-ci. La stature occasionnée par le nombre de salariés apportait la reconnaissance du succès. La perception de l'entreprise en croissance était vitale. Une organisation en santé devait constamment être en croissance et le contraire était perçu comme un signe de faiblesse.

L'enjeu consiste donc à chercher les opportunités de rendre ces variables complémentaires et pour aboutir à une meilleure compréhension des phénomènes étudiés par les chercheurs en sciences de gestion.

En effet, la détermination de cette structure constitue une des décisions les plus difficiles à prendre par les dirigeants de l'entreprise. Dans ce sens, notre recherche, à travers une analyse du cas marocain d'explorer la relation entre la structure d'actionnariat et la performance de la firme d'une part et les mesures initiées par les entreprises en difficulté d'autre part, et ce pour un échantillon de firmes cotées à la bourse de valeurs de Casablanca.

Ces réflexions nous ont conduit à formuler une question centrale de recherche :

Existe-t-il un lien entre la structure d'actionnariat et la performance d'une part et les mesures de restructuration d'autre part ?

Cette question reste en effet largement ouverte. Pour éclairer davantage notre problématique, nous formulons quelques questions de recherche :

- ✓ Quelles sont les déterminants de la structure d'actionnariat ?
- ✓ Quels sont les mesures de restructuration prises par les entreprises marocaines cotées en bourse ?
- ✓ Est- ce qu'il y a une relation entre la structure d'actionnariat et la performance, de l'entreprise d'une part, et avec ses pratiques de restructuration, d'autre part ? Quelles variables sont en mesure d'influer ou modérer ces relations ? Et comment ?

Le modèle de recherche que nous proposons élabore des hypothèses qui nous assurent la transition d'une question vers une interprétation dynamique et intégrée de notre projet de recherche. Il sera soumis à la validation à travers une revue critique de la littérature afin d'identifier ce que les recherches antérieures révèlent sur notre sujet d'étude. Ensuite des tests statistiques seront réalisés. Mais auparavant, la rigueur scientifique exige d'opérationnaliser nos variables explicatives et à expliquer en les traduisant par des items "mesurables". Pour ce faire, une investigation documentaire combinée à des réflexions personnelles sera renforcée par des idées d'auteurs considérées comme vraies à un moment et dans un contexte donné. Nous décrivons ensuite notre démarche de recherche qui définit le processus de recherche, qui vise à construire une théorie à partir de l'accumulation d'observations empiriques, et justifie enfin le choix des variables à expliquer et la procédure de recueil des données.

La seconde étape de notre recherche consistera à structurer notre projet de recherche. Pour cela une première revue de littérature consacrée aux variables explicatives de la structure d'actionnariat à savoir la performance et les mesures de restructuration. Nous décrirons en détail ce travail exploratoire dans la partie empirique.

A l'issue de cette étape nous définirons plus précisément notre projet de recherche au fur et à mesure de la constitution de notre échantillon et de la collecte des données qui vont permettre de mieux d'expliquer la nature du lien et les facteurs d'influence de la structure d'actionnariat sur la performance d'une part et sur les mesures de restructuration d'autre part.

A travers ces étapes, nous avons structuré progressivement le plan de la recherche (Royer, 2003). Nous avons fait le choix de suivre deux voies complémentaires en interaction l'une avec l'autre :

Une voie théorique pour comprendre la forte évolution du phénomène de l'actionnariat ces dernières années, le mouvement de l'actionnariat serait ainsi amené à se développer car il se révèle être un outil de management moderne adapté aux conditions actuelles de l'économie. Il contribue à la stabilité du capital et valorise l'image sociale de l'entreprise. Il précise également l'influence de cette structure d'actionnariat sur la performance et les mesures de restructuration en se basant sur les études antérieures.

Une voie empirique pour comprendre dans l'ensemble la nature de l'influence de la présence des actionnaires majoritaires et les actionnaires familiales sur la performance et les mesures de restructuration des entreprises marocaines cotées en bourse.

Les chapitres 5 et 6 présenteront les résultats de cette voie théorique, où nous revenons plus précisément sur les différentes étapes de recherche de ces deux voies. Cependant, les travaux sur ces deux voies ont été menés en parallèle et se sont enrichis mutuellement.

Par ailleurs, il convient de préciser que les méthodologies statistiques et empiriques seront mises en œuvre pour étudier à la fois les différents aspects de la structure d'actionnariat et sa relation avec la performance et les mesures de restructuration prises par les entreprises en difficulté. Les études sur bases de données sont la méthodologie statistique utilisée dans cette étude.

Cette recherche vise à atteindre les objectifs principaux suivants :

- Donner un aperçu de l'actionnariat des entreprises marocaines.
- Montrer le lien entre la structure d'actionnariat et la performance des sociétés cotées en bourse.
- Mieux comprendre les mesures de restructuration initiées par les entreprises marocaines en difficulté au regard de leur structure d'actionnariat.
- Chercher à travers une analyse empirique, les mesures de restructuration favorisées par les entreprises marocaines durant une période de détresse.
- Analyser le rôle de la structure d'actionnariat comme facteur explicatif des mesures prises par les entreprises en difficulté dans le cadre d'un pays émergent comme le Maroc.

Si la plupart des objets de recherche trouvent leur genèse dans des réflexions théoriques et conceptuelles en sciences de gestion, les outils ou approches méthodologiques utilisés par la recherche peuvent également constituer des points de départ intéressants.

L'objet de notre recherche étant la volonté d'étudier le lien entre la structure d'actionnariat et la performance des sociétés cotées marocaines d'une part, et son lien avec les mesures de restructuration d'autre part, nous avons structuré notre recherche empirique en deux parties, en vue de répondre aux finalités énoncées.

Les Chapitres 1, 2 et 3 seront regroupés dans une première partie consacrée à l'analyse de la littérature. Cette partie cherchera à justifier la pertinence de la problématique, tant au regard des pratiques que des cadres théoriques généralement mobilisés pour l'étude de l'actionnariat, tout en rappelant les fondements historiques et économiques de l'actionnariat afin de mieux comprendre ses spécificités.

Des développements théoriques précédents, émergent ensuite la problématique de la recherche affinée ainsi que les hypothèses de recherche qui en découlent, qui seront testées dans la deuxième partie consacrée aux aspects empiriques de notre thèse. Tous les constats théoriques évoqués dans la première partie légitiment le choix de notre objet de recherche et la problématique qui sera traitée à travers les questions de recherche, en présentant une modélisation du protocole proposé et choisi pour répondre à notre problématique.

Les chapitres 5 et 6 seront dédiés à la validation empirique des propositions formulées dans la première partie. A cet effet, nous étudierons notre problématique via deux méthodes de recherches empiriques.

En conclusion, nous discuterons les apports et les limites de cette recherche, et proposerons des voies de recherche futures.

PREMIERE PARTIE :

Analyse théorique des effets de la structure d'actionnariat sur la performance de la firme et sur les mesures de restructuration des entreprises marocaines

INTRODUCTION

La géographie du capital est définie par Vernimenn et Yan[1] (2012), comme étant l'étude de la répartition du pouvoir entre les actionnaires ; pouvoir qui dépend du pourcentage en intérêt financier et du pourcentage en droit de vote. Pour les auteurs, l'étude de la géographie du capital sera fondamentalement différente si l'entreprise est cotée ou non. Car dans une société cotée, l'équilibre entre les différents actionnaires dépendra plus des accords d'actionnaires (pactes d'actionnaires) qui seront la plupart du temps mis en place.

Cette structure d'actionnariat émerge comme un élément constitutif de la gouvernance de l'entreprise. Elle occupe une position importante quand on la considère en tant que dispositif de résolution des conflits d'intérêts entre le dirigeant et les actionnaires. Ceci est notamment le cas lorsqu'elle s'avère surtout une décision stratégique, dans la mesure où cette structure peut se révéler ne pas être neutre dans la réalisation de l'objectif de maximisation de valeur de la firme.

Cette première partie construit le cadre théorique autour de la question de recherche de savoir si et comment la structure d'actionnariat affecte la performance de la firme d'une part et les mesures de restructuration d'autre part.

L'objectif est de proposer une riche analyse théorique du rôle de l'actionnariat dans l'explication des variations de la performance des entreprises et la mise en œuvre des mesures de restructuration des entreprises cotées en bourse.

A travers cette partie conceptuelle, nous tentons de répondre aux questions suivantes :

---

[1] Pierre Vernimmen et al., *Finance d'entreprise*, vol. 8, Paris, Dalloz, 2010.

- Le degré de la concentration ou de dispersion de l'actionnariat et sa nature affectent-elles de la même façon la performance de la firme ?
- La concentration et les identités des actionnaires responsables de mauvaise performance amènent-elles les entreprises à se restructurer ?

Cette première partie introduite par un premier chapitre qui donne une discussion fondée sur l'évolution globale de la structure d'actionnariat dans le contexte marocain (section 1), la partie théorique se poursuit par un aperçu sur le terme de performance et de sa mesure ainsi nous faisons un bref survol sur le concept de mesure de restructuration (section 2).

Par la suite, le chapitre 2 se concentre sur le concept de structure d'actionnariat et fournit des explications théoriques sur le lien entre concentration d'actionnariat et performance (section 1), et sur la relation entre la nature d'actionnariat définie par les différentes identités des actionnaires et la performance (section 2).

Et finalement, le chapitre 3 présente les principales causes de défaillance des entreprises et les différentes mesures de restructuration mises en place par ces entreprises en difficulté (section 1), puis il détaille le cadre théorique des différents modèles qui ont cherché à mettre en évidence la relation entre structure d'actionnariat et les actions de restructuration des entreprises en difficulté que celles-ci peuvent entreprendre.

CHAPITRE 1 :

ACTIONNARIAT, PERFORMANCE ET MESURES DE RESTRUCTURATION : CONCEPTS ET THÉORIES

Dans ce premier chapitre, nous présenterons dans une première section les pièces maîtresses de l'actionnariat et le rôle majeur que détiennent les actionnaires car ce sont les acteurs qui définissent la valeur boursière des entreprises. A cet effet, nous exposerons les acteurs internes de l'entreprise et les interactions entre eux ainsi que les formes de pouvoir qu'engendrent ces relations. Dans une deuxième section, nous allons aborder la relation liant les principaux acteurs : dirigeants et actionnaires. Cela nécessite d'identifier les différents conflits qui existent au sein de l'entreprise et de comprendre les mécanismes qui sont mis en œuvre pour diminuer ces conflits et la façon dont ces mécanismes interagissent. Et finalement, en troisième section, nous définissons brièvement le terme de performance et le concept de mesures de restructuration :

Section 1 :

Cadre conceptuel de l'actionnariat au Maroc

1. L'actionnaire : Concepts généraux

1.1. La notion d'actionnaire

Un actionnaire est une personne physique (un particulier) ou morale (une entreprise) qui, en investissant du capital dans une entreprise, en détient une ou plusieurs actions. Ces actions lui donnent droit d'assister aux assemblées générales de l'entreprise, de participer aux décisions stratégiques de l'entreprise si un droit de vote est associé à l'action et de percevoir le versement de dividendes si la société en verse.

Être ou devenir actionnaire, c'est être partenaire du développement social, et acteur de la vie économique. L'actionnaire apporte des ressources à la firme. En contrepartie, il attend une rémunération, sous forme de dividendes ou de plus-values.

En d'autres termes, l'actionnaire est propriétaire d'une action au moins, ayant vocation à retirer un enrichissement individuel optimal de la richesse qui sera générée par l'activité sociale et acceptant de contribuer aux éventuelles pertes sociales dans la limite de son apport. Dans une entreprise dont le capital n'est pas ouvert au public, et n'est donc pas cotée en bourse (fermée), dans laquelle le dirigeant est le principal actionnaire, la confusion des intérêts ne nécessite pas de contrôler le dirigeant. En revanche, dès lors que des actionnaires externes sont sollicités, le contrôle s'impose. Il s'inscrit dans un contexte légal qui garantit des droits à l'actionnaire, variables selon les pays.

La loi, ainsi que la qualité de sa mise en œuvre par les tribunaux et les instances de régulation, sont des éléments fondamentaux qui permettent l'exercice du contrôle par des actionnaires externes. Elle rend notamment plus difficiles les pratiques d'expropriation. Comme le soulignent La Porta et al.[2] (2000), en l'absence de protection des investisseurs, les dirigeants ou les actionnaires majoritaires peuvent prélever les profits de la firme sans entraves, et le contrôle par les actionnaires externes est impossible : ceux-ci refuseront d'apporter des fonds. Lorsque la protection légale est meilleure, les pratiques de prélèvement deviennent plus coûteuses et se réduisent. Le contrôle par les actionnaires externes prend alors tout son sens[3].

Si l'entreprise ne maîtrise pas sa croissance, en d'autres termes si son dirigeant n'est pas sensible au succès social aussi bien pour lui-même que pour le personnel, il est quasiment certain que les résultats ne suffiront pas à financer l'expansion de l'entreprise.

D'ailleurs, il existe une palette étendue d'actionnaires selon leur choix de placements et les valeurs correspondantes dont on distingue les actionnaires internes, externes, les actionnaires majoritaires et ceux minoritaires. Pour cela, ces différents types des actionnaires seront détaillés dans le deuxième chapitre.

1.2. Le rôle de l'actionnaire

Avant d'entrer dans le vif de sujet en abordant la question de la structure d'actionnariat, nous allons accorder une attention particulière au rôle de l'actionnaire dans la firme.

Il est à souligner que les actionnaires jouent un rôle primordial, leur présence dans une entreprise conduit à l'ouverture du capital à ces derniers. Pour assurer la pérennité économique et la gestion à long terme, l'actionnaire doit apporter de l'argent dans le capital de la firme, en échange il

---

[2] Rafael La Porta et al., « Investor protection and corporate governance », *Journal of Financial Economics*, vol. 58, nos 1–2, 2000, p. 3-27.

[3] Édith Ginglinger, « L'actionnaire comme contrôleur », *Revue française de gestion*, no 141.5, 2002, p. 37-55.

reçoit des parts de capital c'est-à-dire une ou plusieurs actions.

Naturellement, la création d'entreprise exige la combinaison du facteur financier (apports en argent et en nature) en part principale et du facteur humain (main d'œuvre, charges salariales) [4].

1.2.1. Rôle de porteur d'une vision stratégique

La vocation principale des actionnaires est la maximisation de la valeur de leur investissement dans l'entreprise afin que l'entreprise crée de la valeur actionnariale. Celle-ci dépend d'une politique d'investissement optimale qui consiste à saisir toutes les opportunités d'investissement rentables puisqu'elles affectent les différentes politiques internes de la firme et vu l'importante asymétrie d'information que ces opportunités d'investissement font naître au sein de la firme. Elle amène les firmes à privilégier les stratégies de recentrage, afin que l'actionnaire ait une vision claire de son investissement, et à éliminer les actifs oisifs ou peu rentables.

Le terme de « recentrage » caractérise bien le modèle de croissance des grands groupes depuis la fin des « trente glorieuses », pendant le dernier quart du XXe siècle : recentrage sur les compétences clés de l'entreprise pour affronter une situation concurrentielle durcie, recentrage sur les objectifs de rentabilité des investissements, recentrage sur les intérêts de l'actionnaire. Il s'ensuit une certaine logique des choix économiques : rentabilisation des capitaux par allégement des investissements, externalisation de services et sorties d'actifs, ouverture aux marchés financiers, promotion de la création de valeur, gouvernance vigilante des dirigeants par les actionnaires, etc. En ce sens, le recentrage désigne un modèle de croissance fondée sur le délestage de tous les actifs

---

[4] Michel Albouy, « L'actionnaire comme apporteur de ressources financières », *Revue française de gestion*, no 141.5, 2002, p. 17-35.

non nécessaires à l'exercice du cœur de métier et sur la financiarisation des critères de performance[5].

A cet égard, le fait de devenir actionnaire confère généralement aux apporteurs de fonds des avantages. En effet, comme nous l'avons déjà souligné plus haut le statut d'actionnaire leur permet d'intervenir lors de l'assemblée générale des actionnaires, c'est-à-dire de voter ou non les résolutions présentées, d'y proposer des amendements, ou d'en déposer d'autres. Ensuite, à partir du moment où les apporteurs investissent dans le capital social d'une société, la gestion des fonds devient un enjeu important car l'agrégation des sommes détenues individuellement peut constituer une part importante du capital, au point de leur conférer une position stratégique dans l'entreprise[6].

Cette situation rend donc incontestable leur participation à la prise de décision et celle-ci doit se concrétiser par leur représentation au sein des conseils d'administration.

1.2.2. Rôle d'apporteurs de fonds et de ressources financières

Le rôle des actionnaires en tant qu'apporteurs de ressources financières s'est fortement accéléré avec l'avènement de la « nouvelle économie ». La raison pour laquelle les créateurs des start-ups font appel aux actionnaires pour développer leurs entreprises et non pas aux créanciers trop frileux qui demandent des garanties[7].

Être actionnaire, en plus de son rôle théorique, confère des droits divers tels le droit pécuniaire, le droit à l'information et le droit à la gestion. Pour cela, les apports en argent constituent la pierre angulaire et le pilier pour l'existence de toute entreprise. L'actionnaire en tant qu'acteur

[5] Laurent Batsch, « II/Le recentrage stratégique », *Repères*, 2002, p. 41-67.

[6] Laurent Batsch, « III/La financiarisation des stratégies », *Repères*, 2002, p. 68-98.

[7] Michel Albouy, *op. cit.*, p.9.

incontournable au sein de l'entreprise est amené à apporter des fonds, ces derniers sont investis dans l'espérance de la création de la valeur.

Partant de cette idée, il devient donc intéressant, voire utile de comprendre pourquoi l'entreprise a besoin de fonds propres et donc d'actionnaires, il faut partir de l'acte fondateur de l'entreprise à savoir son ou ses projets d'investissement. Ces derniers sont aussi divers que l'activité humaine. Généralement, les entreprises ont besoin de fonds propres et d'actionnaires fidèles pour assurer leur croissance[8].

En effet, l'actionnaire doit, à travers le dirigeant, veiller à la bonne marche globale de l'entreprise : équilibre financier, rentabilité, perspectives de croissance, etc.

1.2.3. Rôle de supporteur de risque et de contrôleur

1.2.3.1. L'actionnaire et le risque

Sur le plan financier, tous les projets d'investissement bien qu'ils soient très différents se caractérisent par une « espérance de rentabilité » et surtout par un niveau de risque plus au moins élevé. Le risque n'est jamais certain compte tenu du fait que les cash-flows futurs du projet ne sont pas garantis.

Deux raisons sont avancées pour prouver que les actionnaires sont de solides garants de la bonne gestion. D'une part, en cas de faillite de l'entreprise, ils perdent le capital investi. Ce risque majeur les pousse à éviter des décisions mettant en péril la continuité de l'activité. D'autre part, les actionnaires n'ont pas de contrat vis-à-vis de l'entreprise, à la différence des autres parties prenantes. Leur créance est dite résiduelle car leur rémunération, sous forme de dividendes, dépend entièrement du niveau des profits. Ils

---

[8] Les stakeholders étant l'ensemble des personnes en relation avec l'entreprise ou encore, les individus ou groupe d'individus dont dépend la pérennité de l'entreprise.

ont donc intérêt à faire pression pour que la société dégage des résultats, ce qui implique, là encore, qu'elle soit bien gérée.

Dès lors que la rentabilité des actifs est aléatoire, il est impossible de les financer par des fonds, comme la dette, qui exige une rémunération certaine. Seuls les actionnaires, qui acceptent de prendre des risques, peuvent financer, totalement ou partiellement de tels projets.

1.2.3.2. L'actionnaire et le contrôle

Le troisième rôle prêté aux actionnaires, est le rôle de contrôle. Dans la théorie d'agence, l'entreprise n'est pas considérée comme une entité en soi, mais comme une somme d'individus ayant des relations contractuelles. L'actionnaire et le manager peuvent y avoir des intérêts divergents. Le premier peut par exemple rechercher des dividendes à court terme tandis que le dirigeant pourra souhaiter maximiser son seul profit individuel. Afin de minimiser cette divergence, la théorie de l'agence explique que la meilleure organisation possible consiste pour l'actionnaire à mettre en place des mesures incitatives et des mesures de contrôle.

Le contrôle peut s'exercer soit par les droits de vote que possède l'actionnaire, soit par les ressources qu'il peut engager (en termes de temps et de fonds) pour suivre les actions de l'équipe dirigeante, soit par l'influence qu'il peut exercer sur les actionnaires minoritaires afin de le soutenir en cas de désaccord avec l'équipe managériale.

Devant le constat de comportements manifestement déviants de la part de certains dirigeants ayant conduit à la spoliation de nombreux actionnaires, la mise en place des mécanismes de contrôle et de gouvernance semblait être s'imposer comme outil de régulation[9]

[9] Gérard Charreaux (dir.), *Le gouvernement des entreprises : Corporate Governance : théories et faits*, Paris, Éditions Economica, 1997.

1.3. Les types des actionnaires

Comme déjà mentionné plus haut, il existe plusieurs types d'actionnaires selon leur choix de placements et les valeurs correspondantes. La distinction entre actionnaire majoritaire ou minoritaire est définie uniquement en fonction de la détention des droits de vote. Or, Jensen et Meckling (1976) distinguent entre deux catégories d'actionnaires. Les actionnaires de contrôle (Inside Shareholders) qui participent activement à la gestion de l'entreprise et les actionnaires externes (Outside Shareholders) sont passifs par rapport à la gestion de l'entreprise [10].

Ainsi nous allons de ce qui suit, définir les actionnaires internes et externes selon la part détenue dans le capital de l'entreprise à savoir : contrôle par les actionnaires majoritaires et le contrôle par les actionnaires minoritaires.

1.3.1. Actionnaires internes

Les actionnaires internes sont ceux qui participent activement à la gestion de l'entreprise. Ils sont assimilés aux managers - actionnaires. Il nous semble pertinent d'élargir cette définition et d'y intégrer les actionnaires majoritaires qu'ils soient dirigeants ou pas. Leur pouvoir d'influence est fort au sein des assemblées générales. Ils n'ont pas besoin de mobiliser d'autres actionnaires pour faire voter certaines résolutions ou contester la gestion des dirigeants.

Un actionnaire majoritaire est un investisseur ou groupes d'investisseurs détenant plus de la majorité du capital (et/ou des droits de vote) d'une entreprise. Un actionnaire majoritaire en capital peut toutefois ne pas l'être au niveau des droits de vote. En effet, le nombre de droits de vote peut être fort différent du nombre d'actions composant le capital social (droit de vote double, etc.). L'actionnaire majoritaire ne peut toutefois prendre des décisions contraires à l'intérêt de

---

[10] Florent Ledentu, « Système de gouvernance d'entreprise et présence d'actionnaires de contrôle », mémoire de recherche, 2008.

l'entreprise ou des actionnaires minoritaires. Il pourrait être condamné pour abus de majorité. Si l'actionnaire majoritaire contrôle le conseil d'administration, il a accès à l'information interne et peut orienter les décisions prises au sein de l'entreprise. Il est donc impliqué dans la gestion de l'entreprise soit en étant lui-même dirigeant, soit en contrôlant le dirigeant.

En principe, dans les sociétés cotées, les actionnaires délèguent le contrôle interne des principaux dirigeants au conseil d'administration. Ils ne conservent leur droit de contrôle que pour certains domaines restreints de la compétence des assemblées ordinaires ou extraordinaires : approbation des comptes sociaux, distribution des dividendes, nomination des administrateurs, approbation des conventions passées avec les administrateurs, émission d'obligations, modification des statuts, fusion, modifications de capital. Le niveau élevé de complexité des sociétés implique normalement, que le conseil d'administration se décharge lui-même de l'essentiel des fonctions de décision et de contrôle sur les agents internes de la société. Il ne garde que le contrôle ultime de leurs décisions. Soulignons que, quel que soit le caractère plus ou moins atténué de la séparation propriété/décision, le rôle du conseil a un rôle de contrôle et non de décision.

Quand le capital est concentré, les actionnaires majoritaires sont incités à surveiller les dirigeants, car ils supportent une part élevée de la destruction de la richesse[11].

Pour cela, l'actionnaire veillera à ce que le dirigeant agit au mieux de ses intérêts et en conformité avec la politique globale de l'entreprise et limiter aussi son comportement opportuniste.

---

[11] Harold Demsetz et Kenneth Lehn, « The structure of corporate ownership : Causes and consequences », *Journal of Political Economy*, vol. 93, no 6, 1985, p. 1155-1177.

1.3.2. Actionnaires externes

Les actionnaires externes sont les actionnaires passifs et qui n'interviennent nullement dans la politique de la firme. La catégorie des actionnaires extérieurs peut être assimilée à celle des actionnaires minoritaires.

Ces derniers ne possèdent pas assez de capital ou de droits de vote pour pouvoir influencer les décisions et ne sont pas motivés pour s'engager dans un contrôle coûteux des dirigeants. Ils délèguent cette fonction de contrôle au conseil d'administration[12].

Un actionnaire minoritaire est un actionnaire disposant d'une influence limitée sur l'entreprise dans laquelle il détient des parts. Son droit de vote n'a que peu de chances de peser lors des assemblées générales, à moins que ne soit constituée une minorité de blocage. Une telle situation s'explique généralement par un nombre d'actions détenues insuffisant au regard du capital social de l'entreprise.

Dans les entreprises à actionnariat dispersé, les actionnaires minoritaires ne sont pas généralement incités à contrôler les dirigeants afin de les amener à gérer l'entreprise de façon à augmenter sa valeur. Aucun actionnaire minoritaire n'est incité à entreprendre des mesures de contrôle du dirigeant au risque de supporter à lui seul la totalité des coûts alors que les avantages éventuels seront partagés entre tous les actionnaires. Par conséquent, les actionnaires minoritaires cherchent des opportunités d'amélioration de la performance sans engager de dépenses.

Pour que la surveillance soit efficace, il faut la présence des actionnaires majoritaires qui supportent le coût de contrôle.

---

[12] Céline Du Boys, *Rôle des conflits d'agence, de la structure d'actionnariat et des mécanismes de gouvernance sur les politiques de distribution : Application aux décisions de dividende et de rachat d'actions des sociétés françaises cotées*, thèse de doctorat, Université Aix-Marseille, 2007.

Ces actionnaires ont intérêt à jouer un rôle actif et à exercer un contrôle direct sur les dirigeants[13].

2. L'actionnariat : Formes et évolution au Maroc

L'actionnariat d'une société regroupe l'ensemble de ses actionnaires, autrement dit l'ensemble des détenteurs d'actions et possesseurs d'une part du capital de la société, sous forme d'actions.

En outre, l'actionnariat est considéré comme un levier au service des stratégies suivies par les entreprises, le développement de l'actionnariat des salariés, la prise en compte de considérations éthiques dans les stratégies de certains investisseurs institutionnels, le poids de l'environnement institutionnel et politique dans la détermination des structures d'actionnariat, semblent difficilement explicables par la perspective financière traditionnelle. Il convient donc de dépasser cette dernière pour mieux comprendre ce qu'est l'actionnaire. Selon cette perspective, la structure de l'actionnariat constitue un dispositif de contrôle pertinent de l'action des dirigeants et donc de renforcement de la performance des firmes.

Selon cette perspective, la structure de l'actionnariat constitue un mécanisme de contrôle pertinent de l'action des dirigeants et donc de renforcement de la performance des firmes La diversité des structures d'actionnariat et des catégories d'actionnaires, selon les différentes nations, contredit la vision financière traditionnelle qui, à l'origine, retient un scénario d'actionnariat diffus, opposant les seuls dirigeants, non-actionnaires à une multitude de petits porteurs réputés passifs. Or, d'une part, les structures d'actionnariat restent très fortement concentrées, avec une grande variété d'actionnaires dominants : des familles, d'autres sociétés, cotées ou non, d'autres organisations (des mutuelles, des coopératives, etc.), d'autre part, la dispersion,

---

13 Abdelwahed Omri, « Systèmes de gouvernance et performance des entreprises tunisiennes », *Revue française de gestion*, no 142.1, 2003, p. 85-100.

a plutôt tendance à se réduire, en particulier sous l'influence de la montée en puissance des investisseurs institutionnels.

A cet effet, l'environnement légal dans un pays conditionne le type d'actionnariat qui y est le plus fréquent : actionnariat dispersé lorsque les intérêts des investisseurs sont bien protégés, actionnariat concentré lorsqu'ils le sont moins

2.1. Actionnariat concentré

Dans un ***Actionnariat concentré (Concentrated Ownership Structure: CO)*** le capital d'une société est concentré dans quelques mains (le capital marocain est fermement concentré entre quelques mains[14]). Un actionnariat concentré permet une meilleure visibilité du contrôle de l'entreprise.

Lorsque l'actionnariat est concentré entre les mains des actionnaires dominants, ces derniers détiennent souvent un pourcentage assez élevé des droits de vote excédant leurs droits aux flux financiers. Ils sont en mesure de consolider leur pouvoir tout en minimisant leur participation au capital par l'émission de droits de vote multiples et par la mise en place de structures pyramidales.

En ce sens, l'intensité du conflit d'agence entre actionnaires majoritaires et minoritaires est forte. Les actionnaires externes cherchent alors à maximiser la distribution afin de limiter l'extraction de bénéfices privés par l'actionnaire dominant. Cependant, ils ne pourront exiger une telle distribution que s'ils ont les moyens de contrôler ou d'influencer cet actionnaire, c'est-à-dire si d'autres mécanismes de gouvernance sont mis en place. Si aucun mécanisme ne force l'actionnaire dominant à la distribution, il la minimisera afin de favoriser ses intérêts propres.

---

14 M. Oubenal et A. Zeroual, « Qui dirige l'économie marocaine ? Étude sur la structure de gouvernance du tissu économique marocain », mémo scientifique publié sur le site TAFRA, 2018.

Jensen (1990) ; Bethel et Liebeskind (1993), stipulent que la concentration du capital est un élément favorable à l'exercice d'un contrôle efficace par les actionnaires. Convaincus que les dirigeants peuvent adopter des stratégies opportunistes pour maximiser leur richesse aux dépens des autres. Également, lorsqu'un actionnaire détient une part significative du capital, il est fortement incité à investir dans le contrôle de la gestion de l'entreprise car il s'appropriera une part non négligeable des bénéfices supplémentaires ainsi réalisés[15].

2.2. Actionnariat dispersé

Dans ***un actionnariat dispersé (Dispersed Ownership Structure: DO)***, aucun actionnaire ne contrôle en pratique la société, et chaque actionnaire détient une petite partie du capital de la société. Il est plus facile de convaincre des actionnaires dispersés que des actionnaires unis.

Lorsque l'actionnariat est très dispersé, l'intensité du conflit d'agence entre actionnaires et dirigeants est forte. Les actionnaires externes cherchent alors à maximiser la distribution afin de limiter l'extraction de bénéfices privés par les managers.

De nos jours, la gestion de l'entreprise est fréquemment déléguée à un dirigeant que les actionnaires sont conduits à contrôler. Ce contrôle peut être effectué directement par l'exercice des droits de vote lors de l'assemblée générale ou indirectement par le Conseil d'administration.

De ce fait, la firme connaît les conflits d'agence classiques, qui surviennent lorsque les dirigeants sont tentés de poursuivre leur propre intérêt aux dépens de celui des actionnaires. Les actionnaires visent le profit le plus élevé compatible avec un degré raisonnable de risque. Les dirigeants eux cherchent le prestige, le pouvoir et la rémunération de leurs compétences et de leurs efforts.

---

[15] Andrei Shleifer et Robert W. Vishny, « A survey of corporate governance », *The Journal of Finance*, vol. 52, no 2, 1997, p. 737-783.

L'exercice du contrôle est rendu complexe par l'asymétrie d'information existant entre dirigeants et actionnaires. Le système d'information supposé éclairer les actionnaires est fortement influencé par les dirigeants. Un actionnaire diversifié n'a aucun intérêt à assurer lui-même le contrôle de la firme dans laquelle il détient très peu d'actions. En revanche, il peut participer à la mise en place d'instances qui le feront. Les mécanismes susceptibles de réduire les conflits d'agence sont multiples. Il s'agira aussi bien d'outils de contrôle que d'incitations, afin d'aligner les intérêts des dirigeants sur ceux des actionnaires. Le rôle disciplinaire du marché boursier intervient souvent en dernier ressort. Les autres parties prenantes de la firme, prêteurs, salariés, clients, fournisseurs, participent à ce contrôle, et de nombreuses interactions existent entre les divers mécanismes disciplinaires mis en œuvre[16].

2.3. Évolution de la structure d'actionnariat au Maroc

Le Maroc fait partie des pays émergents, à l'instar de certains pays d'Asie (Indonésie, Jordanie), d'Afrique (Tunisie, Egypte) et d'Amérique latine (Argentine, Mexique). La bourse de Casablanca a connu une forte animation durant les années 1990 et 2000 lors des programmes de privatisation et de l'encouragement des entreprises à s'inscrire sur le marché boursier. Cela a permis l'émergence d'un nouvel actionnariat composé d'investisseurs institutionnels, d'investisseurs étrangers et de compagnies familiales inscrites sur le marché financier avec le désir de se procurer de nouvelles sources de financement.

Dans ce contexte, le débat sur les questions liées à la gouvernance des entreprises a commencé au début des années 1990, particulièrement, avec les réformes ayant touché les marchés financiers et le cadre réglementaire et institutionnel liés à la gestion des affaires. Ce débat a resurgi avec force suite aux scandales ayant secoué les milieux

[16] Édith Ginglinger, *op. cit.*, p. 44-55.

financiers de la place au début des années 2000 (BNDE, CI, etc.). Il va sans dire que malgré la concordance de la réglementation en vigueur avec les règles de bonne gouvernance ; le problème est souvent posé avec acuité au niveau des pratiques des entreprises en la matière. Celles-ci doivent s'inscrire plus dans les démarches de bonnes conduites au-delà des contraintes légales et réglementaires.

A cet effet, le Maroc a connu ces deux dernières décennies des réformes, qui lui ont permis d'enregistrer des avancées appréciables en matière de développement de la gouvernance d'entreprise, aujourd'hui, ce projet de développement s'effectue dans deux directions : l'accroissement des moyens de contrôle et de surveillance à la disposition des administrateurs indépendants, et le renforcement des droits des actionnaires. Les principes de « Corporate Governance » constituent, désormais, un cadre de référence des relations de pouvoir entre managers, investisseurs institutionnels et actionnaires d'entreprises.

Soutenu par les organisations mondiales (Banque mondiale, OCDE, SFI, etc.) et à l'instar des pays développés et émergents, le Maroc a enclenché plusieurs réflexions sur les relations entre actionnaires, administrateurs et dirigeants en instaurant un ensemble de règles. Parmi celles-ci, les circulaires du CDVM et la loi sur la société anonyme (SA) 17/95 qui sont adaptées à l'évolution économique actuelle et répondent aux principes de bonne gouvernance, particulièrement pour ce qui est de la mise à niveau de l'administration publique, de la coordination étroite entre acteurs, de l'amélioration de la transparence de l'information, de l'innovation et de la sécurité des transactions et des contrats. Ce qui a donné lieu à un éventail de lois et codes alignés sur les benchmarks internationaux et sur les principes de Gouvernance d'Entreprise de l'OCDE tout en s'adaptant au contexte local et aux spécificités du tissu économique Marocain.

S'inscrivant dans ce sillage, l'adoption immédiate de ces principes est incontournable pour maintenir la confiance des épargnants, donner plus de crédibilité à notre place financière et rassurer les investisseurs Marocains et étrangers.

De façon générale, l'actionnariat au Maroc a tendance à s'éclater car les descendants des groupes familiaux seront amenés à intégrer dans le capital des partenaires professionnels et se financer sur le marché ce qui va les pousser à plus de transparence. Les investisseurs ne se contentent plus de la situation économique et financière des émetteurs mais réclament de plus en plus des informations sur leur gouvernance ce qui pousse le régulateur à en tenir compte dans le cadre de la revue de sa circulaire qui définit les modalités d'application de la nouvelle loi en termes d'informations nécessaires à la prise de décision de la part des investisseurs[17].

Comme nous l'avons déjà mentionné, au Maroc, on est encore loin d'avoir des structures bien organisées. Parmi, les arguments évoqués, il y a la centralisation du pouvoir, la rétention de l'information, l'absence de formalisation, la volonté du dirigeant et sa veille à la réalisation de tout, le faible intérêt accordé à la qualité, au marketing, au contrôle de gestion, à l'information, etc. On peut supposer l'absence de structures organisationnelles plus élaborées dans une grande majorité d'entreprises et en cas d'existence, le choix se fait sur des formes simples (fonctionnelle et hiérarchique). La structure organisationnelle la plus répondue dans les entreprises marocaines est fortement centralisée et personnalisée. Pour celles-ci, en général les services les plus répandus sont : finance, administration et production, en revanche, les grandes structures disposent d'une structure étoffée.

A cet effet, la mise en œuvre opérationnelle des principes d'une bonne gouvernance ne peut qu'aider les entreprises

---

[17] Mohamed Saïd Saadi, *Les groupes financiers au Maroc*, Casablanca, 1989.

marocaines de sortir de leur coquille familiale et adopter un mode managérial plus performant répondant à un enjeu de pouvoir et à un enjeu économique[18].

3. Encadrement juridique de l'actionnariat au Maroc

La détermination du cadre juridique de l'actionnariat est marquée par une grande continuité visant à mieux définir l'actionnaire. Il est assez évident que l'on ne peut pas s'intéresser à l'actionnaire sans envisager l'examen du cadre juridique dans lequel se comporte cet actionnaire.

L'actionnaire dispose d'un statut juridique qui lui confère un certain nombre de droits et lui impose un certain nombre d'obligations. Ce statut doit donc être précisé et plus exactement dans une optique dynamique puisque notre réflexion portera sur l'évolution du cadre juridique.

En effet, ces dernières années, le cadre juridique marocain a connu des évolutions considérables, il a entrepris plusieurs réformes visant la modernisation de l'environnement juridique des entreprises. Les évolutions en cours, tendant vers une plus grande transparence, une plus grande protection des actionnaires ou associés minoritaires et une pénalisation plus large du droit des affaires, accentuent d'autant cette proximité. Ce droit a pleinement profité de la dynamique de réformes structurelles engagées par le Maroc depuis le début des années 90. Trois textes, en particulier régissent la matière au Maroc : le code de commerce, la loi n° 17-95 sur les sociétés anonymes et la loi n° 5-96 relative aux autres formes sociales. Après un bref aperçu des droits et obligations de l'actionnaire, nous allons nous intéresser dans cette partie plus particulièrement sur le statut juridique des sociétés anonymes qui constituent la forme de sociétés cotées en bourse la plus répandue au Maroc.

3.1. Droits de l'actionnaire

[18] Othmane Fahim, « Étude : les entreprises marocaines face aux projets de transformation », *TelQuel*, octobre 2017. https://www.telquel.ma

L'évaluation de la bonne pratique en matière de gouvernement d'entreprise passe principalement par le niveau de facilitation de l'exercice des droits d'actionnaire. En effet, un des droits les plus importants pour les investisseurs et plus particulièrement les actionnaires est le droit de vote. Il s'agit de l'un des instruments les plus efficaces pour promouvoir de bonnes pratiques de gouvernance.

En particulier, un droit important pour les actionnaires est de pouvoir ajouter une résolution à l'ordre du jour d'une assemblée générale. Les actionnaires doivent être en mesure de révoquer des membres du conseil d'administration et de participer au processus de désignation et d'élection des candidats. Ils doivent même faire entendre leur voix à propos de la politique de rémunération des dirigeants et des administrateurs de la société, et la composante en actions de cette rémunération doit, le cas échéant, être soumise à leur approbation (Wirtz, 2005).

L'actionnaire a le droit aussi de consulter divers documents avant l'Assemblée Générale (AG), tels que les comptes de résultats, le bilan comptable, ainsi que les résolutions qui seront proposées et votées en AG. Ce droit lui permet de contrôler la gestion des affaires sociales de la société et ainsi de se prononcer sur l'AG. Les actionnaires doivent donc être tenus informés par les sociétés qui doivent leur communiquer ces documents avant la tenue de l'assemblée, soit de manière électronique, soit par courrier. Tout actionnaire d'une société détient des droits de vote en AG, proportionnels au nombre d'actions qu'il possède. Le droit de vote est rattaché à l'action et est proportionnel à la quotité du capital représenté. Il est possible que les statuts viennent modifier les droits de vote des actionnaires en les augmentant ou en les réduisant.

En outre, le droit de participer à l'assemblée générale est un des droits fondamentaux des actionnaires, souvent confondu avec le droit de vote, pourtant bien distinct, puisque les actionnaires peuvent exercer leur droit de vote sans pour autant être présent à l'AG, par la voix d'un mandataire ou en ayant recours au vote en période de pré-AG. Tout actionnaire qui souhaite participer à l'AG d'une société dont il détient des actions ne peut se voir refuser sa participation. Autre droit fondamental des actionnaires, est le droit à la participation aux bénéfices sous la forme du paiement de dividendes. Si la société dégage un bénéfice, la décision de distribuer une partie des bénéfices peut être prise en AG, à condition que les comptes sociaux aient été validés au préalable[19].

A cet effet, l'évaluation de la bonne pratique en matière de gouvernement d'entreprise passe par le niveau de facilitation de l'exercice des droits des actionnaires. Les droits des actionnaires et les relations avec les administrateurs peuvent aussi être interprétés comme une des meilleures améliorations du processus de notation. Ajouter une résolution à l'ordre du jour d'une assemblée générale présente un droit important pour les actionnaires. Il s'agit bien de participer activement à la vie de l'entreprise.

3.2. Obligations de l'actionnaire

Si l'actionnaire détient des droits sur son titre et dans les relations avec la société, il est également soumis à des obligations. Et l'une des plus importantes est celle prévue par l'article 21 de la loi n°17-95 qui stipule que les actions représentatives d'apports en numéraire doivent être libérées lors de la souscription du quart au moins de leur valeur nominale. La libération du surplus intervient en une ou plusieurs fois sur décision du Conseil d'Administration ou du Directoire dans un délai qui ne peut excéder trois ans à compter de l'immatriculation de la société au Registre du Commerce. Ainsi, l'actionnaire est tenu de libérer la partie de la valeur de son action non libérée au moment de la souscription au capital social et ce, dès que la demande lui en est faite dans le délai légal de trois ans au plus tard. Si

[19] M. Sardin, « Quels sont les droits de vos actionnaires ? », *Les Échos*, avril 2018. https://www.lesechos.fr

l'actionnaire ne remplit pas cette obligation, il s'expose à une privation qui peut porter sur le droit de propriété de l'action et sur les droits qui lui sont rattachés.

Section 2 :

Performance et mesures de restructuration : Cadre conceptuel et théorique

Cette section permettra de positionner le sujet de recherche afin de pouvoir amorcer la réflexion sur la performance et sur les mesures de restructuration appliquées par les entreprises en difficulté. Si les travaux académiques considèrent désormais la performance comme un concept global qui intègre les attentes de l'ensemble des parties prenantes de l'entreprise, la question est de savoir quelle représentation de la performance est donnée lors des restructurations.

A cet effet, nous commencerons tout d'abord par énoncer quelques généralités sur la notion de performance, prise dans son sens commun, en rappelant les définitions proposées dans la littérature. Nous nous pencherons ensuite vers le concept de la restructuration et plus particulièrement sur quelques notions qui nous semblent fortement liées à la performance.

1. La notion de la performance : Fondements théoriques et mécanismes de calcul

1.1. Performance : théories et concepts

Le terme performance est largement utilisé et étudié dans, son concept, sa mesure, son mode de gestion. Son caractère temporel, bien que présent dans l'ensemble de ces aspects reste toutefois peu ou implicitement abordé. Nous commençons par nous faire une idée sur la notion de performance dans le but de mieux analyser ce concept[20].

La notion de performance est au cœur de toutes les démarches d'évaluation des entreprises et des organisations. Elle correspond à l'atteinte d'objectifs ou de résultats

---

[20] Hakam Hamadmad, *Définition d'une expression temporelle de la performance des entreprises manufacturières*, thèse de doctorat, Université Grenoble-Alpes, Laboratoire LISTIC-Polytech Annecy-Chambéry, 2017.

attendus, et plus largement à la création de valeur. Dans le monde de l'entreprise, la création de valeur est généralement associée à l'accroissement du profit. Citons à titre d'exemple, les travaux de Norman et Ramirez (1993), qui précisent que « l'art de la stratégie est de créer de la valeur[21] ».

Dans la théorie, nous remarquons que de nombreux auteurs insistent sur l'imprécision qui entoure le concept de performance, en effet dans la pratique la performance reste un concept flou et multidimensionnel qui en définitive ne prend de sens que dans le contexte dans lequel il est employé. Paradoxalement le concept de performance constitue un des fondements majeurs des recherches effectuées en sciences de gestion, puisque les entreprises et les organisations sont des acteurs et des moteurs importants de la vie économique et sociale qui explorent et exploitent en permanence des ressources pour améliorer leur performance afin d'assurer leur survie sur le marché[22].

Pour définir et expliquer le concept de la performance, nous retiendrons la définition de Bourguignon (2000), qui désigne la performance par le résultat des actions qui ont permis de l'atteindre. On pourrait ainsi définir la performance comme la capacité à agir selon des critères d'optimalité très variés, afin d'obtenir la production d'un résultat. Pour cela, elle regroupe les deux sens recensés ci-dessus et lui reconnaît explicitement son caractère polysémique. En d'autres termes la performance se traduit à travers la réalisation des objectifs organisationnels, quelles que soient la nature et la variété de ces objectifs. Cette réalisation peut se comprendre au sens strict (résultat, aboutissement) ou au sens large du processus qui mène au résultat (action). De façon générale, la

---

[21] Il s'agit de la notion de valeur au sens large du terme qui inclus la valeur économique, financière, ou « tout simplement se rendre utile par sa mission et au travers de ses produits pour ses clients » ; Marion et al., *op. cit.*, 2012.

[22] Melchior Salgado, « La performance : une dimension fondamentale pour l'évaluation des entreprises et des organisations », 2013.

performance représente alors à la fois l'action, son résultat et son succès[23].

En d'autres termes, on pourrait définir la performance comme la capacité à agir selon des critères d'optimalité très variés, afin d'obtenir la production d'un résultat. Le management de la performance comprendrait alors les processus, actions et moyens susceptibles de permettre la rentabilité. Dans une approche classique et traditionnelle, le management de la performance, peut alors être défini comme « la mise en place d'actions et moyens susceptibles de conduire à la rentabilité[24] » (Cohanier, Lafage et Loiseau, 2010). Cette performance consistait à réaliser la rentabilité souhaitée par les actionnaires avec le chiffre d'affaires et la part de marché qui préservaient la pérennité de l'entreprise. On parlera plus précisément de rendement sur les marchés financiers. Dans cette approche, la performance a été réduite à sa dimension financière. L'entreprise ne crée de la valeur économique que lorsque la rentabilité économique est supérieure aux attentes de rendement des investisseurs. L'indicateur fréquemment utilisé est le retour sur investissement qui est un pourcentage qui mesure le montant d'argent gagné ou perdu par rapport à un investissement, c'est-à-dire la somme d'argent investie. La création de valeur pour les actionnaires est devenue aujourd'hui le nouveau credo des dirigeants des grandes entreprises. Les récents développements sur la rémunération excessive des dirigeants par le jeu des stocks options illustrent ce phénomène[25].

Par ailleurs, Saidc (2007), indique que la performance d'une entreprise est une notion qui recouvre diverses d'autres

---

[23] Angèle Dohou et Nicolas Berland, « Mesure de la performance globale des entreprises », *Congrès de l'Association Francophone de Comptabilité*, 2007.

[24] Bruno Cohanier, P. Lafarge et Alain Loiseau, « Management de la performance : des représentations à la mesure », *International Marketing Trends Conference*, 2010.

[25] Stéphane Jacquet, « Management de la performance : des concepts aux outils », *Centre de Ressources en Économie et Gestion (CREG)*, 2011.

notions telles que la compétitivité, l'efficacité, l'efficience, la création de la valeur, etc. Elle se réfère à la capacité de l'entreprise à concrétiser ses objectifs stratégiques en adoptant les meilleures façons de faire.

Constitutionnellement, la performance s'articule autour du triptyque (Efficience – Efficacité – Effectivité). Selon le contexte, elle peut trouver un déploiement au regard des critères industriels actuels, en l'occurrence le coût, la qualité, le délai, l'innovation et le développement durable.

- L'efficacité qui traduit l'aptitude de l'entreprise à atteindre ses objectifs, en rapportant les résultats aux objectifs ; c'est le rapport entre les résultats obtenus et les objectifs fixés
- L'efficience qui met en relation les résultats et les moyens, en rapportant un indicateur de résultat à indicateur de mesure des capitaux employés ; c'est le rapport entre les moyens et les efforts totaux déployés ainsi que les résultats obtenus.

- L'effectivité est le fait de réaliser les objectifs et finalités poursuivis, c'est le niveau de satisfaction obtenu par rapport au résultat obtenu[26].

Mais depuis quelques années, on est schématiquement passé d'une représentation financière de la performance à des approches plus globales incluant des dimensions sociale et environnementale. D'autres acteurs (appelés parties prenantes), ont fait leur apparition et la notion de performance a connu un regain d'usage. A présent, la pérennité des entreprises ne dépend plus uniquement de l'aspect financier de leurs activités, mais également de la manière dont elles se conduisent. Dès lors, la responsabilité des entreprises s'élargit, elle ne se limite plus aux seuls actionnaires, mais intègre d'autres parties prenantes (associations, ONG, syndicats, clients, fournisseurs, ...). Ces

[26] Hakam Hamadmad, *op. cit.*, p. 16.

nouveaux acteurs exigent d'être entendus et cette écoute devient une cible vitale pour la performance et la pérennité des entreprises. C'est dans ce contexte qu'apparaît le concept de performance globale[27].

La performance étant définie, il convient à présent de s'intéresser à sa mesure. Comment mesurer la performance d'une entreprise ? La logique financière offre une solution mais qui est depuis longtemps problématique. Bouquin (2004, p.63), représente la problématique générale de la performance de la manière suivante :

Figure 1: La présentation de la performance

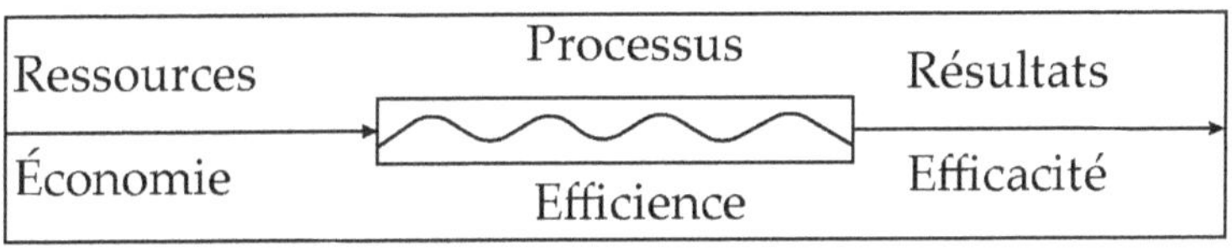

Source : Bouquin, 2004

Selon l'auteur, les concepts d'efficacité et d'efficience, apparaissent comme des synonymes de la performance, mais parfois aussi des résultats à atteindre. Il est d'ailleurs préférable de se référer à ces notions plutôt qu'à la productivité qui renvoie à une approche industrielle et reste donc connotée. L'efficacité pourrait être définie comme « la capacité à réaliser des objectifs » (de la Villarmois, 2001). Il s'agit de faire ce que l'on a prévu, même si on doit y affecter des ressources supplémentaires. L'efficience introduit la notion d'optimisation. Ainsi, pour Drucker, l'efficacité consiste à faire les bonnes choses et l'efficience consiste à faire les choses de la bonne façon (Drucker, 2001). L'efficacité représente la conformité de l'atteinte de l'objectif, résultat alors que l'efficience implique le respect des contraintes de ressources, c'est à dire des moyens négociés (Commarmond et Exiga, 1998). Etre performant, impliquerait alors d'être à la

---

[27] Angèle Renaud et Nicolas Berland, « Mesure de la performance globale des entreprises », dans *Comptabilité et environnement*, 2007.

fois efficace et efficient, dans une situation donnée. Car la performance reste relative et dépendante du contexte. Ce qui sera performant dans une situation pourra ne plus l'être si la situation change (objectifs revus à la hausse, contexte différent…)[28]

1.2. Les mesures de calcul de la performance

La mesure de performance permet à la direction de pouvoir déterminer si la gestion de l'entreprise a permis d'augmenter l'avoir des actionnaires. Le fait d'avoir des bénéfices n'est pas toujours suffisant pour créer de la valeur. L'entreprise doit générer des flux suffisants pour couvrir les charges liées au capital employé.

Depuis les travaux d'Adam Smith et des économistes classiques, la performance d'une entreprise se mesure par le profit qu'elle réalise. Le profit est la différence entre la valeur de marché créée par les biens et services vendus et la valeur de marché des ressources consommées[29]. Cette équivalence entre performance et profit repose sur deux hypothèses principales : l'existence de marchés complets et parfaits (tous les biens et services ont un prix et peuvent s'échanger sur des marchés ; les prix résultent de l'ajustement de l'offre et de la demande et aucun acteur ne peut influencer significativement le processus de formation des prix), et la séparation entre la sphère économique et la sphère sociale (la sphère économique obéirait aux lois économiques alors que la sphère sociale[30] ressortirait du domaine de la morale).

Une recension des multiples études empiriques qui ont porté sur la performance des entreprises, révèle une pluralité de critères, qui supposent tous que la valeur boursière

---

[28] Stéphane Jacquet, *op.cit.*, p.3-4

[29] En comptabilité, le profit se mesure par le résultat net de l'entreprise.

[30] Sous le concept de sphère sociale, nous définissons l'ensemble des relations que l'homme a avec ses semblables et avec la nature. Il s'agit donc d'une conception étendue qui couvre à la fois les relations sociales proprement dites et les interactions environnementales.

représente fidèlement la valeur créée par l'entreprise, cette hypothèse permettant en outre de résoudre facilement le problème de la mesure. Nous utiliserons les mesures de performance utilisées dans la plupart des grandes études pour analyser la performance des entreprises, à savoir le Q de Tobin et la rentabilité des actifs (ROA) (Anderson et Reeb, 2003, Miller et al, 2007, Villalonga et Amit, 2006, King et Santor, 2008, Andres, 2008)[31].

- Le ratio Q, proposé par Tobin, constitue dans son principe une mesure de l'ensemble des rentes anticipées, sur un horizon infini. Cette mesure se fait en rapportant la somme des valeurs de marché des titres détenus par les investisseurs financiers (actionnaires et créanciers) au montant des capitaux qu'ils ont investis. La valeur des capitaux investis est mesurée par le coût de remplacement des actifs financés, le plus souvent évalué à partir des immobilisations.
  Q de Tobin = Valeur de marché (capitaux propres + dettes financières) / Coût de remplacement des actifs.

Un ratio Q supérieur à l'unité signifie, à un moment donné, que la rentabilité sécrétée par l'ensemble des actifs de la firme et anticipée par le marché, est plus élevée que le CMP (coût moyen pondéré du capital).

- La rentabilité de l'actif économique (ROA) représente la mesure comptable de la performance. Elle mesure l'efficacité de l'entreprise à créer des profits avec ses actifs. Elle se calcule comme suit : ROA = Revenus nets/ Total des actifs

---

[31] Gérard Charreaux, « Le point sur la mesure de performance des entreprises », *Banque et Marchés*, no 34, 1998, p. 46-51.

En effet, les indicateurs les plus couramment utilisés sont la rentabilité des actifs, et le Q de Tobin mais des variables telles que les investissements, la taille, la croissance, la structure en capital, le niveau d'endettement, de même que les orientations stratégiques et la satisfaction des employés d'une entreprise servent également de mesures de performance.

Comme déjà énoncé plus haut, quelque soit l'acception retenue, la mesure de la performance est associée aux principes fondamentaux d'efficacité, d'efficience, de cohérence et de pertinence. De plus, les travaux de recherche permettent d'identifier trois sources de performance : le positionnement stratégique de l'entreprise, ses ressources, et la capacité à mettre en œuvre les ressources[32].

La création de valeur pour les actionnaires s'active aujourd'hui comme un objectif capital pour les entreprises. De nos jours, les actionnaires n'hésitent pas à exiger un rendement significatif de l'ordre de 10 à 15 % de leur investissement (Najar et Nekhili, 2009). Afin de susciter des réactions positives quant aux résultats actuels et perspectives futures, les entreprises sont fortement enclines à procéder à des réductions d'effectifs (Albouy, 1999). Ce désir d'obtenir constamment de hauts rendements constitue un véritable danger pour les salariés en vertu des mesures de correction de la masse salariale. Beaujolin (1999), souligne que le facteur travail est désormais évalué comme une charge plutôt qu'un investissement qui génère de la valeur, et que l'entreprise se concentre dans des périodes troubles à réduire les effectifs afin de restaurer la compétitivité. La fixation sur les coûts et la réduction de la masse salariale sont des réponses directes aux rétablissements des ratios de rentabilité, comme une sorte de décision réflexe.

Bien que l'analyse des études soit peu encline à démontrer une augmentation de la performance financière à long terme

[32] Melchior Salgado, *op. cit.*, p. 7.

pour les organisations ayant choisi de procéder à une restructuration, ces dernières continuent régulièrement de procéder à des restructurations de toutes sortes[33].

2. Les mesures de restructuration : Du concept aux effets

La restructuration des entreprises est de plus en plus devenue une activité de base et un phénomène courant dans le monde, elle s'institue désormais comme un phénomène récurrent de la vie des entreprises et des salariés. Un nombre sans précédent d'entreprises à travers le monde ont réorganisé leurs divisions, restructuré leurs actifs et mis à jour leurs opérations dans le but de stimuler les performances de l'entreprise. Elles sont donc supposées avoir un effet bénéfique sur la performance économique et financière des entreprises puisqu'elles doivent conduire à un meilleur usage des facteurs de production et avoir une influence positive sur les marges ou sur les ventes lorsque les gains sont affectés à des réductions de prix. Ces restructurations ont permis à de nombreuses organisations de réagir rapidement et plus efficacement aux nouvelles opportunités et aux pressions imprévues et l'entreprise est devenue mieux organisée et concentrée sur son cœur de métier avec un plan stratégique et financier révisé (Lebans et Euske, 2006 ; Burnes, 2004)[34].

L'abondance de la littérature sur les processus de restructuration montre que les contours de ce concept sont difficiles à cerner. Les travaux des chercheurs ont permis de définir des caractéristiques pour ces phénomènes, d'en observer les pratiques de gestion ainsi que leurs effets. Le terme restructuration s'est développé autour de la notion d'opérations visant à donner une nouvelle structure. Plusieurs chercheurs soulignent la complexité du phénomène

---

[33] Olivier Gagnon, *Les conditions de succès des restructurations,* thèse de doctorat, Université Paris 1 Panthéon-Sorbonne, 2017.

[34] Hélène Van Compernol, Jean-Jacques Legrand et Catherine Denève, « Restructurations : regard sur ses répercussions humaines et organisationnelles », 2014, p. 245.

et en appellent à un enrichissement du concept de restructuration. La diversité des vocables utilisés atteste bien elle aussi des nombreuses situations que recouvre le concept de restructuration : réorganisation, refonte des processus, externalisation, délocalisation, fermeture de site, fusion-acquisition, liquidation, cession, reconversion, reclassement, dégraissage, redéploiement… Cette diversité des termes employés témoigne de la difficulté, mise en évidence par Séverin (2006), à s'accorder sur une théorie de la restructuration[35].

Les restructurations se sont progressivement imposées dans la gestion des organisations tant au niveau du secteur privé que du secteur public (Fairhurst, Cooren et Cahill, 2002). Norley, Swanson et Marshall (2012), définissent la restructuration comme l'acte de réorganiser les structures juridiques, de propriété, opérationnelles ou autres d'une entreprise dans le but de la rendre plus rentable et mieux organisée pour ses besoins actuels. D'autres raisons de restructuration comprennent un changement de propriété ou de structure de propriété, une scission, une réponse à une crise ou un changement majeur dans l'entreprise comme la faillite, le repositionnement ou le rachat. Lebans et Euske (2006), notent qu'une entreprise qui a été restructurée efficacement sera théoriquement plus légère, plus efficace, mieux organisée et concentrée sur son cœur de métier avec un plan stratégique et financier révisé. Selon Lal, Pitt et Beloucif (2013), la restructuration a été adaptée par les dirigeants de plusieurs secteurs afin de rationaliser les coûts, augmenter la productivité et les revenus, améliorer le bien-être des employés, accroître la richesse des actionnaires, améliorer l'efficacité et améliorer les performances, entre autres raisons[36].

---

[35] Olivier Gagnon, *op. cit.*, p. 22-23.

[36] Judith Mokaya, *The Effect of Corporate Restructuring on Company Performance: A Case Study of East African Breweries Limited (EABL)*, thèse de doctorat, United States International University-Africa, 2016.

La plupart des entreprises en difficulté peuvent être sauvées si des mesures énergiques sont prises en temps opportun. Mais, la direction indique souvent une réticence à se concentrer sur les vrais problèmes. Ils retardent ou évitent le changement radical nécessaire. La restructuration comporte trois tâches principales : identifier les problèmes, identifier et exécuter des solutions, et trouver les ressources pour maintenir l'entreprise jusqu'à ce que la restructuration entre en vigueur (Vance, 2009). Il faut noter que, la restructuration ne concerne pas uniquement les entreprises en difficulté. Il peut également être utilisé pour convertir des entreprises sous-performantes en de meilleures.

Selon Pichault et coll. (1998), les restructurations peuvent avoir un statut stratégique plutôt que réactionnaire aux évènements. Les restructurations s'actualisent dans une stratégie de modernisation visant à répondre à des objectifs d'efficacité et de profitabilité qui transforme l'organisation sur le plan interne et international dans son mode de gestion. Agire (2008), évoque trois caractéristiques majeures illustrant la complexité du processus de restructuration :

1) Les restructurations suscitent des transformations multidimensionnelles de l'entreprise qui impliquent toutes les fonctions de l'entreprise (stratégie, finance, production, organisation, sociale et ressources humaines). Le caractère multidimensionnel est donc reflété dans les politiques qui ont un impact sur les restructurations.

2) Les restructurations forcent à intégrer du même coup les différents niveaux d'actions de l'entreprise soit le communautaire, le multinational, le territoire étant le lieu d'action et les niveaux de régulation et d'action politique soit régional provincial ou national.

3) L'action est donc à multiples niveaux pour tous les acteurs au sein de l'entreprise, sur le territoire ou au plan politique.

Les mouvements de restructuration peuvent prendre de nombreuses formes sous lesquelles les impacts organisationnels produiront des effets à court, moyen et long terme sur les résultats directs de l'organisation, mais également sur la loyauté, le sentiment d'appartenance et simplement l'envie de performer (Jalette et Chevance, 2008). A cet effet, les entreprises qui procèdent à une restructuration doivent être en mesure de se relever le plus rapidement possible pour éviter les conséquences négatives et limiter les impacts négatifs sur la performance organisationnelle[37].

Finalement, nous retiendrons la définition donnée par Beaujolin-Bellet et Schmidt (2012), selon ces deux auteurs, les restructurations désignent les transformations de structure, de l'organisation interne et de l'emploi, lesquelles s'opèrent par des transactions. Les modifications de structure concernent les frontières externes d'une organisation et peuvent par exemple, revêtir, la forme d'opérations de croissance externe par fusions ou acquisitions[38]. S'agissant des modifications de l'organisation interne, les restructurations peuvent prendre la forme de mise en place de structures matricielles, de diminution des niveaux hiérarchiques... Enfin, les modifications relatives à la relation d'emploi peuvent être soit quantitatives (compression des effectifs et/ou création de nouveaux emplois) soit qualitatives (évolution des qualifications et/ou des compétences). Une restructuration implique par conséquent un changement organisationnel beaucoup plus important que des changements courants. Elle affecte au minimum tout un secteur de l'organisation ou au plus l'ensemble de l'entreprise, et ne se limite pas à des modifications secondaires de l'activité. Les changements opérés peuvent se traduire par une fermeture, une réduction d'effectifs, l'externalisation,

---

[37] José Allouche, Patrice Laroche et Florent Noël, « Restructurations et performances de l'entreprise : une méta-analyse », *Finance Contrôle Stratégie*, vol. 11, no 2, 2008, p. 105-146.

[38] Rachel Beaujolin et Géraldine Schmidt, *Les restructurations d'entreprises*, Paris, La Découverte, 2012.

l'« offshoring », la sous-traitance, la fusion, la délocalisation de la production, la mobilité interne ou toute autre réorganisation interne complexe[39].

Nous concluons que les restructurations désignent des processus très divers de transformation des organisations, depuis les réductions d'effectifs aux fusions acquisitions, en passant par les refontes de processus et les réorganisations internes. En effet, le changement est devenu une réalité omniprésente, et une constante dans la vie des entreprises, sous l'influence de l'environnement bousculé par des facteurs financiers, technologiques, géopolitiques. Et que les régulateurs d'entreprise et les praticiens cherchant à créer de la valeur pour les actionnaires, devraient se concentrer sur la restructuration pour favoriser la croissance, l'expansion et l'amélioration des performances qui positionnent l'entreprise face à la concurrence.

Les différentes formes de typologie que nous allons traiter dans les chapitres suivants sont de trois ordres, comme l'a précisé Moulin en 2001 : une restructuration organisationnelle, une restructuration financière, ou une restructuration du portefeuille·

---

[39] Justyna Charles, Isabelle Malatray et Coralie Rouchon, *op. cit.*, p. 13.

Conclusion

Ce chapitre s'est intéressé à donner une présentation des concepts généraux de l'actionnariat, performance et mesures de restructuration, ainsi de montrer le rôle fondamental de la notion d'actionnariat et son historique dans le domaine de l'économie et de la finance, tout en présentant les avancées faites dans les domaines des théories explicatives de la notion d'actionnariat.

Nous avons montré ainsi que la structure d'actionnariat revête d'une importance majeure dans la gouvernance d'entreprise car elle affecte les incitations des dirigeants et donc l'efficacité de l'entreprise. La structure de l'actionnariat est définie par la répartition des droits de vote et des actions entre les différents actionnaires. Jensen et Meckling (1976) sont une référence classique. Ces économistes ont essayé de développer une théorie de la structure de propriété de l'entreprise en intégrant des éléments de la théorie de l'agence, de la théorie du droit de propriété et de la théorie de la finance.

Les différents conflits entre actionnaires et dirigeants sont identifiés, et l'efficacité des principaux mécanismes de gouvernance sur ces conflits est étudiée. Cette présentation des mécanismes de gouvernance nous a montré la diversité des modes de contrôle du comportement des dirigeants. En interne, les dirigeants sont principalement surveillés par le conseil d'administration et par les actionnaires. En externe, ce sont tout d'abord les règles édictées par l'Etat et sa capacité à les faire respecter qui garantira le respect des intérêts des actionnaires.

En ce sens, la structure de l'actionnariat joue un rôle important dans la réduction des coûts d'agence engendrés par les conflits d'intérêts entre actionnaires et dirigeants et par conséquent à une augmentation de la performance des entreprises.

Chapitre 2 :

Structure d'actionnariat et performance de l'entreprise : Revue de littérature

Divers mécanismes de gouvernance d'entreprise sont proposés pour résoudre les problèmes de divergences des intérêts et de réduire les coûts d'agence associés aux conflits. La structure d'actionnariat en constitue une partie importante et pouvant affecter la performance de la firme. En effet, la détermination de cette structure constitue une des décisions les plus difficiles à prendre par les dirigeants de l'entreprise. Deux types d'informations permettent de caractériser la structure de l'actionnariat : sa concentration plus ou moins forte et l'identité des principaux actionnaires. L'objectif de ce chapitre est de mettre en perspective les déterminants de la structure d'actionnariat (nature et concentration) en se basant sur les résultats des travaux empiriques antérieures analysant la relation entre la structure d'actionnariat et la performance de la firme qui est devenue une des questions fondamentales en finance.

Nous allons présenter dans un premier temps, le lien examiné par les études antérieurs entre la structure d'actionnariat définie par sa concentration et la performance de la firme (section 1), ensuite nous procéderons à une analyse de la structure de l'actionnariat présentée sous l'angle de la nature des principaux actionnaires qui ont été étudiés dans la littérature : dirigeants, familles, institutions, industriels…etc. (section 2). Ce chapitre a pour objectif principal d'expliquer comment la structure d'actionnariat qui est définie par la concentration et la nature des actionnaires affecte la performance de l'entreprise.

Section 1 :

La relation entre la concentration de l'actionnariat et la performance de la firme

La structure de l'actionnariat est un concept pluriel qui a déjà fait l'objet de vives discussions quant à son influence sur la performance de l'entreprise. La concentration d'actionnariat a un impact déterminant sur les orientations financières et stratégiques d'une entreprise et sur la nature des conflits d'intérêts entre les actionnaires et les dirigeants. En ce sens, il convient de se pencher sur le pouvoir basique dont disposent les actionnaires afin d'expliquer la concentration actionnariale, et ne pas focaliser ainsi l'explication sur la régulation des conflits d'agence. La concentration de l'actionnariat confère plus d'avantages que la dispersion de l'actionnariat car l'actionnaire majoritaire a le droit de surveiller activement la société. Dans le cas d'un actionnariat dispersé, les conflits se déclenchent plus particulièrement entre les dirigeants et les actionnaires minoritaires ce qui peut influencer négativement la performance de l'entreprise car un seul actionnaire n'est pas incité à engager des ressources (du temps ou des fonds) pour exercer un contrôle sur la gestion de la firme. Alors que dans le cas d'un actionnariat concentré, ces conflits prennent une autre envergure et provoquent une convergence des intérêts des dirigeants avec ceux des actionnaires. En se basant sur le deuxième cas, notre étude a pour but d'examiner la relation existante entre la concentration de l'actionnariat et la performance des entreprises.

1. Les déterminants de mesure de la concentration d'actionnariat

La concentration de l'actionnariat correspond au pourcentage total d'actions détenues par un actionnaire par rapport au nombre total d'actions de la participation de l'entreprise. Cette dimension de la structure d'actionnariat est davantage axée sur la capacité du propriétaire à surveiller et à contrôler le pouvoir discrétionnaire de la direction. D'autre part, il ne prend pas en compte les préférences d'investissement du ou des propriétaires et leur influence sur les priorités et les stratégies de l'entreprise. Cependant, la concentration de l'actionnariat est considérée comme un facteur important affectant la santé d'une entreprise. A cet effet, le thème de la création de valeur est devenu le nouveau credo pour les dirigeants des grandes entreprises d'une part et un domaine de réflexion et de recherche pour les théoriciens de la finance d'entreprise d'autre part. Atteindre un niveau élevé de liquidité peut générer des coûts supplémentaires. Nous pouvons affirmer, toutes choses égales par ailleurs, que la concentration d'actionnariat confère plus d'avantages que la dispersion de l'actionnariat car l'actionnaire majoritaire a le droit de surveiller activement la société.

L'objectif de l'actionnaire principal est donc de détenir le niveau de participation minimum lui permettant d'une part de dominer les assemblées générales et d'autre part de conserver cette domination au cours du temps. Cette domination lui permet alors de contrôler le conseil d'administration et par ce biais, la gestion de l'entreprise.

Il est alors important de ne plus uniquement considérer l'actionnaire principal, comme un simple apporteur de capital renonçant à s'impliquer dans la gestion de l'entreprise. Charreaux[40] (2002), introduit une dimension cognitive à la présence d'actionnaires de contrôle. Cette approche permet de tenir compte des compétences spécifiques et des attentes des actionnaires principaux pour déterminer leur présence dans les entreprises. Elle permet ainsi de mettre en évidence l'implication des actionnaires principaux dans la gestion stratégique de l'entreprise et expliquer ainsi l'importance que

---

[40] Gérard Charreaux, « L'actionnaire comme apporteur de ressources cognitives », *Revue française de gestion,* no 141.5, 2002, p. 77-107.

ces derniers peuvent attacher à la conservation de leur pouvoir dans l'entreprise.

Ce premier aspect regroupe les informations sur la forme de l'actionnariat, telles que la concentration des droits de vote, les pourcentages de voix de l'actionnaire principal et des autres actionnaires importants, le pourcentage de capital pouvant faire l'objet d'une négociation effective à la Bourse (free float ou flottant).

1.1. Concentration des droits de vote

L'aspect principal pour analyser la structure de l'actionnariat est la répartition des droits de vote entre les différents actionnaires. L'article 55 de la loi relative à la bourse des valeurs de Casablanca[41] à propos des sociétés de bourse, sont tenues d'adresser au Conseil Déontologique des Valeurs Mobilières, la liste des actionnaires ou porteurs de parts détenant directement ou indirectement, une participation (droits de vote) égale ou supérieure à 5% de leur capital.

Disposant de droits de vote suffisants pour pouvoir influencer les décisions du dirigeant, un actionnaire dominant peut contribuer à la surveillance et au contrôle du dirigeant. Sa présence augmente le risque de révocation en cas de mauvaise performance.

1.2. Répartition des droits vote entre les actionnaires importants

Afin de mieux cerner les déterminants de la concentration d'actionnariat, il est nécessaire d'analyser la répartition des droits de vote entre les différents actionnaires importants.

Pour chaque entreprise, l'ensemble des actionnaires importants est ainsi réparti en quatre groupes, déterminés en fonction des pourcentages de vote détenus. Le premier groupe comprend les actionnaires détenant au moins 50% des

[41] *Dahir n° 1-93-211 du 21 septembre 1993 relatif à la Bourse des Valeurs* (modifié et complété par les lois n° 34-96, 29-00, 52-01, 45-06 et 43-09), Royaume du Maroc.

droits de vote de la société, permettant à ces derniers de détenir la majorité absolue en toute circonstance. Le deuxième groupe comprend les actionnaires ayant moins de 50% des droits de vote, mais détenant plus de 20% des droits de vote totaux. Ce niveau de 20% correspond selon La Porta et al. (1999), au pourcentage à partir duquel un actionnaire peut contrôler une entreprise. Le troisième groupe est constitué d'actionnaires détenant entre 10 et 20% des voix. Ces actionnaires réunissant au moins le dixième (1/10e) du capital social ont la possibilité d'intervenir au niveau de la convocation de l'assemblée en cas d'inactivité du Directoire. De même, les actionnaires représentant la proportion du capital social prévue par la loi peuvent requérir l'inscription d'un ou plusieurs projets de résolution à l'ordre du jour.

Pour finir, les actionnaires détenant moins de 10% des voix constituent le dernier groupe. Un ou plusieurs actionnaires représentant au moins cinq pour cent (5%) du capital social peuvent également demander au président du tribunal la récusation pour justes motifs, ou la révocation pour faute du commissaire aux comptes en fonction et la désignation d'un nouveau.

Dans un souci de protection des minoritaires, la loi prévoit l'accord unanime des actionnaires ayant pour conséquence la modification de la répartition des droits des actionnaires ou encore l'augmentation de leurs engagements.

Les actionnaires peuvent assumer le contrôle de l'égalité par leur participation aux assemblées générales. Ils peuvent s'opposer à toute décision prise en assemblée générale extraordinaire, s'ils possèdent une minorité de blocage équivalente à un tiers (1/3) des voix plus une[42].

---

[42] *Autorité marocaine du marché des capitaux (AMMC), Guide de l'actionnaire,* 2010. https://www.ammc.ma

1.3. Le free float (flottant)

Le free float constitue une mesure complémentaire de la concentration de l'actionnariat. Le free float (ou flottant en français) correspond à la partie du capital d'une société cotée potentiellement disponible sur le marché et susceptible de faire l'objet d'échange de façon régulière. En d'autres termes c'est le nombre total des actions d'une société dont on exclut les actions détenues par des investisseurs stratégiques[43] tels que les actions des actionnaires de contrôle ou encore celles détenues par le management obéissant à une pure logique financière. Les actions détenues pour des raisons autres que financières, par exemple, pour en avoir le contrôle, telles que le contrôle de la société, attachement familial ou encore une détention à long terme, ne font pas partie du free float. Les titres qui font l'objet de restrictions concernant leur détention seront également exclus.

Dans certains pays, de grandes entreprises sont encore détenues majoritairement par d'importants actionnaires de référence. Ces actions détenues par ces actionnaires sont donc déduites de la capitalisation boursière pour ne tenir compte que des actions disponibles. Dans certains pays, c'est encore l'Etat qui est un actionnaire majoritaire dans de grandes entreprises de référence.

A partir du 1er décembre 2004 la Bourse de Casablanca a adopté une nouvelle méthodologie de calcul de ses différents indices, basée sur le principe du flottant. Ce mode de calcul, retenu par les principales bourses internationales, vise à apporter une plus grande cohérence entre la réalité boursière des sociétés cotées et la traduction de cette réalité dans les indices. C'est un changement de pondération des valeurs.

Le free float correspond ainsi au pourcentage du capital-action pouvant faire l'objet d'une négociation effective à la

---

43 C'est-à-dire des investisseurs achetant quand le cours leur paraît sous-évalué et vendant quand les perspectives de croissance leur paraissent plus faibles.

bourse. Il faut mettre en évidence que cette mesure est calculée en pourcentage du capital-action de la société et non plus en pourcentage des droits de vote. Pour cette raison, le free float peut être une évaluation complémentaire de la concentration de l'actionnariat dans les entreprises ayant un capital-action constitué de plusieurs types d'actions avec des valeurs nominales différentes[44].

La définition du flottant retenue pour le calcul des indices prend en compte la totalité des actions des sociétés cotées à l'exception des éléments suivants :

- **L'Autocontrôle** : Ce sont les actions de la société cotée détenues par des sociétés contrôlées par la société cotée, au sens de l'article 144 de la loi sur la S.A. Les actions détenues en propre par la société cotée ne font pas partie de cette catégorie d'actions.
- **Les participations détenues par l'Etat :** Il s'agit des participations directes mais aussi des participations via des établissements publics et des participations détenues par des sociétés elles-mêmes contrôlées par l'Etat.
- **Les actions détenues par les fondateurs :** Il s'agit des actions détenues directement ou indirectement par les fondateurs, lesdits fondateurs exerçant une influence sur la gestion ou le contrôle de la société (dirigeants, contrôle en droit de vote, influence notoire…).
- **Les blocs de contrôle :** Actions détenues par des personnes morales (hors fondateurs et l'Etat) qui exercent un contrôle au sens de l'article 144 de la loi sur la S.A.
- **Les actions liées par un pacte d'actionnaires :** Actions détenues par des personnes (hors fondateurs et l'Etat) agissant de concert au sens de l'article 10 de la loi n° 26-03 relatif aux offres publiques sur le marché boursier.
- **Les participations jugées comme stables :** Il s'agit de participations d'au moins 5%, stables depuis au moins 3 ans : qui n'ont pas évolués de manière significative à la

[44] Florent Ledentu, *op.cit.*, p.50-51.

baisse (-1% hors dilution) depuis 3 ans. Sont incluses les participations, de moindre importance, d'actionnaires qui, parallèlement ou conjointement au lien capitalistique, ont, avec la société cotée, des accords industriels ou stratégiques sur une période plus récente[45].

2. Etude théorique de la relation entre la concentration de l'actionnariat et la performance de la firme

L'effet de la structure d'actionnariat sur la performance de l'entreprise est l'une des sujets importants qui ont retenu l'attention de nombreux chercheurs de la littérature en finance d'entreprise, préoccupés par la performance de l'entreprise et par ce qui rend une entité plus précieuse et plus performante qu'une autre entreprise.

Néanmoins, il est utile de noter que les résultats et les conclusions trouvés par les chercheurs de différents pays sont contradictoires, cela pourrait être dû aux méthodes et outils de mesure utilisés pour évaluer la structure de propriété ou les dimensions et formes de la structure d'actionnariat. Selon les études, les auteurs concluent à une absence de relation, à une relation linéaire, ou à une relation non linéaire.

Par exemple, les travaux de (Cole & Mehran, 2004), ont montré une relation linéaire entre la structure de propriété et la performance de l'entreprise tandis que d'autres études ont mis en évidence une relation non linéaire (Morck et al, 1988 ; McConnell et Servaes, 1990). En revanche, les premiers travaux conduits aux Etats-Unis, tendent à indiquer qu'il n'existe pas de lien entre la concentration du capital et la performance de l'entreprise (Demsetz et Lehn,1985 ; Himmelberg et al, 1999 ; Demsetz et Villalonga, 2001). Les travaux de Charreaux (1991), Mtanios et Paquerot (1999) et

[45] *Rapport « Nouveaux Indices MASI Flottant et MADEX Flottant »*, Bourse de Casablanca, publié le 1er décembre 2004. https://www.casablanca-bourse.com

fSahut et Gharbi (2010), en France, et de Welch (2003) en Australie, semblent aussi indiquer une absence de relation.

2.1. Relation linéaire : Résultats des études antérieures

La théorie du coût d'agence, qui découle des travaux classiques de Berle & Means (1932), mais modernisée par Jensen et Meckling[46] (1976), constitue le cadre théorique sur lequel cette étude est basée. La théorie soutient que les gestionnaires en tant qu'actionnaires peuvent avoir des intérêts opposés à ceux de leur commettant. Dans la mesure où les dirigeants favorisent les avantages liés aux fonctions et au pouvoir, même au détriment des intérêts des actionnaires, ils sont susceptibles de défendre des intérêts susceptibles de nuire à leurs mandants (les actionnaires).

La concentration de la propriété peut contrecarrer la diversification des entreprises et générer plus de valeur pour les actionnaires. Selon la théorie de l'agence, les gestionnaires ont tendance à augmenter leur richesse et leur réputation par la diversification et une croissance rapide sans maximiser la valeur marchande de l'entreprise (Jensen et Meckling, 1976). Par conséquent, les gestionnaires ne sont pas disposés à réduire leurs effectifs ou à inverser la diversification s'ils ne sont pas pressés ou obligés par des investisseurs externes, de suivre les intérêts des propriétaires afin d'accroître la valeur marchande de l'entreprise. Par conséquent, selon la théorie de l'agence, la propension des dirigeants à augmenter la performance de l'entreprise dépend, toutes choses étant égales par ailleurs, de la structure de propriété.

Depuis les études de Berle et Means (1932), on a largement soutenu que la structure de la propriété avait une relation positive avec la rentabilité de l'entreprise. Poursuivant ce débat, d'autres chercheurs ont examiné et largement corroboré les attentes de la théorie de l'agence selon lesquelles la séparation entre propriété et contrôle incitait les

---

[46] Michael C. Jensen et William H. Meckling, *op. cit.*, p. 350-360.

gestionnaires à la diversification en raison des avantages personnels qu'ils retireraient de la réduction des risques. En effet, un grand nombre d'actionnaires ne peuvent exercer un pouvoir suffisant pour superviser la performance de la direction. Par conséquent, les dirigeants exercent plus de liberté dans l'utilisation des ressources de l'entreprise, contrairement à ce qui se passe dans le cas d'un actionnaire unique ou si la propriété aurait été plus concentrée.

Les études antérieures qui ont déjà abordé la relation entre la structure de propriété et la performance de l'entreprise ont été motivées à l'origine par la séparation entre propriété et contrôle et, plus récemment, par la théorie de l'agence (Jensen et Meckling, 1976 ; Fama et Jensen, 1983). Le principe commun dans les études antérieures est que les gestionnaires et les propriétaires ont des intérêts divergents. Plus précisément, les actionnaires souhaitent maximiser la valeur tandis que les gestionnaires préfèrent des stratégies d'intérêt personnel qui sont loin de maximiser la valeur, et en l'absence d'incitations appropriées ou de ressources suffisantes les gestionnaires peuvent exercer leur pouvoir discrétionnaire au détriment des propriétaires. Dans ce contexte, la littérature financière considère généralement la structure de l'actionnariat comme le principal mécanisme de gouvernement d'entreprise qui affecte la valeur de l'entreprise et sa performance.

Les études concernant l'influence de la structure de l'actionnariat sur la performance de l'entreprise soulignaient les préoccupations des agents lorsqu'ils prenaient des décisions en grande partie contradictoires avec l'objectif de maximisation de la richesse des actionnaires. En outre, lorsque les membres du conseil d'administration détiennent des participations importantes, le problème de l'agence est atténué grâce à l'harmonisation des incitations financières entre gestionnaires et propriétaires. Néanmoins, conformément à Demsetz (1983), la structure de propriété identifiée dans différentes sociétés, indifférente à sa forme, dispersée ou concentrée, est influencée par les intérêts des actionnaires dans le but de maximiser les profits[47].

Comme déjà détaillé dans le premier chapitre, la structure d'actionnariat est divisée en deux groupes : l'actionnariat concentrée et l'actionnariat dispersée. Les caractéristiques de cette structure d'actionnariat affecteront le contrôle de l'entreprise, affectant ainsi la qualité des décisions de gestion. Dans les sociétés à propriété concentrée, les actions de la société appartiennent en grande partie à un particulier ou à une institution qui exerce un très grand contrôle sur la société, de sorte que toutes les actions de la société reflètent la volonté de son propriétaire. Dans les entreprises dont la propriété est dispersée, l'implication des investisseurs dans la gouvernance est si faible que le suivi et le contrôle des décisions stratégiques sont également très faibles et difficiles à faire. Selon la théorie de l'agence, l'approche suivie par la structure de propriété est un moyen de réduire les problèmes d'agence entre initiés (direction) et outsiders (actionnaires). La concentration de la propriété dans une ou plusieurs parties permet au propriétaire de contrôler les gestionnaires. D'un autre côté, une concentration de la propriété peut mener des actions profitant à eux-mêmes, ignorant les intérêts des autres actionnaires (actionnaires minoritaires). Cela affectera le prix des actions sur le marché des capitaux de manière à affecter la valeur de la société[48].

Partant de l'étude réalisée sur un échantillon de sociétés cotées à la Bourse de Budapest menée par Earle, Kucsera et Telegdy en 2005, ils ont conclu que la propriété du principal actionnaire avait une influence positive sur la performance de

---

[47] Alberto De Miguel, Julio Pindado et Chabela De La Torre, « Ownership structure and firm value: New evidence from Spain », *Strategic Management Journal*, vol. 25, no 12, 2004, p. 1199-1207.

[48] Safdar A. Butt et Arshad Hasan, « Impact of ownership structure and corporate governance on capital structure of Pakistani listed companies », *International Journal of Business & Management*, vol. 4, no 2, 2009.

l'entreprise, mesurée par le rendement des capitaux propres, sous forme du rapport entre le résultat net et les capitaux propres investis par les associés ou actionnaires de sociétés. De même, les auteurs ont indiqué que la somme des avoirs du détenteur du bloc le plus important et du deuxième détenteur du bloc influait positivement sur le rendement du capital investi[49].

En prenant en compte le fait que certaines sociétés sont gérées par des personnes autres que leurs propriétaires, Berle et Means (1932), ont mis l'accent sur la séparation entre la propriété et le contrôle. Cette distinction entre propriété et pouvoir joue un rôle important sur le comportement des actionnaires principaux au sein de l'entreprise. Ainsi, comme le montrent Claessens et al. (2002), en analysant la relation entre la structure de l'actionnariat et la valorisation en Asie, la valeur des sociétés augmente avec le pourcentage de capital détenu par le plus gros actionnaire, mais baisse lorsque le pouvoir du plus gros actionnaire est supérieur à sa détention de capital.

Partant des études de Berle et Means (1932) ; Claessens et al. (2002), l'influence de la concentration de la propriété sur la valeur de l'entreprise pourrait être positive car avec l'augmentation de la participation, les investisseurs seront plus intéressés par la surveillance des administrateurs[50].

Ces auteurs avancent que la présence des actionnaires qui dominent les décisions stratégiques de l'entreprise tout en détenant une participation faible à son capital, affectent négativement la valeur de l'entreprise dominée. Ils désignent

---

49 John S. Earle, Csaba Kucsera et Álmos Telegdy, « Ownership concentration and corporate performance on the Budapest Stock Exchange: Do too many cooks spoil the goulash? », *Corporate Governance: An International Review*, vol. 13, no 2, 2005, p. 254-264.

50 Georgeta Vintilă et Ştefan Cristian Gherghina, « The impact of ownership concentration on firm value: Empirical study of the Bucharest Stock Exchange listed companies », *Procedia Economics and Finance*, vol. 15, 2014, p. 271-279.

ce comportement par l'effet d'enracinement (*entrenchment effect*). En revanche, lorsque la propriété en capital des actionnaires de contrôle devient concentrée, ces derniers sont plus enclins à augmenter la valeur de la firme, ce qui aboutit à un accroissement de leur richesse. De la même manière, les actionnaires de contrôle sont moins amenés à détourner une partie de la valeur de la firme à leur profit. En effet, un tel comportement affecterait négativement leurs revenus. De plus, leurs intérêts deviennent plus alignés sur ceux des actionnaires externes. Dans ces conditions, les auteurs soutiennent que la relation entre la concentration de la propriété des actionnaires de contrôle et la valeur des firmes est positive (effet d'alignement '*incentive effect*').

D'un autre côté, La Porta et al.(2002), ont constaté le fait que les pays caractérisés par une protection relativement faible des actionnaires se caractérisaient par une concentration plus élevée de la propriété, soulignant le conflit existant entre les actionnaires majoritaires et minoritaires. De là, résulte la distinction entre pays de droit civil (*'civil law'*) (le cas du Maroc) où les droits des investisseurs sont faiblement protégés, et pays de droit commun (*'common law'*) (le cas du Royaume Uni, Etats Unis, Canada), les pays offrant une bonne protection juridique aux actionnaires et aux créanciers[51].

Par conséquent, en raison du fait susmentionné, les conflits d'agence sont différents dans ces pays. D'un côté, dans les pays du droit commun, les conflits d'agence entre gestionnaires et actionnaires ont pour conséquence une diminution de la concentration de l'actionnariat du fait que les actionnaires possèdent un pouvoir de surveillance et de contrôle réduit. En revanche, dans les pays de droit civil, les sociétés sont détenues et contrôlées par des actionnaires détenant des niveaux de propriété plus élevés, ce qui réduit le problème de l'agence entre dirigeants et actionnaires, mais

[51] Imen Latrous, « Structure de propriété et endettement des entreprises : étude empirique sur le marché français », *Revue Organisations & Territoires*, vol. 20, nos 2-3, 2011, p. 21-28.

provoque également l'apparition de plusieurs conflits entre actionnaires majoritaires et minoritaires. Les actionnaires ayant des participations importantes détiennent le pouvoir et les incitations nécessaires pour retarder l'expropriation au profit des actionnaires minoritaires. Cependant, le scénario inverse pourrait prévaloir dans le cadre de la décision d'expropriation prise par les actionnaires majoritaires.

Étant donné que la dispersion de la propriété crée des possibilités de libre circulation en raison d'un manque de surveillance de la gestion, une relation positive entre la concentration de la propriété et la valeur de l'entreprise est attendue. Conformément à cette théorie de suivi, Shleifer et Vishny (1986), montrent le rôle important des grands actionnaires et la relation positive qui existe entre la valeur marchande et la valeur croissante des actions détenues par les grands actionnaires. Néanmoins, des études récentes ont mis en évidence une autre source de problème d'agence créée par la concentration croissante de la propriété, qui donne plus de pouvoir à un nombre limité d'actionnaires, ce qui pourrait à son tour exproprier la valeur des actionnaires minoritaires. C'est le cas dans certains pays (par exemple l'Europe) où le problème de l'agence découle du conflit entre propriétaires majoritaires et actionnaires minoritaires, et non entre propriété et direction. Dans ce cas, les grands propriétaires pourraient être coûteux, car ils peuvent redistribuer la richesse de manière efficace et inefficace des actionnaires minoritaires.

Comme nous l'avons mentionné précédemment, les arguments de Berle et Means (1932) suggèrent l'existence d'une relation positive et linéaire entre la concentration de la propriété et la performance de l'entreprise, étant donné que la dispersion crée des problèmes de liberté et rend difficile la surveillance des dirigeants. Dans ce contexte, l'une des principales contributions à la littérature sur la structure de propriété est celle de Shleifer et Vishny (1986), dont les résultats confirment la conclusion ci-dessus. Leurs éléments de preuve montrent le rôle important joué par les grands actionnaires et comment le prix des actions de la société augmente à mesure que la proportion des actions détenues par ces grands actionnaires augmente. Les études aussi menées sur la bourse de Budapest confirment la relation positive et linéaire entre les deux variables, et appuient leurs résultats sur le rôle de grands détenteurs de blocs qui entraînent à la fois un meilleur contrôle des dirigeants et une meilleure performance, en particulier dans les cas où la propriété est concentrée dans des investisseurs institutionnels. Ces propositions, théoriquement prouvées dans leur recherche, suggèrent une relation positive entre la concentration de la propriété et la performance de l'entreprise.

Une relation positive a été observée aussi par plusieurs auteurs. Comme déjà mentionné, les études effectuées par Claessens et al. (2002)[52] montrent ce lien en Asie, mais observent aussi un effet d'enracinement associé avec la détention de droits de vote plus élevés que la détention de capital. Boubakri et al. (2005), constatent aussi une relation positive sur un échantillon international et montrent que l'effet positif est plus net lorsque la protection des actionnaires minoritaires est plus faible. En Espagne, Alonso-Boniset Andrés-Alonso (2007)[53], notent un lien positif entre la concentration de l'actionnariat et la performance, surtout lorsque le contrôle est majoritaire.

L'impact de l'actionnariat sur la performance de l'entreprise est double. D'une part, la concentration de l'actionnariat peut permettre un meilleur contrôle de la gestion, car la taille de la participation et l'incitation à surveiller sont positivement corrélées. En retour, cela devrait

---

[52] Stijn Claessens et Joseph P.H. Fan, « Corporate governance in Asia: A survey », *International Review of Finance*, vol. 3, no 2, 2002, p. 71-103.

[53] Susana Alonso-Bonis et Pablo de Andrés-Alonso, « Ownership structure and performance in large Spanish companies: Empirical evidence in the context of an endogenous relation », *Corporate Ownership and Control*, vol. 4, no 4, 2007, p. 206-216.

améliorer la performance des entreprises et profiter également aux actionnaires minoritaires. D'un autre côté, cela peut engendrer des coûts pour les actionnaires minoritaires, les propriétaires majoritaires pouvant tenter de les exproprier.

Il est généralement admis que la structure de l'actionnariat est un élément important de la gouvernance d'entreprise. La relation entre la structure de l'actionnariat et la performance a été un sujet de grand intérêt dans la littérature sur la gestion stratégique. Comme les recherches précédentes ont donné des théories et des preuves contrastées sur la relation entre la concentration de la propriété et la performance de l'entreprise, de nouvelles preuves sont toujours possibles[54].

2.2. Relation non linéaire : Résultats des études antérieures

Malgré des preuves empiriques supposant une relation linéaire et positive entre performance et concentration de l'actionnariat, d'autres théories controversées suggèrent la possibilité d'une relation non linéaire. D'une part, l'accroissement de la propriété influence positivement la valeur de l'entreprise, les grands actionnaires jouant un rôle important dans l'augmentation du prix des actions de celle-ci. D'autre part, une concentration plus forte de la propriété pourrait signifier des marchés de capitaux sous-développés, sous le contrôle de la détention, dans la mesure où un mécanisme disciplinaire pourrait être inefficace. De même, en raison de participations plus importantes, certains actionnaires pourraient suivre pour établir plusieurs relations commerciales ou financières compatibles avec leurs intérêts personnels, mais opposées aux objectifs de la société, déterminant ainsi simultanément la perte de valeur des actionnaires minoritaires.

---

[54] Oyerogba Ezekiel Oluwagbemiga, Michael O. et Solomon Adeoluwa Zaccheaus, « The effect of ownership concentration on firm value of listed companies », *Journal of Humanities and Social Science*, vol. 19, no 1, 2014, p. 90-96.

Les conclusions des auteurs déjà cités plus haut ont contredit les travaux de Kirchmaier et Grant (2005) et Thomsen, Pedersen et Kvist (2006) qui mettent en évidence une relation négative entre concentration de l'actionnariat et performance, dans le contexte européen. Thomsen et al. (2006), constatent que le phénomène est surtout vrai lorsque le premier actionnaire détient plus de 10% du capital. D'autres recherches mettent en évidence des relations non linéaires et/ou complexes. Par exemple, Thomsen et Pedersen (2000), trouvent une relation curvilinéaire (d'abord croissante puis décroissante) entre la concentration de l'actionnariat et la performance des grandes entreprises européennes. Margaritis et Pallaki (2010), observent aussi en France, sur un échantillon essentiellement composé de PME industrielles (chimie, textile, et informatique) que le lien entre concentration et performance n'est pas linéaire, et varie en fonction du niveau de concentration et du secteur d'activité. Les auteurs séparent l'échantillon en trois selon le niveau de capital détenu par l'actionnaire principal (<25%, 25%<<50%, >50%). Dans le secteur chimique, le lien entre concentration et performance est positif, mais ce lien diminue avec la concentration, suggérant un effet d'enracinement. Dans le secteur informatique, une faible concentration de l'actionnariat est associée avec une moindre performance[55].

Une autre étude menée par Morck, Shleifer et Vishny (1988) portant sur 456 entreprises françaises en 1980, montre un lien négatif entre le pourcentage de capital détenu par les dirigeants et le ratio Q de Tobin (ratio entre la valeur de marché de la firme au numérateur et le coût de remplacement des actifs productifs au dénominateur). Les auteurs interprètent le résultat comme une évidence de l'amélioration de l'efficacité de la gestion des entreprises (du point de vue

---

[55] Yves Mard, Sylvain Marsat et Fabien Roux, « Structure de l'actionnariat et performance financière de l'entreprise : le cas français », *Finance Contrôle Stratégie*, vol. 17, no 4, 2014.

des actionnaires) tant que le pourcentage détenu par les dirigeants ne dépasse pas un certain seuil.

De leur côté, Fama et Jensen (1983) affirment toutefois qu'une concentration de la propriété supérieure à un certain niveau permettra aux dirigeants de s'ancrer et d'exproprier la richesse des actionnaires minoritaires. Cet argument a mené les chercheurs à un débat animé sur la possible relation non linéaire de concentration de la propriété et de performance des entreprises.

Short et Keasy (1999), étudient également la non linéarité de la relation entre la propriété managériale et la performance de la firme (basée sur le rendement des capitaux propres) pour le cas de 225 entreprises britanniques cotées sur le « London Stock-exchange » durant la période 1988- 1992. L'étude adopte le modèle cubique[56] pour analyser cette relation. Ces auteurs suggèrent aussi que la performance est une fonction positive de la participation managériale entre 0% et15.58%, fonction négative entre 15.58% et 41.84%, et au-delà de 41.84% la fonction est de nouveau positive. Ces résultats montrent que la relation entre les deux variables est curviligne et que les dirigeants au Royaume-Uni deviennent enracinés à des niveaux de propriété compris entre 16 % et 42 %.

En revanche, les études de Demsetz et Lehn (1985) soutiennent que des marchés efficients conduiront à la meilleure structure de propriété spécifique à une entreprise, basée sur ses caractéristiques et celle de son secteur. Les entreprises dont la structure de propriété est inefficace ne pourront pas survivre à long terme. Ils concluent donc qu'il ne devrait exister aucune relation statistique entre la structure de propriété et la performance de l'entreprise. Ils classifient la propriété concentrée en trois groupes : tous les investisseurs,

---

[56] Le modèle cubique utilise dans l'étude de Short et Keasy est comme suit : Performance= a+β1DIR+ β2 DIR2+ β3 DIR3+γ variables de contrôle. Les variables de contrôle incluent ventes, dettes, dépenses de recherche et de développement.

les investisseurs institutionnels et les actionnaires appartenant à la famille fondatrice. Les résultats montrent que la relation entre l'indice de concentration et le taux de rentabilité des capitaux propres n'est ni significative ni de signe prévu (positif)[57]. Ces conclusions rejoignent celles de Demsetz et Villalonga[58] (2001), qui estiment que la structure de la propriété devrait être influencée par les intérêts des actionnaires visant à maximiser les profits, de sorte qu'il ne devrait pas y avoir de relation systématique entre les variations de la structure de propriété et les variations de la valeur de l'entreprise. Ces auteurs ont mené une étude de la relation entre la concentration de propriété et la performance mesurée par le Q de Tobin. Leur résultat appuie celui de Demsetzet Lehn (1985), et concluent qu'il n'existe aucune relation entre la concentration du capital et la performance.

En parcourant les résultats des études antérieures relatives à la relation entre la concentration d'actionnariat et la valeur de la firme, nous concluons que, la concentration de l'actionnariat en tant que mécanisme interne de gouvernance d'entreprise est remarquée par les actionnaires possédant des participations importantes qui possèdent les incitations et les ressources nécessaires pour surveiller et discipliner la direction. Par conséquent, une structure de propriété concentrée pourrait limiter le problème de l'agence, créant ainsi le cadre idéal pour maximiser la valeur des entreprises. Ce fait pourrait donc s'expliquer par la contribution d'un processus de suivi efficace. Ainsi, une concentration plus élevée de la propriété implique de mettre l'accent sur les incitations et le pouvoir des actionnaires ayant des participations importantes dans le but de surveiller la direction à moindre coût. Par ailleurs, on perçoit la possibilité

---

[57] Wiem Elmanaa Madani et Wafa Khlif, « Effets de la structure de propriété sur la performance des entreprises tunisiennes », *La Revue des Sciences de Gestion*, nos 243-244.3, 2010, p. 63-70.

[58] Harold Demsetz et Belen Villalonga, « Ownership structure and corporate performance », *Journal of Corporate Finance*, vol. 7, no 3, 2001, p. 209-233.

de résoudre le problème de l'agence en raison du manque de convergence des intérêts des actionnaires majoritaires et minoritaires.

D'autre part, il est également avancé que les actionnaires ayant plus d'actions peuvent nier les droits de ceux qui ont moins d'actions en donnant la priorité à leurs propres actions et à leurs intérêts individuels avant les intérêts d'autrui (Aren, Özkan et Dinç, 2014).

Le tableau N°2 ci-dessous résume les différents déterminants et indices utilisés dans les études déjà précitées ci-dessus et effectuées par chaque auteur pour mesurer la concentration de l'actionnariat et la performance de l'entreprise :

Tableau 1 : Présentation synthétique des différentes études sur la concentration de l'actionnariat et la performance de l'entreprise

Auteurs	Performance	Mesure De Concentration D'actionnariat
Alonso Bonis et Andrés Alonso 2007	Q de Tobin	Part du capital détenue par le principal actionnaire, et par rapport aux bornes 20 et 50%
Demsetz et Villalonga 2001	Q de Tobin moyen ROE[59]	Capital détenu par les 5 principaux actionnaires
Margaritis et Pallaki 2010	Efficience, mesurée à partir de la méthode DEA	Capital détenu par le principal actionnaire
Mtianos et Paquerot 1999	Moyenne de l'indice de Sharpe de l'entreprise sur deux ans	Part de capital détenue par les 5 premiers actionnaires

[59] ROE : ce ratio mesure l'efficacité avec laquelle l'entreprise utilise les fonds propres. Ce ratio exprime la capacité d'une entreprise à générer des profits à partir de ses capitaux propres. La rentabilité financière ou rentabilité des capitaux propres est une rentabilité à destination des actionnaires. Ce ratio mesure la capacité de l'entreprise de rémunérer les associés. *ROE= Bénéfice net / Capitaux propres*

	(rentabilité hebdomadaires)	
Sahut et Gharbi 2010	ROE et ROA[60] moyenne sur 3 ans de 2003 à 2005	Part de capital détenue par les 5 premiers actionnaires
Thomsen et Pedersen 2000	Q de Tobin, mesuré à partir du market to book (MBV) Rentabilité des actifs (ROA)	Capital (et droits de vote) du principal actionnaire
Welch 2003	Q de Tobin Rentabilité des capitaux propres (ROE)	Part de capital détenue par les 5 principaux actionnaires
Demsetz et Lehn 1985	Rentabilité boursière moyenne	Capital détenu par les 5 et 20 principaux actionnaires
Boubakri et al.2005	ROA, ROE	Part de capital détenue par les 3 principaux actionnaires.
Charreaux 1991	Mesure de Sharpe Taux de rentabilité économique et des capitaux propres Q de Tobin	Capital détenu par les actionnaires connus
Claessens et al. 2002	Market to book ratio of assets	Capital et droits de vote détenus par le principal actionnaire
Kirchmaier et Grant 2005	Rentabilité boursière trimestrielle	Capital et de droits de vote détenus par le principal actionnaire

Source : Etabli par nos soins.

D'après le tableau détaillé ci-dessus, nous constatons que la plupart des études reconnaissent que les pourcentages choisis pour déterminer la structure d'actionnariat restent imparfaits. Pour cela, le pourcentage détenu par les actionnaires n'est pas toujours identique aux droits de vote. Ainsi, on peut estimer que le rôle des gestionnaires dans la

60 ROA : ce ratio mesure l'efficacité avec laquelle l'entreprise utilise ses actifs. *ROA= Bénéfice net / Actif total*

croissance de la valeur de l'entreprise apparaît ambigu. Même si nous sommes conscients que la performance dépend également de nombreux facteurs (externes ou internes : dette, secteur industriel, cycle économique…), il est évident qu'il est très difficile de prendre en compte l'ensemble de ces facteurs. A cet effet, les résultats de ces études sont mitigés.

Parmi toutes les contributions empiriques, nous remarquons que la relation positive et significative entre nos variables semble réellement dominer. A cet égard, notre revue de littérature théorique et empirique susmentionné sur le lien entre la concentration d'actionnariat et la performance de la firme nous permet de supposer une influence positive de la concentration d'actionnariat et la performance de la firme.

Section 2 :

La relation entre la nature de l'actionnariat et la performance de la firme

En complément de la concentration d'actionnariat, la nature des actionnaires peut aussi influencer la performance de l'entreprise. Le type d'actionnaire, et son niveau de participation dans le capital, peuvent également discipliner le comportement des dirigeants car le contrôle exercé par l'actionnaire diffère selon qu'il s'agisse d'un actionnariat dirigeant, familial, financier, industriel, ou étatique.

Le propriétaire de l'entreprise joue un rôle important dans la performance de l'entreprise. Il peut être classé en plusieurs catégories (types de structure de propriété). Ainsi, il est bien connu que la nature de l'actionnariat a un impact différent sur la valeur de l'entreprise et peut influencer la performance de l'entreprise. En effet, les actionnaires constituent une population hétérogène. Les objectifs et l'horizon de placement d'un investisseur peuvent ainsi varier selon qu'il s'agit d'un actionnaire dirigeant, familial, financier, industriel, ou étatique. De nombreux travaux ont étudié le lien entre la nature de l'actionnariat et la performance de l'entreprise, aux États-Unis principalement, mais aussi dans d'autres contextes plus récemment.

Par conséquent, il est intéressant de regarder en profondeur le cadre marocain avec une évolution unique des entreprises. Dans les sociétés marocaines, la structure de propriété est très unique. La plupart des sociétés marocaines cotées sont passées d'une société à propriétaire unique à un conglomérat (société avec de nombreuses filiales mais de petite taille). Un contexte caractérisé par une prédominance des PME/PMI où le caractère familial est omniprésent et l'actionnariat est concentré. La propriété et le contrôle sont regroupés entre les mains des actionnaires majoritaires. Le cas français et marocain est tout à fait similaire, caractérisé par une présence importante de l'Etat et une structure familiale régnante dans le capital des grandes sociétés cotées.

De façon générale, l'actionnariat au Maroc a tendance à s'éclater car les descendants des groupes familiaux seront amenés à intégrer dans le capital des partenaires professionnels et se financer sur le marché ce qui va les pousser à plus de transparence. Les investisseurs ne se contentent plus de la situation économique et financière des Emetteurs mais réclament de plus en plus des informations sur leur gouvernance ce qui pousse le régulateur à en tenir compte dans le cadre de la revue de sa circulaire qui définit les modalités d'application de la nouvelle loi en termes d'informations nécessaires à la prise de décision de la part des investisseurs[61].

Comme déjà souligné, la structure de propriété est définie comme suit: «la répartition des capitaux propres en termes de voix et de capital ainsi que l'identité des propriétaires des capitaux propres ». Cette structure est importante dans la gouvernance d'entreprise, car elle détermine les incitations des dirigeants et donc l'efficacité économique des sociétés qu'ils gèrent. Elle combine le pouvoir de contrôle détenu par les actionnaires et l'identité de l'actionnaire provenant de différents types de propriétaires tels que la direction, des institutions ou des étrangers. La participation de la direction est le pourcentage de détention d'actions par la direction qui participe activement au processus décisionnel de l'entreprise (administrateurs et commissaires). La propriété institutionnelle est le pourcentage de détention d'actions par des investisseurs institutionnels tels que des sociétés d'investissement, des banques, des sociétés d'assurance, des agences immobilières et d'autres sociétés. Bien que la participation étrangère soit le pourcentage d'actionnariat détenu par des parties étrangères, à la fois des particuliers

---

61 Smahane Madhar, « Corporate gouvernance et performance des entreprises : cas des émetteurs marocains », mémoire de recherche, Laboratoire de Recherche en Management (LAREM), Groupe ISCAE, 2016.

(investisseurs étrangers) et des institutions. Ces avoirs représentent une source de pouvoir qui peut être utilisée pour soutenir la présence de dirigeants.

Il existe de nombreuses manières pour une entreprise de renforcer son actionnariat, et le type de structure qu'une entreprise choisit d'adopter est déterminé par la vision et la mission de l'entreprise elle-même. Différents types de structure d'actionnariat affectent le problème de l'agence de manière différente. Il est donc important de bien comprendre l'efficacité des formes alternatives de propriété afin de démontrer la nature du problème de l'agence et de déterminer les coûts qui y sont associés, ainsi que le rendement et la valeur des entreprises[62].

1. Typologie d'actionnariat

Nous allons définir les différents types d'actionnaires qui interviennent dans le paysage financier international dont le poids et les pouvoirs diffèrent d'un pays à un autre.

Les principaux types d'actionnaires envisagés dans la littérature sont : les familles, les financiers, les salariés, les dirigeants, et l'Etat.

1.1. Actionnariat familial

Une entreprise familiale est une entreprise dont la majorité des droits de vote est détenue par la ou les personnes physiques qui ont créé l'entreprise, ou par la ou les personnes physiques qui ont acquis le capital de l'entreprise, ou bien par leurs conjoints, parents ou enfants ou par les héritiers directs de leurs enfants et au moins un représentant de la famille participe formellement à la gouvernance de l'entreprise. Les sociétés cotées en bourse entrent dans la définition de

---

[62] Anisa Abdulrahman Amin et Mohammed Hamdan Allam, « Evaluating the effect of ownership structure on firm performance: Evidence from Saudi Arabian listed companies », *Journal of Economic Cooperation & Development*, vol. 39, no 3, 2018, p. 65-92.

l'entreprise familiale si les personnes qui ont créé ou acquis l'entreprise (capital) ou bien leur famille ou leurs descendants détiennent 25 % des droits de vote issus de leur capital[63].

Les entreprises familiales représentent la forme prédominante de l'entreprise dans le monde par leur complexité et leur hétérogénéité qui s'imposent comme un champ légitime d'enquête et bénéficient d'une attention scientifique mondiale. De récentes études ont par ailleurs confirmé l'importance des entreprises familiales dans le tissu économique régional et national en leur prêtant des atouts certains : un taux de défaillance plus faible, de meilleures performances financières et une meilleure capacité à résister en temps de crise.

L'actionnariat familial constitue le type d'actionnariat le plus répandu au Maroc, il concerne bien sûr les PME, mais aussi les grandes entreprises cotées. Comme pour l'actionnariat des dirigeants, l'actionnariat familial exerce en théorie un effet ambigu sur la performance. Selon la théorie de l'alignement, l'actionnaire familial va privilégier les décisions créatrices de valeur à long terme. Cet horizon à long terme vaut également dans ses relations avec les salariés et les autres parties prenantes. L'actionnaire familial est aussi soucieux de sa réputation, et sera donc moins incité à s'attribuer des bénéfices privés au détriment des actionnaires minoritaires. En revanche, selon la théorie de l'enracinement, les actionnaires familiaux peuvent souhaiter conserver le pouvoir pour en retirer des bénéfices personnels. Le refus de communiquer de façon transparente, ou de mettre en place des structures de gouvernance efficaces (séparation du poste de président et de directeur général, indépendance des

63 Définition de la commission européenne suite aux travaux de groupes d'experts se penchant sur l'importance des entreprises familiales pour l'économie européenne.

administrateurs) est un moyen pour l'actionnaire familial de s'enraciner[64].

Il existe donc des atouts certains de l'actionnariat familial mais aussi des challenges à relever pour que l'entreprise familial ne devienne pas un fardeau pour ses actionnaires. Se pencher sur ces questions est indispensable pour que l'entreprise familiale puisse continuer à être transmise aux générations futures.

1.2. Actionnariat financier

- Investisseurs institutionnels

Lorsque les actionnaires sont principalement des investisseurs, on parle alors d'actionnariat financier. La présence d'investisseurs institutionnels a été considérée comme un mécanisme de contrôle efficace dans toute décision prise par le gestionnaire, car ce sont les professionnels institutionnels qui sont en mesure d'évaluer la performance des entreprises, depuis les discussions informelles avec la direction, jusqu'à la maîtrise de toutes les opérations de la gestion. Les investisseurs financiers et institutionnels ont pris au fil des années une part de plus en plus élevée du capital des sociétés cotées.

Comme pour les autres types d'actionnaires, l'influence des actionnaires financiers et des investisseurs institutionnels sur la performance n'est pas évidente a priori. Bien qu'ils soient reconnus comme des investisseurs compétents, leur implication dans la gouvernance de l'entreprise va largement dépendre de leur part dans le capital et de leur horizon de placement.

En vertu de Shleifer et Vishny (1986), une hypothèse de surveillance active soutient le fait que les investisseurs institutionnels possèdent des incitations pour surveiller la

---

[64] Sabria Korichi et Abdelouahed Alaoui Mdaghri, « Entreprises familiales : de l'ombre vers la lumière », *Revue Marocaine de la Prospective en Sciences de Gestion*, no 1, 2018.

performance des entreprises. Ainsi, les investisseurs institutionnels bénéficient des avantages plus importants que les actionnaires minoritaires en raison de leur pouvoir de vote important. Cependant, ils pourraient prendre plusieurs mesures correctives contre la direction.

Lorsqu'ils détiennent une fraction significative du capital, les actionnaires financiers et institutionnels peuvent exercer un rôle de contrôle délégué au profit des autres actionnaires. A l'inverse, ils sont souvent accusés de mettre la pression sur les dirigeants et de privilégier un horizon à court terme. Cela peut inciter les dirigeants à prendre des décisions sous-optimales en termes de création de valeur à long terme.

Plusieurs études ont analysé le rôle des investisseurs institutionnels dans la performance. Les travaux de Han et Suk (1998) et Mc Connell et Servaes (1990), cherchent à montrer un lien positif entre l'actionnariat des investisseurs institutionnels et la performance. Par contre, Al Farooque et al (2007), observent une relation non linéaire qui suggère que les investisseurs institutionnels ne s'investissent dans le contrôle de la firme qu'à partir d'un certain niveau de détention.

Dans le même sens, Pound (1988) a mentionné à la fois une relation positive (hypothèse de surveillance efficace) et une influence négative (hypothèse de conflit d'intérêts et hypothèse d'alignement stratégique) entre la propriété institutionnelle et la valeur de l'entreprise. Selon l'hypothèse d'efficience de la surveillance, les investisseurs institutionnels disposent de plus d'informations, ce qui leur permet de superviser la gestion à des coûts inférieurs à ceux des actionnaires minoritaires. En outre, l'hypothèse de conflit d'intérêts met en évidence le fait que les investisseurs institutionnels pourraient développer des affaires rentables, actuelles ou potentielles, avec les sociétés dans lesquelles ils détiennent des participations, se montrant ainsi moins intéressé par une restriction du pouvoir discrétionnaire de la direction. L'hypothèse de l'alignement stratégique souligne le fait que les investisseurs institutionnels et les gestionnaires identifient un avantage commun au sens de la coopération[65].

- Investisseurs étrangers

De nombreuses études ont été menées pour déterminer si les entreprises sous contrôle étranger avaient de meilleurs résultats que les entreprises sous contrôle national. Barbosa et Louri (2005), affirment que « les sociétés multinationales affichent des performances supérieures. Leur avantage est constitué d'avantages financiers, de différenciation des produits et de marketing, avantages découlant d'une gouvernance supérieure ou de la capacité à exploiter des économies d'échelle ».

Dans une étude réalisée pour les sociétés cotées en bourse en Belgique, Gorthels et Ooghe (1997) avaient conclu que les entreprises à participation étrangère avaient de meilleures mesures de la performance que leurs homologues nationales[66].

Les investisseurs étrangers ont tendance à être plus prudents dans la sélection des placements de leurs actions par rapport aux investisseurs institutionnels nationaux. Les résultats de Wei et al. (2005), Chevalier et al. (2006) et Umar et Ali (2004) confirment cette hypothèse et montrent que la propriété étrangère a une incidence positive sur la valeur et la performance de l'entreprise. Selon eux, les investisseurs étrangers peuvent surveiller et contrôler la politique de gestion, car ils possèdent à la fois des compétences et une expérience dans le domaine des finances et des affaires. La propriété étrangère est également possible pour donner accès aux marchés des capitaux internationaux et, à son tour, aux

---

[65] Georgeta Vintilă et Ştefan Cristian Gherghina, *op. cit.*, p. 510-514.

[66] Çiğdem Vural Yavaş et Seda Erdogan, « The effect of foreign ownership on firm performance: Evidence from emerging market », *Proceedings of New York International Business and Social Science Research Conference*, vol. 14, 2016.

avancées technologiques et aux talents de gestion internationaux.

1.3. Actionnariat salarié

L'actionnariat salarié est un mécanisme permettant de faire du salarié un actionnaire à long terme de la société, le motivant ainsi à œuvrer dans le sens de l'intérêt de la société et de ses actionnaires.

Selon Desbrières[67], la pratique de l'actionnariat salarié, comme celle de la participation financière plus généralement, relève de la volonté d'associer les salariés à la performance économique et financière de l'entreprise et de stimuler leurs efforts grâce aux avantages financiers, fiscaux et sociaux qui y sont attachés, dans la mesure où leur motivation et leur implication dépendent, pour une part substantielle, du lien existant entre cette performance et leur richesse personnelle. À ce titre, l'actionnariat salarié semble plus approprié pour contrôler les sources de conflits que les ajustements futurs du niveau de rémunération.

L'actionnariat salarié peut être mis en place via plusieurs schémas (plan d'épargne, attribution gratuite d'actions de l'entreprise, stock-options ou bons de souscription d'actions...). Ces différents schémas partagent deux points communs. D'un côté, les titres sont offerts aux salariés à des conditions préférentielles : soit à un prix décoté par rapport au prix du marché, soit au prix du marché avec une participation complémentaire de l'employeur (abondement). De l'autre, les titres acquis par les salariés sont bloqués pendant une certaine période pour favoriser la création de valeur à long terme.

Ainsi, ce mécanisme offre l'opportunité au salarié de partager pleinement les fruits de ses efforts avec les actionnaires et de se constituer une épargne progressive à des

---

[67] Philippe Desbrières, « Les actionnaires salariés », *Revue française de gestion*, no 141.5, 2002, p. 255-281.

conditions avantageuses en s'exposant à un actif qu'il connaît mieux que n'importe quel autre instrument financier : l'action de son employeur. Il convient toutefois de souligner que l'investissement dans les actions de son propre employeur doit se faire dans le cadre d'un portefeuille diversifié pour ne pas être totalement exposé aux risques de l'employeur[68].

L'actionnariat salarié est un mécanisme de participation financière qui suscite beaucoup d'intérêt tant du point de vue des praticiens que des chercheurs. La littérature académique porte un regard contrasté sur les effets de l'actionnariat salarié (Aubert et al. 2014). D'une part, l'actionnariat salarié est certes susceptible d'affecter positivement la performance de l'entreprise en ayant une influence positive sur des variables attitudinales et la productivité des salariés mais d'autre part, l'actionnariat des salariés génère potentiellement des effets négatifs perceptibles au niveau de la gouvernance des entreprises.

Nous concluons, que ce mécanisme offre l'opportunité au salarié de se constituer une épargne progressive à des conditions avantageuses en s'exposant à un actif qu'il connaît mieux que n'importe qui : l'action de son entreprise[69].

1.4. Actionnariat managérial

L'actionnariat managérial ou actionnariat des dirigeants est l'un des mécanismes de contrôle permettant d'atténuer les conflits d'agence, car ils sont capables d'égaliser les intérêts des propriétaires et des gestionnaires. Ainsi, plus la propriété de gestion est élevée, plus la valeur de la société est élevée. Avec l'existence de l'actionnariat managérial, le gestionnaire aura le bénéfice direct de la prise de décision mais assumera également le risque si la décision était fausse. Ainsi, la

---

[68] *Autorité marocaine du marché des capitaux (AMMC), Rapport CDVM n°17, 1er trimestre 2014.* https://www.ammc.ma

[69] Youssef Seddik, « Actionnariat salarié : une culture encore peu développée au Maroc », *Finance News Hebdo,* juillet 2019, https://www.fnh.ma

participation des dirigeants est une incitation à améliorer la performance de l'entreprise. En d'autres termes, plus le nombre d'actions détenues par les dirigeants est important, plus ces derniers seront motivés à chercher des projets plus rentables et plus leurs intérêts convergent avec ceux des actionnaires entraînant une réduction des coûts qu'ils supportent pour contrôler le dirigeant. Par ailleurs, lorsque leur droit au bénéfice résiduel est faible, les managers peuvent tirer profit d'autres sources de l'entreprise, ce qui risque d'affecter sa valeur. Plusieurs recherches étudient la relation entre la propriété managériale et la performance de l'entreprise. Jensen et Meckling (1976) affirment que cette relation est linéaire et que la propriété managériale élevée pourrait réduire les problèmes d'agence au sein de l'entreprise. D'autres auteurs affirment que la relation entre la propriété managériale et la performance de l'entreprise est non linéaire (Morck, Shleifer et Vishny, 1988 ; Short et Keasy, 1999). Elle prend la forme de l'alignement des intérêts à l'enracinement managérial. Quant aux Himmelberg, Hubbard et Palia (1999), Cho (1998) et Demsetz et Villalonga (2001), ils affirment que la propriété managériale est une variable endogène et qu'elle dépend entre autres de la performance de l'entreprise.Plusieurs recherches étudient la relation entre la propriété managériale et la performance de l'entreprise.

Ainsi, plusieurs recherches menées par Rachmawati et Hanung (2007) ainsi que par Masdupi et Adiana (2009), étudient la relation entre la propriété managériale et la performance de l'entreprise. Ces études montrent que la propriété des dirigeants a un effet positif sur la valeur de l'entreprise, et affirment que cette relation est linéaire et que la propriété managériale élevée pourrait réduire les problèmes d'agence au sein de l'entreprise.

D'autres auteurs affirment que la relation entre la propriété managériale et la performance de l'entreprise est non linéaire et que la propriété de la direction n'affecte pas la valeur de la société (Morck, Shleifer et Vishny, 1988 ; Short et Keasy, 1999)[70].

1.5. Actionnariat étatique

L'actionnariat étatique, se dit d'un actionnariat composé principalement d'un Etat. L'Etat peut être exigeant en termes de dividendes ou empêcher la signature de certains contrats contraires à l'intérêt national. L'Etat peut aussi poursuivre une activité structurellement déficitaire. A chaque actionnaire, une stratégie différente.

Ainsi, l'actionnariat étatique constitue un acteur très controversé en termes de gouvernance d'entreprise. Bien que l'État puisse utiliser sa propre participation de contrôle pour améliorer la gouvernance d'entreprise (par exemple, l'État peut utiliser sa position de contrôle pour assurer un meilleur traitement des actionnaires minoritaires), mais le contrôle étatique peut créer un double problème d'agence : un comportement abusif des dirigeants de la société et des représentants politiques siégeant à son conseil d'administration. En tant qu'actionnaire, l'État (ou les représentants de l'État pour contrôler les sociétés) peut prendre des décisions que désapprouvent les autres actionnaires en poursuivant des objectifs politiques (tels que le développement des infrastructures) qui ne sont pas nécessairement conformes aux intérêts des actionnaires minoritaires. Ceci peut les conduire à maximiser son profit personnel, voire même à détourner à des fins privées les fonds de l'entreprise.

On peut supposer que les firmes où l'Etat est actionnaire sont davantage soumises à des coûts politiques. A cet effet, la sélection des dirigeants pourrait répondre à des choix politiques plutôt qu'à une volonté d'optimiser la performance de l'entreprise (Boycko et al, 1996). A l'inverse, la garantie

---

[70] Evada Dewata et Isnurhadi Isnurhadi, « The effect of ownership structure on firm value in Indonesia », *EBES Istanbul Conference*, 2012.

apportée par l'Etat peut jouer un rôle favorable et limiter, pour les firmes où l'Etat est actionnaire, le coût d'accès aux capitaux[71].

Dans ce contexte, plusieurs recherches empiriques ont été étudiées, essentiellement dans le cadre chinois, des études tendent à indiquer un lien négatif entre actionnariat étatique et performance financière de l'entreprise. Wei and Varela (2003), Wei et al. (2005), Gunasekarage et al. (2007) et, Tian&Estrin (2008) examinent les entreprises chinoises cotées en bourse de 1994–1996, 1991–2001, 2000–2004 et 1994–2000, respectivement, et tous ces auteurs trouvent une relation en forme de U entre la propriété de l'État et la performance du marché. Les résultats révèlent que le gouvernement agissant en tant que propriétaire peut améliorer la valeur de l'entreprise en Chine, en particulier si sa participation est suffisamment importante. En d'autres termes, ils constatent que le lien négatif est significatif seulement pour les valeurs élevées d'actionnariat. D'autre part, Sun et al (2003), obtiennent une relation concave entre actionnariat étatique et performance de marché. La plupart des études concluent à une relation convexe (en forme de U) entre actionnariat étatique et performance financière, semblant montrer d'abord un lien négatif pour les faibles niveaux de détention, puis un lien positif au-delà de ce niveau[72].

2. La nature d'actionnariat et performance de la firme : Discussion théorique

2.1. Analyse théorique de la relation entre la nature de l'actionnariat et la performance de la firme

La structure d'actionnariat et son impact sur la performance des entreprises restent un sujet de grand intérêt pour les scientifiques financiers. La recherche sur la propriété

[71] Yves Mard, Sylvain Marsat et Fabien Roux, *op. cit.*, p. 16.

[72] Mei Yu, « State ownership and firm performance: Empirical evidence from Chinese listed companies », *China Journal of Accounting Research*, vol. 6, no 2, 2013, p. 75-87.

a été initialement fondée sur la théorie de Adam Smith (1776), relative à la séparation de la propriété du contrôle qui est à la base de la relation d'agence entre un « Principal » et un « Agent ». Ainsi, alors que les actionnaires ont le « contrôle formel » sur de nombreuses décisions, les gestionnaires ont souvent le « véritable contrôle ». Orge et Means (1932), ont également étudié la théorie de l'agence et sa relation avec la propriété et les intérêts des actionnaires. Ils ont fait valoir qu'un intérêt élevé dans une entreprise est corrélé à une forte participation et qu'il existe une relation positive entre une forte participation et le rendement de l'entreprise. De même, Jensen et Meckling (1976) ont proposé la théorie de l'agence en expliquant qu'un niveau élevé de propriété par la direction pouvait réduire les coûts de l'agence en alignant les intérêts des administrateurs et des actionnaires.

Certains actionnaires sont supposés plus efficaces car ils présentent des caractéristiques qui leur permettent, soit d'accéder ou de traiter l'information sur l'entreprise de façon plus efficiente, soit d'être contraints de gérer leurs participations dans le capital de l'entreprise de façon optimale. Dans le premier cas, ils peuvent exercer un contrôle efficient parce qu'ils disposent de structures ou de moyens qui rendent ce contrôle peu onéreux, notamment lorsque les coûts d'accès à l'information et de traitement sont réduits. Ils sont alors incités à exercer le contrôle compte tenu de son faible coût et de sa rentabilité. Dans le deuxième cas, ils sont contraints à la performance par leurs actionnaires.

Seules quelques études ont été consacrées à la mise au point d'un système de classification de la propriété. De nombreux auteurs et institutions ont mis au point différentes caractéristiques de classification qui reflètent essentiellement leur intérêt particulier pour le domaine. Charkham (1995), a classé les propriétaires comme étrangers, divers, sociétés à capitaux privés, personnes morales de droit public, personnes privées, compagnies d'assurance, banques et fonds de pension et des fonds communs de placement. La Porta et al. (1999), ont en outre classé les propriétaires entre ceux qui sont largement détenus, appartenant à des familles, appartenant à l'État, et ceux qui sont contrôlés par des corporations. Des auteurs tels que Thomsen et al (2000), Mathiesen (2002), Kalmi (2003), Vitols (2003), Heubischl (2006) ont également adopté des classifications similaires[73].

De nombreux travaux antérieurs ont étudié le lien entre la nature de l'actionnariat et la performance de l'entreprise. Les principaux types d'actionnariat étudiés dans la littérature sont : familial, financier, salarié, managérial et étranger.

2.1.1. Actionnariat familial et performance de l'entreprise

Dans le prolongement de la littérature, différents auteurs ont souligné des sentiments mitigés concernant la propriété familiale (voir, par exemple, Burkart, Panunzi et Shleifer, 2003 ; Maury, 2005; Anderson et Reeb, 2003; Shahab et Javid, 2011). G. Charreaux (1991), a montré que la structure de propriété des entreprises familiales avait un impact sur la rentabilité économique mesurée par le Q de Tobin. Du fait de la propriété familiale, les conflits d'intérêts entre les propriétaires et les dirigeants sont atténués et les frais d'agence sont réduits. L'évolution de la famille dans les entreprises favorise également la perspective à long terme (Anderson & Reeb, 2003). Enfin, la gestion familiale confère un avantage concurrentiel (Burkart et al., 2003).

Au contraire, différents documents de recherche mettent en évidence les liens négatifs entre la propriété familiale et leur impact sur la performance des entreprises. Par exemple, Gomez-Mejia, Tosi et Hinkin (1987) ; et Donckels et Froehlich (1991) ont obtenu des résultats négatifs. Ils ont constaté que les entreprises familiales adoptaient une approche beaucoup plus conservatrice, moins innovante, moins active et moins axée sur le développement par rapport aux entreprises non familiales. Lansberg, Perrow et Rogolsky (1988), ont enquêté

73 Mike Wahl, « The ownership structure of corporations: Owners classification & typology », *EBS Review*, no 21, vol. 2, 2006, p. 94-103.

sur le fait que ces entreprises pratiquaient principalement le népotisme et que, par conséquent, les entreprises familiales embauchent des gestionnaires peu professionnels.

En outre, le problème des agences de second type se pose dans les entreprises familiales car les gestionnaires de la famille exploitent les fonds de petits actionnaires à des fins privées (Villalonga et Amit, 2006). Les études de Bennedsen, Nielsen, Pérez-González et Wolfenzon (2006), Sciascia et Mazzola (2008), et Khan et Khan (2011) appuient également les études précédentes et privilégient les entreprises non familiales. Leurs résultats suggèrent que la propriété familiale a eu une influence négative sur la performance de la société en raison du manque de compétences professionnelles générales des propriétaires de la famille et des conflits entre gestionnaires de la famille à des fins non financières[74].

2.1.2. Actionnariat financier et performance de l'entreprise

Les investisseurs institutionnels sont des institutions financières disponibles sur les marchés financiers pour prendre des participations dans la propriété organisationnelle. Ils peuvent générer un volume considérable de rendements boursiers sur les marchés boursiers (Shah et al. 2015). Pour cette raison, les investisseurs institutionnels sont des acteurs importants sur les meilleurs marchés financiers opérationnels. Shliefer et Vishny (1986), dans leur étude, ont suggéré une proposition de surveillance active concernant les investisseurs institutionnels, selon laquelle les investisseurs institutionnels ont le pouvoir de mettre en œuvre de telles stratégies sur les gestionnaires afin qu'ils prennent les décisions qui favorisent le mieux ces institutions. En raison de leur grande part dans l'organisation, ces institutions ont le droit de surveiller les actions des

[74] Farman Khan et Muhammad Nouman, « Does ownership structure affect firm's performance? Empirical evidence from Pakistan », *Pakistan Business Review*, vol. 19, no 1, 2017.

gestionnaires et peuvent modifier les décisions de la direction afin d'éviter toute perturbation des biens de l'organisation. Lev (1988), a déclaré que les investisseurs isolés n'avaient pas autant de pouvoir de surveillance que les investisseurs institutionnels, car ceux-ci étaient en contact avec tous les types d'informations financières concernant l'organisation.

2.1.3. Actionnariat salarié et performance de l'entreprise

L'actionnariat salarié permet, dans une large mesure, d'aligner les intérêts des salariés avec ceux des actionnaires, ce qui impliquera une réduction des coûts induits par les conflits d'agence potentiels pour l'entreprise. Cet actionnariat doit engendrer des effets positifs identifiables, il s'agit d'une part d'augmenter la satisfaction et la performance du salarié et d'autre part de réduire les inefficiences et d'augmenter la productivité et la performance financière de l'entreprise (Ben Ner & Jones, 1995 ; Jones & Kato, 1995).

Malgré la relation positive attendue entre l'actionnariat salarié et la performance de l'entreprise, plusieurs études ont proposé une relation négative. Les employés ayant des capacités ou un capital humain différent ne reçoivent pas leur juste part des bénéfices, et les employés ayant des capacités ou un capital humain inférieur gagneraient de manière disproportionnée dans le cadre de l'actionnariat salarié. Hansmann (1996), postule que l'actionnariat salarié est plus efficace parmi les salariés homogènes tels que les associés juridiques[75].

[75] Ernest H. O'Boyle, Pankaj C. Patel et Erik Gonzalez-Mulé, « Employee ownership and firm performance: A meta-analysis », *Human Resource Management Journal*, vol. 26, no 4, 2016, p. 425-448.

2.1.4. Actionnariat managérial et performance de l'entreprise

L'actionnariat managériale agit aussi comme un dispositif de contrôle qui peut être utilisé pour diriger le système de contrôle interne d'une entreprise et pour surveiller toutes les actions et décisions qui peuvent à leur tour aider à réduire et à résoudre les problèmes de l'agence. Cho (1998), dans son étude sur la valeur de l'entreprise et la propriété de gestion, a expliqué que l'actionnariat de gestion est étroitement lié à la performance de l'entreprise, car la prise de décision incombe aux gestionnaires, qui peuvent prendre des décisions en faveur de leur propre intérêt ou en faveur de l'actionnaire, ce qui peut automatiquement affecter la performance de l'entreprise.

2.1.5. Actionnariat étrangère et performance de l'entreprise

De même, l'actionnariat étrangère dans une entreprise génère une productivité élevée en raison de son investissement dans les secteurs productifs. Elle utilise donc des outils de surveillance active pour ses objectifs d'investissement, comme suggéré par Griffith (1999) et Oulton (2000). Les actionnaires étrangers utilisent des compétences techniques avant d'appliquer chaque étape d'un investissement dans un projet.

En parcourant les nombreuses recherches testant le lien entre la nature des actionnaires et la performance de la firme, nous remarquons que l'identification des détenteurs d'actions ; qu'il s'agisse de familles, de salariés, d'investisseurs institutionnels, de l'état ou d'autres sociétés ; a des implications importantes pour la stratégie et la performance d'une société. Les propriétaires représentent une source importante de capitaux pour les projets d'entreprise, mais leur potentiel considérable semble ne pas être exploité sur le marché des capitaux. Il existe des différences considérables entre les différents profils, styles et types de propriétaires.

Cela signifie que les différentes catégories de propriétaires perçoivent le marché des capitaux différemment.

Le tableau N°2 ci-dessous résume les différents déterminants et indices utilisés dans les études effectuées par chaque auteur pour mesurer la nature de l'actionnariat et la performance de l'entreprise :

Tableau 2 : Présentation synthétique des différentes études sur la nature d'actionnariat et la performance de l'entreprise

Auteurs	Mesure De Performance	Mesure De Nature D'actionnariat
R. Anderson et D. Reeb (2003)	ROA, ROE et Q de Tobin	Capital détenu par les familles
Charreaux 1991	Mesure de Sharpe Taux de rentabilité économique et des capitaux propres Ratio de Marjis Q de Tobin	Analyse fondée sur la typologie : sociétés familiales, sociétés contrôlées et sociétés managériales-variable familiale-variable contrôlée
Demsetz et Villalonga 2001	Q de Tobin moyen ROE	Capital détenu par le top management
AL Farooq et al.2007	Q de Tobin ROA	Capital détenu par les administrateurs et les actionnaires financiers
Ben Ner & Jones, 1995; Jones & Kato, 1995	ROE et ROA	Capital détenu par les salariés : actionnariat salarié

Cho (1998)	Q de Tobin Rentabilité des capitaux propres (ROE)	Actionnariat des dirigeants et des administrateurs
Griffith (1999) et Oulton (2000)	ROE et ROA	% Capital détenu par les actionnaires institutionnels étrangers - actionnaires institutionnels domestiques et actionnaires salariés.
Thomsen et Pedersen 2000	Q de Tobin, mesuré à partir du market to book (MBV) Rentabilité des actifs (ROA) Croissance du CA	Variables binaires d'identité : banques, familles, personnes physiques, état, institutionnels
Han and Suk 1998	Rentabilité boursière moyenne ROE	Dirigeants, administrateurs et investisseurs institutionnels (nombre d'actionnaires et parts détenues)

Source : Etabli par nos soins

Comme indiqué précédemment, les différences dans les résultats de recherches empiriques antérieures montrant une relation absente, linéaire et non linéaire, pourraient dépendre de nombreux facteurs : variables des modèles, relation supposée (linéaire ou non linéaire), pays, années d'étude et sélection de l'échantillon.

2.2. La nature de l'actionnariat des entreprises cotées en bourse au Maroc

Au Maroc, les entreprises cotées en bourse qui sont de forme sociétale, ont un capital concentré. De plus, la plupart de ses entreprises sont sous le contrôle d'un ou de deux actionnaires qui sont de nature familiale et qui exercent un pouvoir éminent sur la prise de décision via le conseil d'administration. De plus, le marché financier marocain se matérialisant dans la BVMC s'avère en plein essor. En effet, la taille de cette bourse témoigne de sa faible contribution au financement de l'économie, d'autant plus que l'étroitesse de sa liquidité présuppose l'existence d'une asymétrie informationnelle forte. En outre, le système légal marocain de tradition civiliste, se base sur l'application des textes de loi limitant sa capacité adaptive à l'évolution notable de la créativité comptable. En effet, plusieurs événements de délits d'initié ont bouleversé la place financière marocaine tout au long de la décennie 2000-2010, devant une vulnérabilité des autorités de contrôle dont le pouvoir de répression disciplinaire n'a acquis ses lettres de noblesse qu'au début de l'année 2014 à la suite de la réforme de son statut. Pour s'introduire en bourse, la législation marocaine applicable au marché financier exige de respecter un ensemble de conditions et autorise des cotations par émission d'un nombre d'actions ne dépassant pas le cinquième du capital. Ces mesures visent essentiellement l'encouragement des sociétés familiales à faire appel public à l'épargne. En effet, frileux d'ouvrir leur capital et de perdre le contrôle, les principaux actionnaires des sociétés s'apprêtant à une cotation en bourse cèdent une proportion des actions qu'ils possèdent tout en conservant l'ensemble des pouvoirs de prise de décision qu'ils possédaient avant cette cotation[76].

Longtemps perçue comme une simple étape de la vie d'une entreprise, l'introduction en bourse offre de nombreuses perspectives aux entreprises, aux actionnaires et aux investisseurs. L'entreprise candidate à la cotation aspire très souvent à l'amélioration de sa crédibilité, à un meilleur accès au marché des capitaux, et à un financement externe de sa croissance.

La participation dans la propriété a été mesurée par le pourcentage d'actions ordinaires détenues par un ou plusieurs membres fondateurs de la famille, où les parents du fondateur ont servi comme principaux propriétaires de la société. Les variables propriété par famille et propriété par le fondateur sont mutuellement combinées. Par exemple, les entreprises BMCE BANK, MAGHREBAIL, SALAFIN, CTM, appartiennent directement ou indirectement au groupe Finance.com détenu directement par la famille Benjelloun.

D'autres sociétés sont contrôlées par des familles, telles que Balima, la Marocaine Vie. La présence de la famille et son degré d'implication, peut se mesurer par le pourcentage d'actions détenu par la famille, son pourcentage de droit de vote et de contrôle ainsi que par la présence dans le tour de table et/ou dans la direction. L'appartenance à une famille a été relevé par la présence physique de la famille (fondateur et/ou membre) ainsi que par la part d'actions détenues à travers des actionnariats croisés ou pyramidales de ces mêmes familles.

En plus, l'actionnariat marocain est atypique dans la mesure où l'on retrouve l'association de deux familles. Cette association s'est faite sous nationalisation ou privatisation

---

[76] G. Khalid, « L'impact de l'introduction en bourse sur la performance des entreprises cotées », *International Journal of Business and Economic Strategy (IJBES)*, 2016.

pour la plupart des cas. Nous avons considéré que l'existence de plus de deux actionnaires, à savoir trois voire quatre familles, impose le caractère non familial de l'entreprise, c'est le cas de Disway[77] et Involys[78] entre autres.

Ainsi, suivant la composition de l'actionnariat nous avons remarqué que l'actionnariat salarié, un outil incontournable de fidélisation, reste très peu plébiscite au Maroc. A travers ce dispositif, les chefs d'entreprise font associer leurs employés à la vie financière de l'entreprise et à ses résultats. Ce mécanisme fait ainsi du salarié un actionnaire à long terme de la société, tout en permettant d'aligner les intérêts entre collaborateurs, actionnaires et dirigeants.

Au Maroc, cette pratique reste très peu développée. Elle se limite aux grands groupes qui proposent ce mode d'épargne à leurs salariés, en leur réservant, le plus souvent, des augmentations de capital. Tout récemment, en 2014 ce sont les trois premières capitalisations du marché qui ont « convié » leurs salariés dans leurs tours de table. Les bancaires Banque Centrale Populaire et Attijariwafa bank, via des augmentations de capital de 2,4 Mds de DH et 2,21 Mds de DH, respectivement, et Maroc Telecom, via sa récente OPV. L'opérateur offre 0,3% de son capital (soit 16,7% de la taille de l'opération) à un prix de 117,7 DH contre 125,3 DH pour le grand public.

Parallèlement, l'introduction en Bourse d'une société est aussi l'occasion d'intéresser les dirigeants et salariés de l'entreprise à son développement. Sur les dernières années, les

---

77 Disway est le 1er opérateur de la distribution en gros de matériel informatique et télécom au Maroc, issu de la fusion en 2010 des leaders de la distribution : Distrisoft et Matel PC Market. Elle est fondée par trois familles (Azim,Bentita et Anacleto).

78 Éditeur et Intégrateur de Logiciels de Gestion, INVOLYS accompagne depuis plus de 3 décennies les chantiers stratégiques des Gouvernements, des Organismes Publics et Privés. Elle est fondée par trois actionnaires (Rachdi, Bennani et héritiers El Ouarzazi).

structurations d'IPO réalisées sur le marché prévoyaient dans la majorité des cas des types d'ordres dédiés exclusivement aux salariés de l'émetteur. Citons Marsa Maroc, Total Maroc et Résidences Dar Saada pour les cas les plus récents. Ces tranches représentaient en moyenne environ 5% de la taille de l'opération et bénéficiaient généralement d'une décote par rapport au prix proposé au public[79].

Par ailleurs, au cours des dernières années, plusieurs groupes étrangers ayant des filiales au Maroc ont choisi de faire bénéficier leurs salariés marocains de plans d'épargne salariale en leur ouvrant la possibilité de souscrire à des actions de la maison-mère. Sur les six premiers mois de 2019, 7 groupes internationaux ont activé ce mode d'actionnariat. Il s'agit de Crédit Agricole, Veolia, Société Générale, Tui, Vinci, Total, Airbus SE. Le nombre de ces offres varie, au cours des 10 dernières années, entre 8 à 10 par an, avec une certaine récurrence des émetteurs qui reviennent quasiment chaque année.

D'un autre côté, les entreprises familiales marocaines sont plus performantes sur le plan financier que les entreprises à gérance non familiale, elles obtiennent de meilleures performances financières et bénéficient d'un coût de la dette inférieur, nous constatons une performance financière plus élevée parmi les sociétés familiales marocaines. Selon Allouche et Amann (1998), la confiance constituerait un facteur explicatif essentiel de la performance des firmes familiales. Cette confiance s'exercerait aussi bien dans les relations entre dirigeants et salariés au sein de l'entreprise familiale, que dans les relations entre l'entreprise familiale et ses parties prenantes.

Signalons aussi, que la bourse de Casablanca est envahie par les investisseurs étrangers et méconnues par les fonds de pensions américains, principaux initiateurs de la « Corporate

---

[79] Youssef Seddik, « Comment se porte l'actionnariat salarié au Maroc ? », *Boursenews*, juillet 2019.

governance ». La majeure partie de ces sociétés est contrôlée à plus de 50% par d'autres sociétés étrangères, par exemple :

- Lesieur et Cosumar par ONA

- Crédit du Maroc par Groupe Crédit lyonnais

- Fertima par l'OCP ;

- Maroc Leasing par ex-BNDE (absorbé dernièrement par le crédit agricole) ;

- Brasserie du Maroc par SNI.

En plus de cette concentration, la place boursière se caractérise aussi par des participations croisées et surtout par l'importance des Holdings.

Comme nous l'avons déjà souligné, la connaissance de la nature du contrôle ou plus précisément de la nature des actionnaires détenant le contrôle est importante pour plusieurs raisons.

Premièrement, les objectifs et les motivations peuvent être différents d'un détenteur de bloc de contrôle à un autre. Par exemple, les motivations de l'Etat en matière d'investissement sont différentes des autres agents économiques notamment les individus. Des objectifs socioéconomiques ou politiques comme la création ou le maintien d'emploi peuvent prévaloir notamment en période de fort chômage.

Deuxièmement, la nature des actionnaires exerce une incidence significative sur la prise de risque. Des détenteurs de blocs de contrôle individus ou institutions peuvent vraisemblablement être plus sensibles que les actionnaires minoritaires aux pertes potentielles de leur société. La composition de leurs portefeuilles souvent faiblement diversifiés notamment pour les individus favorise l'adoption de projets relativement à faible risque.

Troisièmement, l'identité des actionnaires importants peut influencer les coûts d'agence, l'efficacité de la surveillance des dirigeants et la performance des firmes. Par exemple, les actionnaires financiers ou institutionnels, de par les ressources importantes dont ils disposent par rapport aux actionnaires individuels et de leur meilleure capacité à accéder aux informations disponibles, bénéficient de plusieurs avantages leur permettant d'exercer le contrôle des dirigeants au moindre coût[80].

À la lumière des différentes conclusions soulevées dans les recherches antérieures, nous anticipons que la performance entre les entreprises familiales marocaines et leurs homologues non familiales est différente. En effet, tel que nous l'avons constaté à travers les diverses recherches, il est clair dans l'ensemble des travaux que les entreprises familiales se distinguent de celles non familiales. En effet, peu importe le contexte d'étude, la période et la définition d'entreprise familiale retenue, la performance peut s'avérer autant positive, négative ou mixte.

Pour cela, il devient de décortiquer les différents types d'actionnariat composant les entreprises cotées à la bourse de valeur de Casablanca, et ce pour mieux cerner l'impact de l'actionnariat des entreprises familiales et non familiales sur la performance de la firme. Cette étude fera l'objet de la partie empirique à travers la collecte et la catégorisation des données concernant l'actionnariat des entreprises marocaines cotées en bourse.

---

[80] Odette Ckouekam, *Géographie du capital et contrôle des grandes entreprises au Cameroun : impact du contexte socio-politique et culturel*, thèse de doctorat, Université de Bordeaux – Université de Yaoundé II, 2015.

Conclusion

Ce chapitre nous a permis d'exposer les différents résultats des études réalisées dans différents pays qui examinent la relation entre la structure d'actionnariat et la performance sous l'angle, de la concentration et la nature des actionnaires. Les résultats obtenus par les études antérieures varient en fonction des variables de structure d'actionnariat et de performance choisies, de la définition qui leur est attribuée, des angles d'étude choisis, des ratios de performance retenus et des différentes périodes d'étude.

Certains travaux insistent à prouver que, lorsqu'un actionnaire investit dans une entreprise, il a un pouvoir de contrôle sur l'équipe managériale s'il détient une part importante du capital de l'entreprise. Par contre, lorsque le capital est dispersé, les actionnaires n'ont pas les moyens de contrôler les actions des dirigeants (Aglietta, Rebérioux, 2005). Ce qui pose ainsi le problème de moyens ou d'outils de contrôle.

Nous concluons que les auteurs de la théorie de l'agence supposent que la structure de propriété peut être un moyen de contrôle efficace de la gestion des dirigeants, car elle permet de réunir, lorsque certaines conditions sont présentes (concentration du capital et nature des actionnaires), les bases d'un système de contrôle efficient, à savoir, une incitation des contrôleurs à remplir leur fonction, ainsi qu'un moindre coût du contrôle.

In fine, la composition de l'actionnariat et sa nature influencent pleinement sur la manière dont les sociétés sont gérées et contrôlées. Ceci étant, nous avons réalisé une revue de la littérature des études menées sur le lien entre la structure d'actionnariat et la performance de la firme car, c'est la revue de la littérature qui va nous fournir un point de départ pour la sélection des variables nécessaires au test de nos hypothèses qui seront détaillées dans le chapitre 4.

Chapitre 3 :

Structure d'actionnariat et mesures de restructuration : Fondements théoriques

Face à des difficultés, qu'elles soient financières ou non, une entreprise se doit engager des mesures correctrices dont le terme générique est celui de restructuration. Ces actions sont le plus souvent regroupées au sein d'un plan qui allie mesures opérationnelles et financières. Les entreprises en difficulté anticipent les premières mesures à l'initiation des secondes.

Les études antérieures (Demsetz et Lehn 1985), qui se sont intéressées à la problématique liée à la performance ont montré qu'il existait un ensemble de mesures de restructuration et de gestion capables de maintenir la compétitivité de la firme et d'accroitre sa performance pour assurer une survie immédiate de l'entreprise. Ces mesures sont plurielles, elles peuvent être organisationnelles et opérationnelles (réorganisation de l'entreprise, réductions des coûts, réductions d'effectifs) (Gilson 1989, Wruck 1990), ou encore financières (renégociation de la dette, augmentation de capital, action sur la politique de dividendes) (Gilson et al. 1990). La plupart de ces mesures se retrouvent au sein de plans de restructuration (ou de redressement). Elles se rattachent aux concepts de réactivité, de flexibilité et d'ouverture.

Ce chapitre cherche à :

- Donner une présentation des différentes définitions de l'entreprise en difficulté, ainsi que l'énumération et l'explication des indicateurs et causes des difficultés et décrire la nature des mesures de restructuration prises par les entreprises durant une période de détresse (Section 1).
- Tester l'impact de la structure d'actionnariat sur la probabilité de survie des firmes en détresse financière (section 2).

Section 1 :

Entreprises en difficulté : Principales causes de défaillance et mesures de restructuration

L'approche de la défaillance d'une entreprise peut être opérée en recourant aux procédures collectives après une analyse à posteriori des conséquences, essentiellement financières[81] ou économiques[82], de ses difficultés.

La notion de l'entreprise en difficulté est éminemment évolutive : on ne peut figer une situation par nature changeante et fluctuante comme l'est celle d'une entreprise. Si les professionnels mettent davantage l'accent sur telle ou telle de ces approches pour canaliser l'entreprise en difficulté, le juriste quant à lui a plutôt tendance à l'observer au travers de la notion de cessation de paiements. A la limite, une entreprise d'apparence prospère se trouve toujours sous la menace de sérieuses difficultés. La notion d'entreprise en difficulté est ainsi dynamique et complexe. Cela se vérifie lorsque l'on tente d'établir des critères permettant de déceler la défaillance.

1. Principales causes de défaillance des entreprises en difficulté

1.1. Concepts de l'entreprise en difficulté

En 1969, Daunigeau[83] s'est basé sur l'aspect financier pour définir l'entreprise en difficulté comme étant : « celle qui est proche de la cessation des paiements compte tenu de l'importance de la perte d'exploitation, de l'encours à payer et de l'existence ou non de crédit bancaire ».

---

[81] Cette situation concerne les problèmes de trésorerie, l'importance des fonds propres de l'entreprise et les besoins de crédits.

[82] Ces aspects concernent essentiellement la rentabilité et l'efficacité de l'unité de production.

[83] J.-M. Daunigeau, « Les entreprises en difficulté », *Revue Banque*, 1969.

Cette définition est désormais insuffisante car elle ne touche qu'un coté des difficultés rencontrées par l'entreprise en négligeant les autres aspects influençant cette dernière.

Pour cela, en 1985, Jean Brilman a élargi ce concept en y ajoutant des problèmes caractérisant l'entreprise en difficulté comme : la baisse de la rentabilité, la dégradation du climat social ou la baisse du volume d'activité, qui sont l'origine des problèmes financiers et auxquels le dirigeant doit trouver des solutions immédiates afin de les éviter. A cet égard, il a défini l'entreprise en difficulté comme étant une entreprise rencontrant ou prévoyant des problèmes financiers (conséquence immédiate à d'autres problèmes beaucoup plus profonds), et qui prend des mesures immédiates afin de ne pas connaître d'ennuis financiers »[84].

Quant à Jean Francois Daigne (1991), il retient trois concepts pour cette notion d'entreprise en difficulté :

- Entreprise non rentable en état de cessation de paiements qui, de ce fait, risque de ne pas pouvoir continuer son exploitation.
- Entreprise saine ou très performante mais vulnérable : situation rencontrée surtout dans les entreprises de taille modeste, extrêmement performantes mais qui se développent trop vite, parce que leur gestion financière laisse parfois à désirer.
- Mais surtout, entreprise présentant un déséquilibre au niveau de ses données industrielles, puis sociales et enfin financières. En effet, lorsque les éléments économiques se détériorent, cela entraine, si l'on n'y prend garde, une démotivation du personnel avec, en final, la spirale de dégradation de la trésorerie[85].

---

[84] Jean Brilman, *Gestion de crise et redressement d'entreprises*, Paris, Éditions Hommes et Techniques, 1986.

[85] Jean-François Daigne, *Le management en période de crise : aspects stratégiques, financiers et sociaux*, Paris, 1991.

Finalement, Prunier et Mourel (1996), ont donné une définition générale en considérant que toute entreprise dont l'exploitation et l'activité sont menacées par n'importe quelle raison est une entreprise en difficulté. Ils l'ont défini comme suit : « l'entreprise en difficulté est celle dont la continuité de l'exploitation ou de l'activité est compromise, pour quelque cause que ce soit »[86].

En parcourant ces différentes définitions, nous pouvons déduire qu'une entreprise en difficulté est toute entreprise confrontée à des problèmes ayant un impact négatif sur le développement de son activité ou sur son cycle de vie et qui remettent en cause la pérennité de son activité. La persistance des difficultés conduit l'entreprise à avoir des problèmes financiers. Cette situation est qualifiée de situation de défaillance des entreprises.

Il est courant que les termes de « défaillance » et « difficulté » soient confondus. Toutefois, la défaillance fait référence à un degré de difficultés important. Cette situation est la conséquence d'un nombre élevé d'obstacles auxquels la société fait face. Le processus de défaillance est progressif. Une société est tout d'abord défaillante économiquement, puis financièrement, et enfin juridiquement. Cette dernière défaillance est la conséquence des deux premières.

L'indicateur utilisé afin de chiffrer cette tendance est l'excédent brut d'exploitation (l'EBE). Le stade ultime de défaillance est avéré lorsque la valeur ajoutée de la société est négative : non seulement elle ne crée plus d'emploi mais elle consomme des ressources. Voici le calcul de ces deux notions économiques :

EBE = (VA + Subvention d'exploitation) – (Charges de personnel+ Impôts, taxes et versements assimilés)

---

86 Régis Prunier et al., *L'ingénierie financière dans la relation banque-entreprise*, Paris, Economica, 1996.

VA = [Marge commerciale (Ventes – Achats) + Production de l'exercice (Production vendue, stockée, immobilisée – Déstockage de production)] – Consommations en provenance des tiers

Pour ce qui est de défaillance financière, elle se traduit par l'impossibilité de faire face aux décaissements. Le passif à court terme (dettes fournisseurs, fiscales et sociales) est supérieur à l'actif réalisable (créances clients, disponible de trésorerie). De plus, la société n'opère pas de gestion de la dette, ce qui la conduit à des incidents de paiements.

A cet égard, la défaillance financière intervient lorsque l'exploitation ne peut plus faire face au passif exigible au moyen de son actif disponible. Si la rentabilité est insuffisante, l'exploitation de l'entreprise est menacée, puisqu'elle ne peut plus rémunérer les fonds propres au taux en vigueur sur le marché. Dans ces conditions, il sera moins aisé pour la firme de se procurer de nouveaux fonds propres puisqu'elle n'est pas en mesure de les rémunérer. Elle devra solliciter alors une nouvelle ligne de crédit afin d'assurer la poursuite de son activité. Ce recours aux fonds extérieurs, entrainera des charges financières supplémentaires qui contribueront à détériorer ses résultats financiers. De même, l'entreprise peut connaitre des problèmes de liquidité dans le cas où ses disponibilités de l'exploitation ne suffisent pas à couvrir l'ensemble de ses dépenses.

Alors que la défaillance juridique d'une entreprise est définie par la constatation juridique de son insolvabilité. Il existe deux causes à cela : d'une part la cessation des paiements, et d'autre part une situation financière difficile. En cas de cessation des paiements, l'entreprise est dans l'impossibilité de faire face à son passif exigible (dettes dont le paiement peut être réclamé immédiatement) avec son actif disponible (sommes ou valeurs dont l'entreprise peut disposer immédiatement). Ce n'est pas une notion comptable mais plus une notion de trésorerie car elle se réfère à des liquidités (actif) et à un passif échu (arrivé à échéance). Dans le cas d'une cessation des paiements, la procédure la plus courante est le redressement judiciaire[87].

Auparavant, les difficultés touchaient plus particulièrement les petites entités ainsi que celles nouvellement créées. Or, depuis le début des années 2000, la « contamination » s'étend également aux grosses entreprises cotées en bourse.

Nous citons l'exemple de la crise sanitaire qui a surpris les gouvernements de la planète par son ampleur et sa brutalité. Cette crise liée au Coronavirus n'a épargné aucun secteur d'activité au Maroc, comme dans de nombreux pays. Depuis que le Maroc a décrété l'Etat d'Urgence Sanitaire, suite à l'apparition des premiers cas positifs au Coronavirus en début de Mars 2020, les entreprises marocaines ont vécu une période de cessation de fonctionnement sans précédent. En effet, plusieurs sociétés, industrielles et commerciales, étaient dans l'obligation de rompre leur activité, et par conséquent leurs cycles d'exploitation et de financement ont été profondément impactés par cette crise sanitaire. De nombreuses entreprises ont cessé temporairement ou définitivement leurs activités et des milliers d'emplois ont été perdus.

Nous pouvons déduire d'après ce qui a été évoqué que la notion d'entreprise en difficulté est très vaste et difficile à cerner. L'entreprise est sujette à de nombreuses difficultés qui peuvent provenir de son environnement intérieur ou extérieur, voire les deux simultanément. Pour cela, les dirigeants doivent les anticiper à travers les moyens de prévision tels que l'analyse financière et l'analyse discriminante, pour pouvoir les détecter et les résoudre afin de ne pas sombrer dans un processus de défaillance et d'éviter la faillite.

[87] Claire Maigne, « Les entreprises en difficultés : réagir avant la défaillance », 2013.

1.2. Les principales causes de défaillance des entreprises

Comme nous l'avons déjà souligné plus haut, il apparaît difficile de donner une définition de l'entreprise en difficulté, concept économique plus que juridique.

A ces différents facteurs d'imprécision de la notion d'entreprise en difficulté, s'ajoute l'hétérogénéité des causes des défaillances d'origine interne ou d'origine externe à l'entreprise.

Chacune des causes spécifiques entraîne son lot de conséquences, et l'accumulation des facteurs d'aggravation financière et sociale désespérée.

Les signes visibles des difficultés financières sont extrêmement variés et vont depuis l'apparition de certains déséquilibres ou difficultés jusqu'aux reports d'échéances, un règlement tardif des impôts, taxes et cotisations sociales, l'inscription de privilèges, de protêts, un recours permanent au découvert bancaire ou encore des cessions d'actifs, une paralysie des organes de gestion, etc.

Parmi les causes de défaillance, nous citons, les problèmes des débouchés qui proviennent souvent de la baisse tendancielle de la demande adressée à l'entreprise. Elle peut être aussi le résultat de l'arrivée à échéance des contrats sans possibilités de renouvellement. Une entreprise en difficulté se caractérise par des pertes en chiffre d'affaires et par son incapacité à évaluer correctement son marché : mauvaise anticipation de la demande ou du comportement de ses concurrents. Cette mauvaise anticipation va influencer de manière importante sur la qualité de ses produits. Ce problème de débouchés peut être atténué par des mesures qui permettront à l'entreprise une meilleure connaissance de son environnement et donc une adéquation aux besoins du marché[88].

Ainsi, l'augmentation des charges financières liées à un endettement de courte durée sera un handicap devant l'accroissement des fonds propres. Parmi les difficultés d'origine financière on peut citer le défaut de paiement d'un client important et l'allongement des délais clients. Ces deux facteurs mettent en évidence l'ampleur des retards de paiement sur les défaillances des entreprises. Ces situations engendrent, à l'entreprise un accès difficile aux crédits bancaires. En effet, le désengagement des bailleurs de fonds parait comme un facteur pouvant mettre en cause la survie même de l'entreprise.

Des problèmes d'information et de management contribuent aussi aux difficultés des entreprises. Il s'agit surtout d'un système comptable déficient et de l'incompétence de l'équipe dirigeante. Dans ces cas, les dirigeants n'ont pas des informations suffisantes pour pouvoir apprécier correctement la rentabilité de leur entreprise et les différents frais d'exploitation. Ils n'ont pas aussi les compétences nécessaires pour pouvoir à la fois constater les difficultés auxquelles est confrontée leur entreprise, et de trouver les solutions adéquates. L'absence d'une information fiable et réaliste peut constituer une entrave à la prise de conscience des difficultés, et ainsi retarder toute possibilité de l'ouverture d'une procédure de redressement[89].

Quant aux problèmes liés à la gestion de l'entreprise, nous détaillerons dans ce qui suit certaines causes :

---

88 S. Meziane, *Diagnostic et redressement des entreprises en difficulté*, mémoire de fin d'études, Société Interbancaire de Formation, Alger, 2008.

89 I. Abbad, *Les entreprises en difficulté : diagnostic et redressement – Cas : Entreprise de Céramique de la Tafna (CERTAF)*, thèse de doctorat, Université d'Oran 2 Mohamed Ben Ahmed, 2009.

- Des problèmes de stratégies (diversification trop grande, mauvaise gestion de la croissance, etc.) ;
- Une politique d'investissement inefficiente (surinvestissement, manque d'investissement, investissement inapproprié, etc.) ;
- L'absence ou l'inadaptation d'une réorientation des compétences clés de l'entreprise (absence de formation, etc.) ;
- Des problèmes de gouvernement d'entreprise (désaccords entre les actionnaires/dirigeants, etc.).

En plus des causes précédentes, il en existe d'autres qui sont exceptionnelles et imprévisibles comme : Le décès d'un dirigeant, le départ d'un ou plusieurs associés (dirigeants), et les catastrophes naturelles tel que la crise sanitaire Covid-19 de notre époque et qui est considérée comme le plus grand défi auquel nous ayons été confrontés depuis la Seconde Guerre mondiale. Cette pandémie est bien plus qu'une crise sanitaire, c'est aussi une crise socioéconomique sans précédent mettant sous pression chacun des pays qu'elle touche, elle a engendré une baisse significative de l'activité économique susceptible de générer la défaillance de nombreuses entreprises. La crise a bloqué le commerce extérieur, et les entreprises importatrices et exportatrices tournent au ralenti. Une hausse inhabituelle des défaillances d'entreprises ainsi que les retombées de la crise ont touché ainsi le marché boursier marocain.

L'impact économique de la pandémie du Covid-19 a durement frappé des pans entiers de l'économie nationale. Outre les secteurs les plus durement touchés comme le tourisme, l'aérien, la restauration et l'immobilier, le secteur financier n'est pas non plus épargné. La Bourse de Casablanca, où sont cotées les plus grandes entreprises nationales, est, à son tour, très durement affectée. Depuis le déclenchement de la crise du Covid-19, la capitalisation boursière s'est effondrée de plus de 20 milliards de dirhams en début de 2020, provoquant un plongeon des cours des actions jamais survenu sur la place financière casablancaise.

Aujourd'hui la Bourse de Casablanca connaît des défaillances de publications de certaines de ses sociétés pourtant bel et bien listées à la cote de son marché. Il s'agit de Stroc Industrie, Maghreb Steel et Alliances Développement International. Ces trois groupes sont en plein délit de défaillance de publication de leurs comptes depuis début 2016[90].

En raison du fait qu'elle relève de plusieurs disciplines scientifiques, la défaillance d'entreprises a longtemps été analysée de manière indirecte sans constituer un véritable courant de pensée théorique et empirique homogène, aboutissant à une littérature spécialisée faisant de la défaillance un thème de recherche à part entière. L'identification des raisons profondes de la défaillance n'est pas évidente. Il est toujours difficile d'énumérer de façon exclusive les facteurs à l'origine de la défaillance. Les causes en sont très nombreuses, et leur conjonction compromet la survie de l'entreprise[91].

Après avoir passé en revue les causes profondes qui entraînent l'entreprise à la défaillance, nous allons présenter dans la section suivante les mesures préventives et de redressement, ainsi que les actions opérationnelles permettant leur exécution dans le quotidien de l'entreprise.

2. Les différents types de mesures de restructuration initiées par les entreprises en difficulté

Les crises économiques appellent des mesures qui en atténuent immédiatement les effets mais qui, en même temps, portent le risque d'affecter à terme les ressorts de l'économie et d'amoindrir les possibilités de reprise. Le traitement des

---

[90] A. Dassouli, « Sociétés cotées défaillantes : un déni de la loi condamnable ! », *La Nouvelle Tribune*, 12 avril 2016. https://www.lnt.ma

[91] Sami Ben Jabeur, *Statut de la faillite en théorie financière : approches théoriques et validations empiriques dans le contexte français*, thèse de doctorat, Université de Toulon – Université de Sousse, 2011.

entreprises en difficulté n'échappe pas à ce dilemme car les mesures qui visent à sauvegarder l'activité de ces entreprises, dès lors qu'elles ne sont pas financées par la collectivité, le sont nécessairement par les créanciers, banquiers et fournisseurs notamment, les autres créanciers que sont les salariés, l'Etat et les organismes sociaux étant quant à eux protégés[92].

Nous définissons la restructuration comme une modification des opérations, des interactions et une motivation à réussir dans un environnement de marché en mutation. Cette définition reflète l'essence des changements de restructuration, dont certains seront forcés par le comportement d'autres acteurs du marché, tandis que d'autres seront poursuivis par la direction et les propriétaires. La disponibilité croissante de grands ensembles de données sur les entreprises cotées en bourse au cours des vingt dernières années a considérablement enrichi la littérature empirique examinant les effets de différents types de structures de propriété sur la restructuration d'entreprises.

Partant de cette idée, il devient donc intéressant, voire utile de procéder à une classification des différentes mesures prises par les entreprises en difficulté. Les firmes qui subissent de graves difficultés peuvent engager des mesures de restructuration opérationnelles (Gilson 1989), organisationnelles (Wruck 1990) ou financières (Gilson et al. 1990). Les mesures opérationnelles et organisationnelles se traduisent par la réorganisation de l'entreprise, la réduction des coûts, les désinvestissements ou encore par des licenciements. Les mesures financières se composent principalement de la renégociation de la dette, de l'augmentation du capital et de la modification de la politique de dividendes. Comme nous cherchons ici à appréhender la

---

92 Jean-François Verny et Denys Langet, « Prévention et traitement des difficultés des entreprises : les propositions présentées par le CNPF et l'AFB », *Revue d'économie financière*, no 25, 1993, p. 107-119.

relation entre la structure de l'actionnariat au sens large et les mesures de restructuration, il nous faut préciser ces dernières.

2.1. Mesures opérationnelles et organisationnelles

La restructuration opérationnelle fait référence à la phase d'efficacité ou de retournement d'exploitation. Cette étape vise à rétablir la rentabilité en maîtrisant les coûts et en réduisant les frais généraux grâce à la vente des ressources fixes excédentaires telles que les terrains, les équipements et les bureaux. En diminuant les intrants et en maximisant les résultats, les entreprises peuvent générer des flux de trésorerie (du moins à court terme) et améliorer leur efficacité. Lorsque les entreprises reconnaissent la détresse, la première stratégie mise en œuvre est la restructuration opérationnelle.

Cependant, bien que nécessaire, la restructuration opérationnelle est avant tout une solution à court terme utilisée pour générer rapidement des flux de trésorerie. La littérature antérieure suggère que les restructurations opérationnelles sous forme d'achats sont moins probables que les ventes. Néanmoins, si la productivité peut être sensiblement améliorée, les entreprises en difficulté peuvent construire de nouvelles usines ou investir dans des technologies et des équipements plus avancés. Parmi les mesures opérationnelles, nous citons : la réorganisation de l'entreprise, la réduction des couts, le désinvestissement et la réduction d'effectifs.

2.1.1.Réorganisation de l'entreprise

La réorganisation, ou encore appelée restructuration d'entreprise, est un processus par lequel une entreprise révise sa stratégie, sa configuration et ses opérations actuelles. En règle générale, les entreprises subissent une réorganisation, pour s'adapter aux changements sociaux, économiques ou juridiques des entreprises. Les changements au niveau de la direction seraient l'une des conditions principales du succès du processus des redressements car ils constituent un signe tangible pour les créanciers que des mesures sont prises par la société en difficulté. Dans l'ensemble, la réorganisation de la direction peut être un facteur fondamental pour la réussite du redressement d'une entreprise en difficulté.

Des gestionnaires incompétents peuvent être à l'origine de difficultés financières en raison d'une planification médiocre ou d'un processus décisionnel inefficace. Ces gestionnaires doivent être remplacés par des équipes de gestion capables d'évaluer avec précision la source de la détresse et de mettre en œuvre les stratégies nécessaires à un redressement réussi. Pearce & Robbins[93] (1993), soulignent également l'importance de la gestion pour redresser les entreprises en difficulté. Ils font valoir qu'une équipe de direction ne disposant pas des compétences nécessaires pour réagir efficacement et rapidement entraînera un déclin continu et une faillite éventuelle de l'entreprise. A cet effet, Sudarsanam et Lai (2001), suggèrent que les créanciers ne fourniront un soutien financier continu que s'ils sont rassurés sur le fait que la direction sera en mesure de faire face à la détresse.

Cette forme de restructuration est particulièrement nécessaire si les coûts de l'agence ont entraîné une diversification excessive de la part de la direction. En vendant des activités sous performantes, les ressources peuvent être redéployées vers de meilleures utilisations, de sorte que la restructuration des actifs est généralement considérée comme une valeur ajoutée. Les ventes d'actifs sont limitées par des facteurs liés à l'ensemble du secteur, car les secteurs fortement endettés sont moins enclins à vendre des actifs. Bien que les politiques de contraction se soient avérées être la forme dominante de restructuration, ce type de restructuration pourrait également faire référence à des actions qui augmentent la taille de l'entreprise, telles que des investissements, des alliances stratégiques, des coentreprises ou des accords de licence. Ces stratégies de restructuration sont toutefois risquées car elles nécessitent des dépenses en

---

93 John A. Pearce II et Keith Robbins, « Toward improved theory and research on business turnaround », *Journal of Management*, vol. 19, no 3, 1993, p. 613-636.

capital de la part des entreprises déjà confrontées à des flux de trésorerie faibles. Étant donné que, les plus petites entreprises disposeront généralement de réserves de trésorerie moins importantes, cette forme de restructuration pourrait ne pas être appropriée ou possible. Toutefois, on constate que cette forme de restructuration joue un rôle important pour les entreprises en difficulté, car elle fournit à la fois une source de financement et un mécanisme permettant aux créanciers d'obtenir le contrôle de leurs actifs[94].

2.1.2. Réduction des coûts

La réduction des coûts est une pratique qui se développe dans les entreprises, elle cherche à réduire les coûts afin d'accroitre la rentabilité et à renégocier les délais de paiement pour réduire le besoin en fonds de roulement. La politique de réduction des coûts est une approche positive planifiée pour réduire les dépenses et pour améliorer les résultats d'exploitation dans les premiers mois de redressement. La réduction des coûts entraîne une nette augmentation des marges. L'économie de coût peut également être répercutée sur les consommateurs sous la forme de prix plus bas ou de plus de quantité au même prix. Cela créera plus de demande pour les produits, des économies de production à grande échelle, plus d'emplois grâce à l'industrialisation et une amélioration globale du niveau de vie. Dans l'ensemble, la réduction des coûts est une fonction corrective par un processus continu d'analyse des coûts, et des fonctions, pour une économie supplémentaire en application des facteurs de production. Et elle demeure l'une des solutions les plus couramment utilisées et les plus efficaces. La réduction des coûts est motivée par les piètres résultats, la concurrence et la

---

[94] Sylvie Scoyez-Van Poppel et Éric Severin, « Les mesures de restructuration comme sources de restauration de la compétitivité et de la performance des entreprises : une première approche qualitative-inductive », *Conférence de l'AIMS*, 2001.

croissance. La plupart des entreprises y ont recours pour améliorer rapidement leurs résultats financiers[95].

2.1.3. Désinvestissement

Le désinvestissement recouvre des réalités différentes. La littérature anglo-saxonne parle de sells-off, de spins-off, de splits-up ou de bought deals. Si l'on se place dans une logique financière, le désinvestissement est, le plus souvent, assimilé à une opération effectuée en réponse aux difficultés rencontrées par la firme. En revanche, si l'on se place dans une logique fonctionnelle stratégique, le désinvestissement traduit la volonté de recentrage et de désendettement de la firme. En définitive cette opération a vocation de dégager des marges de manœuvre financière. Sa réussite dépend du moment de la cession et de la nature des actifs cédés. Le désinvestissement est ainsi vu comme un choix rationnel permettant une réallocation des ressources dans un but d'amélioration des performances. Il peut prendre plusieurs formes et se traduire dans les faits par des ventes de filiales, des diminutions d'actifs et le plus souvent par des réductions d'effectifs[96].

Deux modalités de ce désinvestissement doivent en l'occurrence retenir l'attention. D'une part, le désinvestissement en salariés, qui, au regard de ses conséquences économiques, semble faire l'objet du plus grand nombre d'études. D'autre part, le désinvestissement en actifs, vu au travers des immobilisations également mobilisé régulièrement. Ainsi, le désinvestissement comme pratique managériale semble communément admis, les entreprises soumises à un risque désinvestissent donc le plus souvent dans une optique de redressement de leur activité (même si

---

[95] Anne Rivière, *Politique de réduction des coûts et annonce de politique de réduction des coûts : étude des discours des groupes français cotés,* thèse de doctorat, Université Toulouse I – Sciences Sociales, 2007.

[96] Éric Séverin et Solène Dhennin, « Structure du capital et mesures de restructuration », *Finance Contrôle Stratégie,* vol. 6, no 1, 2003, p. 155-186.

cet effet n'est pas toujours vérifié) pour continuer à trouver des financeurs. Cette réaction serait exacerbée dans un secteur où les autres entreprises confrontées également à un risque seraient amenées à désinvestir également. Le désinvestissement devient une sorte de norme institutionnelle, les organisations prennent des décisions influencées par des pressions sociales sans négliger malgré tout leur intérêt[97].

En définitive, le désinvestissement permet, pour les entreprises en difficulté, soit de disposer des fonds nécessaires au financement de nouveaux projets d'investissement, soit d'obtenir des fonds meilleurs que ceux disponibles sur le marché des financements.

2.1.4. Licenciement - réduction d'effectifs

La réduction des effectifs (l'élimination planifiée de postes ou d'emplois) devrait produire des avantages économiques rapides. Lorsqu'une entreprise fait face à des difficultés, elle envisage très souvent des réductions d'effectifs. Les réductions d'effectifs sont une réalité complexe qu'il ne faut pas confondre avec la notion de licenciement. Lorsqu'elle est gérée efficacement, la réduction des effectifs peut produire des avantages économiques et organisationnels importants. La réduction des coûts de personnel a un impact positif immédiat sur les résultats de l'entreprise. A cet effet, la suppression d'emplois, conduit à apprécier la performance du point de vue des actionnaires car ils sont les propriétaires de l'entreprise.

Les licenciements intervenant en cas de redressement judiciaire ou de liquidation judiciaire doivent également suivre la procédure de licenciement économique de droit commun, mais se trouvent néanmoins soumis à certaines dispositions spéciales. En cas de procédure de sauvegarde, les

---

[97] M. Fréchette, Muriel Perez et Sylvie Chalayer Rouchon, « Le désinvestissement face au risque de défaillance en contexte PME : une approche exploratoire », *27e conférence de l'AIMS*, 6–8 juin 2018.

licenciements envisagés au sein du plan de sauvegarde sont soumis à la procédure de licenciement économique de droit commun. Dans ce cas, les mesures prévues concernant l'indemnisation des salariés dont l'emploi est menacé doivent figurer au sein du plan de sauvegarde[98].

Comme nous l'avons déjà souligné, si la panoplie des mesures de restructuration interne à la disposition des dirigeants est large, force est de constater que la réduction d'effectifs est un moyen privilégié à la disposition des dirigeants pour restaurer la compétitivité de la firme, que celle-ci, soit en difficulté ou non.

2.2. Mesures financières

La restructuration financière implique l'introduction de modifications substantielles dans la structure du capital de l'entreprise en termes d'endettement. Cela vise à restaurer, maintenir la solvabilité de l'entreprise et renforcer ses fonds propres. Ces changements visent à trouver des ressources financières et permettent à l'entreprise de dépasser le déficit de liquidité et de se relancer sur le marché. La littérature insiste sur l'existence de deux stratégies de restructuration financière différentes : l'équité et la dette. La première stratégie comprend la réduction des dividendes et d'autres interventions liées aux capitaux propres (telles que l'échange de créances contre des capitaux propres et la recapitalisation au moyen de crédits compensatoires accordés par des banques). La deuxième stratégie est liée à la restructuration de la dette, qui peut inclure des réductions d'intérêt ou de principal et des prorogations d'échéances[99].

---

[98] Éric Severin et Sylvie Scoyez-Van Poppel, « Réductions d'effectifs et création de valeur », *La Revue des Sciences de Gestion*, no 217.1, 2006, p. 41-57.

[99] Sze Kee Koh et al., « Financial distress: Lifecycle and corporate restructuring », *Journal of Corporate Finance*, vol. 33, 2015, p. 19-33.

2.2.1. Renégociation de la dette

Une restructuration de la dette en difficulté entraîne généralement un changement substantiel de propriété de l'entreprise. La raison principale est que la mauvaise performance a érodé la valeur des capitaux propres, de sorte que les actionnaires reçoivent souvent peu ou pas de capitaux propres dans la société réorganisée.

Gilson et al. (1990), définissent la renégociation privée de la dette comme une transaction dans laquelle un contrat de dette est remplacé par un nouveau contrat avec au moins une des conséquences suivantes : le taux d'intérêt et/ou le paiement principal de la dette sont réduits, l'échéance de la dette est prolongée, les créanciers reçoivent des titres de la firme. S'il est dans l'intérêt collectif des banques de renégocier la dette, pour permettre à l'entreprise de faire face à ses obligations, il n'en demeure pas moins vrai qu'un accord collectif est toujours difficile à trouver car des conflits d'intérêts évidents existent entre les parties en présence. Une grande partie des actions de l'entreprise réorganisée est distribuée à un sous-ensemble de créanciers existants, qui deviennent les nouveaux propriétaires de l'entreprise.

Malgré les conflits qui existent, les dirigeants vont chercher à obtenir un accord avec les parties concernées. Ils ont, en effet, tout intérêt à ce que la firme poursuive son activité car ils investissent une grande proportion de leurs actifs, en particulier de leur actif humain, dans l'entreprise. L'entreprise incapable d'honorer ses engagements à cause d'une situation financière difficile, verra alors déclarée en faillite.

2.2.2. L'augmentation de capital

L'augmentation de capital est évidemment un moyen privilégié de restructuration de la structure financière. Elle a pour objectif de procurer des fonds à l'entreprise pour lui permettre d'investir et/ou de retrouver une structure financière équilibrée. Dans le cas où une entreprise se trouve en difficulté, l'augmentation de capital peut permettre des opérations de sauvetage ou de restructuration d'une firme afin de franchir un « cap difficile ». Cet élément a été souligné par une étude empirique sur le marché français réalisé par Ginglinger (1984), sur un échantillon de 299 entreprises industrielles ayant réalisé des augmentations en numéraire sur la période allant de 1969 à 1982, que 17,7% des opérations sont réalisées par des sociétés très endettées qui se voient contraintes d'augmenter leurs fonds propres pour éponger leurs pertes, reconstituer leur fonds de roulement et créer un nouvel équilibre de leur structure financière. L'auteur précise que l'augmentation de capital dans le cadre de ces sociétés s'assimile à une opération de « dernier recours ». En tout état de cause, l'augmentation de capital est un moyen de restructuration privilégié pour les entreprises. Elle permet le retour à une structure financière équilibrée et/ou la possibilité d'engager des investissements susceptibles de restaurer la compétitivité de la firme. En définitive ces diverses actions ont pour but de rééquilibrer la structure financière et/ou de se procurer des cash-flows en vue d'investissements futurs capables de restaurer la compétitivité de la firme[100].

Dès lors qu'une entreprise connaît des difficultés, les créanciers voient s'accroître leurs risques de ne pas voir leurs créances honorées. Devant la crainte d'insolvabilité, ils peuvent chercher à se désengager préventivement. En agissant ainsi, ils émettent un signal négatif auprès des autres partenaires de la firme (Opler et Titman, 1994). A l'inverse le fait qu'ils s'immiscent même indirectement dans la gestion de la firme peut obliger celle-ci à devenir plus efficiente. L'augmentation de capital est évidemment un moyen privilégié de restructuration de la structure financière[101].

2.2.3.Modification de la politique de dividendes

La politique de distribution de dividendes établit les principes pour déterminer les montants qui peuvent être

---

100 Éric Séverin et Solène Dhennin, *op. cit.*, p. 165-186.

101 Éric Séverin et Sylvie Scoyez-Van Poppel, *op. cit.*, p. 19.

distribués aux actionnaires sous forme de dividende par la société et permettre à cette dernière de trouver un équilibre entre les paiements et les bénéfices non répartis, et de répondre ainsi aux besoins futurs de l'entreprise. Les dirigeants peuvent être amenés à réduire les dividendes si les résultats deviennent trop mauvais, pour tout ou partie les dividendes en vue d'investir ou de se désendetter.

Pour différentes raisons allant du désir de restructuration (consolidation des capitaux propres) au manque de liquidité (pour payer le dividende), les entreprises peuvent introduire certaines modifications dans les caractéristiques des titres de propriété, à savoir :

- Opérations portant sur la valeur des titres : Ces opérations sont généralement conduites dans le cadre d'une restructuration du passif (augmentation de capital) alors que la valeur des actions anciennes ne paraît pas satisfaisante (trop forte ou trop faible) ou dans le cadre d'opérations plus stratégiques (fusion/absorption).

- Le fractionnement des titres : Il s'agit de créer un plus grand nombre de titres en diminuant la valeur nominale des actions anciennes ; le nombre d'actions après fractionnement est proportionnel à la réduction du capital. Cette opération n'affecte en rien les données bilancielles : réserves, primes et bien évidemment le capital social restent inchangés. La richesse totale de l'actionnaire reste inchangée.

- Le regroupement des titres : C'est l'opération inverse du fractionnement. L'objectif est de faire augmenter la valeur de l'action qui a chuté à la suite de circonstances pouvant être diverses, mais certainement malheureuses.

- La distribution d'actions gratuites : L'opération s'insère mieux dans le contexte de la politique des dividendes que les précédentes. Elle correspond à une restructuration des capitaux propres réalisée par incorporation des réserves ou des primes d'émission au capital social. Ce mécanisme ne modifie en rien la situation nette de l'entreprise, ni a priori sa capitalisation boursière[102].

A l'exception des auteurs De Angelo.H et De Angelo.L (1990)[103], qui ont montré à travers une étude empirique réalisée sur entreprises cotées sur le (New York Stock Exchange, NYSE) pendant la période 1980-1985, que les dirigeants d'une entreprise en difficulté adoptent une politique conservatrice en matière de dividendes. Les dirigeants préfèrent maintenir un dividende stable et cela malgré la variance des résultats. Néanmoins, ils peuvent être amenés à les réduire si les résultats deviennent trop mauvais. Ainsi, malgré leur réticence à diminuer les dividendes, les dirigeants des entreprises en difficulté sont le plus souvent amenés à diminuer pour tout ou partie les dividendes en vue d'investir ou de se désendetter.

Nous concluons que certaines mesures de restructuration font l'objet d'un consensus général ou quasi général de la part des professionnels. Il s'agit de la réduction des coûts (même si les licenciements sont parfois passés sous silence), de la réorganisation interne et de la renégociation avec les différents partenaires financiers. Les entreprises en difficulté utilisent non pas une seule mesure mais le plus souvent une panoplie de mesures visant à restaurer leur compétitivité. Nous constatons qu'il y a donc souvent une complémentarité entre les différentes mesures engagées.

---

[102] J. Flot, « La politique de distribution des dividendes », *Graphseo – Bourse vous aide à mieux investir en bourse,* novembre 2016. https://www.graphseobourse.fr

[103] Harry DeAngelo et Linda DeAngelo, « Dividend policy and financial distress: An empirical investigation of troubled NYSE firms », *The Journal of Finance,* vol. 45, no 5, 1990, p. 1415-1431.

Section 2 :

Analyse théorique du lien entre la structure d'actionnariat et les mesures de restructuration

Au cours des trente dernières années, la majorité des pays industrialisés ont été frappés par une croissance importante du nombre des procédures d'insolvabilité et notamment celles relatives à la détresse financière et à la faillite commerciale. Depuis les premiers travaux de Modigliani et Miller (1958, 1963), un nombre croissant d'économistes et d'experts en finance et en droit s'intéresse de près au phénomène de la faillite et à son impact sur le secteur réel de l'économie. En outre, la pérennité de l'entreprise a de tout temps été intimement liée à des facteurs managériaux qui relèvent de la notion de coopération entre les acteurs[104].

En parcourant les différentes mesures de restructuration et mécanismes visant à améliorer l'efficience de la firme, nous avons souligné les résultats des chercheurs qui ont montré que, pour des firmes en difficulté, il existait une panoplie de mesures capables de restaurer la compétitivité de la firme, sa performance et au-delà son processus de création de valeur. D'un point de vue conceptuel, les faibles performances et la destruction de valeur amènent le plus souvent les firmes à engager des mesures de restructuration opérationnelles telles que des réductions des coûts, des licenciements ou encore des désinvestissements, et financières telles que la renégociation de la dette, l'augmentation de capital et la baisse des dividendes. Ainsi, Jensen (1989), montre que plus une firme est endettée, plus l'occurrence de ces actions est fréquente car si elle retardait l'application de ces mesures, elle pourrait très rapidement tomber sous le coup d'une procédure de redressement judiciaire. A partir de cette idée, notre intérêt est d'analyser le lien qui existe entre la structure de l'actionnariat

---

[104] Charbel Salloum et Nehmé Azoury, « Détresse financière et gouvernance d'entreprise », *Revue Libanaise de Gestion et d'Économie,* vol. 1, no 1, 2008, p. 122-164.

et les mesures de restructuration prises par les entreprises en difficulté.

1. Structure d'actionnariat et mesures de restructuration : Discussion théorique

Les études de Jensen et Meckling (1976), et d'autres auteurs tels que : Shleifer et Vishny (1986), Bethel et Liebeskind (1993), Agrawal et Knoeber (1996), suggèrent que la concentration de l'actionnariat est un gage d'efficacité du contrôle de la gestion des dirigeants par les actionnaires. Les propriétaires de l'entreprise détenant une part importante du capital ont un intérêt certain à investir dans le contrôle, puisque les gains résultants de cette action leur reviendront en grande partie. En d'autres termes, ils trouvent un intérêt à assumer le contrôle des dirigeants dans la mesure où ils s'approprieront une part non négligeable des bénéfices supplémentaires ainsi réalisés.

Agrawal (1990), supporte l'hypothèse proposée par Shleifer et Vishny (1986) qui stipule que l'existence des gros actionnaires conduit à une meilleure surveillance des managers et une meilleure performance de l'entreprise. Plus particulièrement lorsque la propriété est concentrée dans les mains des investisseurs institutionnels[105]. A cet effet, la littérature existante confirme l'impact positif de la concentration de l'actionnariat sur la performance de l'entreprise et les activités de restructuration. On suppose généralement que la concentration de la propriété procure de meilleures incitations à la surveillance et la mise en place des mesures de restructuration et, par conséquent, améliore la performance des entreprises. Contrairement à la diversification de la propriété qui crée le problème d'un hold-up, les propriétaires ne pouvant empêcher les dirigeants de construire leur propre empire aux dépens des actionnaires.

[105] Odette Ckouekam, *op. cit.*, p. 56.

Sur le marché marocain du contrôle des sociétés, la plupart des identités acceptées sont les institutions financières, les sociétés étrangères, familiales et publiques. Ces identités de propriété ont leurs propres objectifs stratégiques en ce qui concerne la performance de l'entreprise et le processus de restructuration[106].

Selon la théorie financière, l'état de détresse, de défaut de paiement et la faillite représentent trois étapes du cycle de vie d'une firme qui provoquent des changements substantiels dans la structure de propriété et sur l'allocation des droits pour gérer les ressources de la firme. Cependant, les résultats des études empiriques traitant les changements de la structure de propriété demeurent non concluants. Par exemple, les modèles néoclassiques sur la détresse financière affirment que le défaut de paiement engendre un transfert de contrôle aux créanciers qui peuvent restructurer leurs droits pour maximiser la valeur de la firme et sa performance. Similairement, si la théorie financière traditionnelle met en évidence les contraintes qu'éprouvent les firmes en difficultés, il existe une faible évidence sur les forces qui peuvent discipliner les managers durant cette période[107].

En se basant sur l'étude de Jostarndt (2006), qui s'intéresse à l'examen de l'impact de l'état de détresse sur la structure de propriété des firmes allemandes. Par l'application des données d'un panel de 267 firmes allemandes éprouvant des difficultés financières entre 1996 et 2004, l'auteur a analysé l'impact de l'état de détresse sur la structure de propriété et sur la rotation des managers. De plus, il s'est intéressé à tester l'efficacité des mécanismes de contrôle interne et externe ainsi qu'au contrôle des créanciers en particulier les banquiers durant la période de détresse. Ses hypothèses suggèrent le pouvoir des structures de propriété et de gouvernance à

[106] Muhammad Shahid Iqbal et Khalid Mustafa, « Ownership structure changes, reforms and corporate restructuring: Evidence from Japan », *Business Review*, vol. 12, no 2, 2017, p. 33-64.

[107] S. Ben Jabeur, Y. Fahmi, A. Taghzouti et H. Sadok, *op. cit.*, p. 4-5.

remplacer les managers des firmes à faible performance. Les résultats de son analyse indiquent que la structure de propriété connaît un changement substantiel. Le déclin de la concentration de propriété est attribué à un retrait systémique des investisseurs individuels ou des familles. Alternativement, la propriété des banquiers et des investisseurs institutionnels est deux fois plus importante. De plus, la propriété des managers exécutifs et des administrateurs augmente significativement durant la période de détresse[108].

Collectivement, les résultats de cette étude supportent l'hypothèse selon laquelle, un état continu de détresse influence la structure de propriété et l'allocation des droits pour gérer les ressources financières. En particulier, l'évidence empirique suggère qu'une situation de détresse provoque des changements dans les mécanismes de contrôle internes pour être remplacés par d'autres externes[109]. A partir de là, il en ressort une pluralité de résultats de très nombreuses études empiriques qui ont cherché à valider ces différentes thèses. Néanmoins, si nous nous plaçons dans l'hypothèse de Jensen et Meckling (1976) d'alignement des intérêts, nous pouvons conclure que la concentration d'actionnariat favorise l'engagement des mesures capables de restaurer la compétitivité de la firme, car les actionnaires s'approprieront d'une part non négligeable des bénéfices supplémentaires ainsi réalisés.

---

[108] Philipp Jostarndt, « Of bail-outs and bankruptcies: An empirical study of distressed debt restructurings in Germany », dans *Financial Distress, Corporate Restructuring and Firm Survival: An Empirical Analysis of German Panel Data*, 2007, p. 71-126.

[109] Houda Bradai, « Détresse financière et restructurations des structures de gouvernance : une analyse de survie », *La comptabilité, le contrôle et l'audit entre changement et stabilité*, 2008.

2. Analyse du lien entre la structure d'actionnariat et les mesures de redressement initiées par les entreprises en difficulté

Plusieurs définitions ont été avancées par les auteurs pour définir la restructuration, Norley, Swanson et Marshall (2012), définissent la restructuration comme l'acte de réorganiser les structures légales, de propriété, opérationnelles ou autres d'une entreprise dans le but de le rendre plus rentable et mieux organisé pour ses besoins actuels. Les autres motifs de restructuration comprennent un changement de propriétaire ou de structure de propriété, une scission, une réponse à une crise ou un changement majeur dans l'entreprise, tel qu'une faillite, un repositionnement ou un rachat.

Pour Bowman & Singh (2013), la restructuration d'une entreprise est définie comme le processus impliqué dans le changement d'organisation d'une entreprise. Elle peut impliquer d'apporter des changements spectaculaires à une entreprise en supprimant ou en fusionnant des départements. Cela implique de réorganiser les activités pour accroître l'efficacité et la rentabilité. En d'autres termes, il s'agit d'un processus complet permettant à une entreprise de consolider ses activités et de renforcer sa position pour réaliser des synergies avec ses objectifs d'entreprise et demeurer une entité compétitive et performante.

En tant que stratégie commerciale, la restructuration d'une entreprise est l'une des stratégies pouvant aider les entreprises à faire face à de mauvaises performances, à saisir de nouvelles opportunités stratégiques et à gagner en crédibilité sur le marché des capitaux. Elle consiste à modifier de manière significative le modèle commercial, l'équipe de gestion ou la structure financière d'une entreprise afin de relever les défis et d'accroître la valeur pour les actionnaires. Elle peut impliquer des licenciements importants ou une faillite, bien que la restructuration soit généralement conçue pour minimiser l'impact sur les employés, si possible. Les entreprises utilisent la restructuration comme stratégie commerciale pour assurer leur viabilité à long terme. Les actionnaires ou les créanciers peuvent imposer une restructuration s'ils estiment que les stratégies commerciales actuelles de la société sont insuffisantes pour éviter une perte sur leurs investissements (Lal, Pitt et Beloucif, 2013).

A cet égard, la mise en place des mesures de restructuration des entreprises est devenue de plus en plus une activité de base et un phénomène courant dans le monde entier. Un nombre sans précédent de sociétés à travers le monde ont réorganisé leurs divisions, restructuré leurs actifs et mis à jour leurs activités afin de stimuler la performance de la société. Cela a permis à de nombreuses organisations de réagir rapidement et efficacement aux nouvelles opportunités et aux pressions imprévues.

Pour cela, des études tentent de mettre en évidence des problèmes liés à la restructuration de l'entreprise et à ses relations avec la gouvernance et la performance des entreprises. Par ailleurs, peu d'études ont été consacrées à l'examen du lien entre la structure de l'actionnariat et la restructuration de l'entreprise. Tels que les études de (Gibbs, 1993 ; Bethel et Liebeskind, 1993) qui incluent une structure de propriété pour examiner sa relation avec les choix de restructuration, tandis que Lai et Sudarsanam (1997), ainsi que Markides et Singh (1997), examinent l'effet de certaines caractéristiques de l'entreprise, telles que la structure du capital au choix des stratégies de restructuration adoptées. Perry et Shivdasani (2005), incluent une structure de conseil et une structure de propriété pour examiner comment ces deux structures influencent la motivation des entreprises peu performantes à se restructurer pour un marché développé comme les États-Unis[110].

[110] Tod Perry et Anil Shivdasani, « Do boards affect performance? Evidence from corporate restructuring », *The Journal of Business*, vol. 78, no 4, 2005, p. 1403-1432.

Tandis que, Lee et al. (2013), suggèrent que les entreprises affichant de meilleures performances après cession sont susceptibles de se désinvestir pour des motifs de paiement urgents, tandis que les entreprises ayant des performances dégradées après cession sans motif de paiement urgent sont susceptibles de céder et de conserver le produit de la vente d'actifs[111].

Il existe plusieurs raisons pour entreprendre un exercice de restructuration, par exemple en raison de bénéfices médiocres et en baisse, de divisions peu performantes, de difficultés financières, pour augmenter la part de marché, réaligner la stratégie de l'entreprise, réduire le fardeau financier et générer des liquidités. Certaines entreprises se restructurent pour améliorer leurs performances médiocres en raison des investissements en capital excessifs et non rentables, d'une gouvernance d'entreprise médiocre ou d'un surendettement.

Dans ce contexte, la direction et le conseil d'administration de la société agissent en tant que mandataire des actionnaires et ont une influence sur les politiques financières et opérationnelles de la société. Si la théorie de l'agence prédit que la restructuration des entreprises vise en partie à améliorer la gouvernance, la présence des actionnaires dans le conseil d'administration devrait aligner les intérêts des dirigeants et des actionnaires après la restructuration de la dette, réduisant ainsi le problème de l'agence. En d'autres termes, les caractéristiques de l'entreprise, telles que la structure du conseil d'administration, la structure de propriété, le niveau de diversification et le niveau d'endettement, peuvent influer sur la performance de l'entreprise et sur la décision de l'entreprise de se restructurer.

En parcourant les différentes études antérieures, nous concluons que l'impact de la structure de propriété sur la

---

111 Nikolaos Kavadis et Xavier Castañer, « Who drives corporate restructuring? Co-existing owners in French firms », *Corporate Governance: An International Review*, vol. 23, no 5, 2015, p. 417-433.

réduction des coûts de l'agence et la détermination du rendement de l'entreprise est indiscutable. Il est donc important de documenter des études empiriques relatives à la restructuration des entreprises au Maroc. La partie empirique suivante comblera donc dans une certaine mesure cette lacune en apportant un éclairage supplémentaire sur la question de la structure d'actionnariat par le biais de la concentration d'actionnariat plus particulièrement, et son impact sur les mesures de restructuration prises par les entreprises marocaines cotées en bourse.

Conclusion

Ce troisième chapitre théorique nous a permis de développer en premier le sujet des restructurations en insistant sur les définitions du concept et de ses effets. Nous avons compris que les restructurations peuvent prendre de multiples formes et causer des effets positifs dans l'entreprise.

Ensuite, nous avons mis en évidence les différents types des mesures de restructuration. Ces mesures ont été développées en raison de leur importance et elles seront utilisées dans la partie empirique de notre étude afin d'expliquer leur impact pour éviter la défaillance des entreprises en difficulté.

Comme nous avons pu le constater, plusieurs études antérieures ont montré que l'implication d'un actionnaire dans le contrôle des dirigeants ne sera pas la même selon la part de capital qu'il détient par cet actionnaire, ou encore en fonction de son horizon de placement et de ses objectifs. A cet égard, la structure de l'actionnariat d'une entreprise est susceptible d'influencer la mise en œuvre des mesures de restructuration en son sein.

Les entreprises en baisse de performance ont recours à diverses stratégies de restructuration pour faire face à la situation. La motivation d'une entreprise à s'inscrire à un programme de restructuration est de préserver sa valeur intrinsèque, de résoudre ses difficultés financières et de rechercher de nouvelles opportunités stratégiques, tandis que l'objectif immédiat de la restructuration est d'améliorer ses résultats opérationnels et sa solvabilité. Les stratégies de restructuration sont des processus compliqués, qui affectent à la fois la sélection et l'efficacité des stratégies utilisées. Le processus de restructuration peut avoir des conséquences dramatiques pour la prise de décision stratégique et les parties prenantes, qui peuvent avoir des intérêts divergents. En conséquence, l'un des principaux défis auxquels sont confrontés les gestionnaires dans le cadre d'activités de restructuration est la résolution des conflits entre les parties prenantes.

A cet effet, les actionnaires peuvent faire pression sur la direction pour qu'elle entreprenne des mesures de restructuration afin d'améliorer la performance de la firme. Cependant, même pour ceux qui sont capables de mettre en œuvre des stratégies de restructuration, rien ne garantit que ces stratégies soient couronnées de succès.

Ce chapitre avait pour objectif de présenter de manière concrète et synthétique les mesures qui permettent aux dirigeants d'entreprises en difficulté de sauver leur entreprise, mais aussi les risques qu'ils encourent et, pour finir, sa relation avec la structure de l'actionnariat.

Conclusion de la première partie

La première partie de ce travail a proposé une étude de la littérature très complète qui a fait le point sur les différentes explications théoriques et résultats empiriques des études antérieures sur le sujet.

Les trois premiers chapitres ont tenté d'apporter un éclairage théorique à notre problématique de recherche. Selon la littérature existante, nous avons montré, à la lumière de la théorie d'agence et la théorie d'alignement, comment la structure d'actionnariat peut influencer la performance et les mesures de restructuration des entreprises. On suppose généralement que la concentration de la propriété procure de meilleures incitations à la surveillance et, par conséquent, améliore la performance des entreprises. Par ailleurs, la structure de l'actionnariat d'une entreprise est aussi susceptible d'influencer la mise en œuvre des mesures de restructuration en son sein.

D'après la littérature empirique, nous avons vu qu'il est difficile d'obtenir des idées claires et précises concernant la structure d'actionnariat. Cette partie avait pour objectif d'élargir le champ de la connaissance empirique sur les liens qui existent entre les déterminants de la structure d'actionnariat et la performance de la firme d'une part et de montrer l'impact de cette structure sur les mesures de restructuration à prendre par les entreprises en difficulté d'autre part.

Le retour sur les concepts clés de notre recherche ainsi que sur la nature de relation qui lie entre la structure d'actionnariat et la performance de la firme et les mesures de restructuration dans les entreprises étrangères (américaines, allemandes, françaises, etc.), nous a permis de cerner au mieux les contours théoriques de notre étude et de comprendre les fondements de l'actionnariat dans les entreprises. Cependant, il en ressort que ces pratiques sont différentes d'un contexte à un autre.

L'objectif de cette partie n'était pas de procéder à un nouvel examen de ces théories, mais de présenter un aperçu de la variété des théories développées et des déterminants potentiels de la structure de l'actionnariat. De plus des études empiriques, les plus importantes en la matière, sont ensuite résumées.

La littérature rassemblée plus haut (chapitre 1, 2 et 3) nous a permis de répertorier les éléments prouvant les liens significatifs qui existent entre la concentration de l'actionnariat, les catégories des actionnaires et la performance d'une part et l'impact important de la structure d'actionnariat sur les mesures de restructuration d'autre part. Il devient important de tester ces résultats rassemblés dans le contexte marocain.

L'analyse de la littérature laisse à penser à un lien complexe et dépendant du contexte de l'étude. Or, le contexte marocain, caractérisé par une forte concentration de l'actionnariat et une présence importante des actionnaires familiaux, a été peu exploré.

Maintenant, il est judicieux que nous testions ces différents arguments fournis par la revue de la littérature dans le contexte marocain.

Ces analyses permettront de dégager plusieurs questions de recherche et de proposer des hypothèses théoriques, qui seront testées empiriquement dans les chapitres 5 et 6 de cette thèse.

A cet effet, la partie suivante fera l'objet d'une étude empirique personnelle sur l'incidence de la structure d'actionnariat sur la performance de la firme et les mesures de restructuration des entreprises cotées à la bourse des valeurs de Casablanca.

DEUXIEME PARTIE :

Études empiriques des effets de la structure d'actionnariat sur la performance et sur les mesures de restructuration

Introduction

La première partie a tenté d'apporter un éclairage théorique à notre problématique de recherche et elle a proposé une étude de la littérature très complète qui a fait le point sur les différentes explications théoriques et résultats empiriques des études antérieures sur le sujet. Nous avons montré, à la lumière de la théorie des droits de propriété, de la théorie de l'agence et de la théorie d'enracinement des dirigeants, comment les mécanismes d'incitation et de surveillance instaurent un système de gouvernance permettant de gérer les conflits entre actionnaires et dirigeants. Ces déterminants sont appréhendés par la géographie du capital (sa structure, sa composition). Selon la littérature existante, cette structure d'actionnariat peut influencer la performance et les mesures de restructuration des entreprises. On suppose généralement que la concentration de l'actionnariat procure de meilleures incitations à la surveillance et, par conséquent, améliore la performance de l'entreprise. Par ailleurs, la structure de l'actionnariat d'une entreprise est aussi susceptible d'influencer la mise en œuvre des mesures de restructuration en son sein.

Compte tenu de l'état d'avancement des connaissances théoriques sur notre domaine de recherche et des objectifs de notre étude, nous avons privilégié une démarche méthodologique déductive. Le point de départ de notre recherche est, par conséquent, une analyse détaillée des théories existantes à partir desquelles nous établissons des hypothèses. Ces hypothèses seront ensuite testées à travers deux études empiriques.

L'objectif de cette deuxième partie empirique est de tester sur les données des entreprises marocaines notre corps d'hypothèses qui seront établies dans le chapitre 4 et issues de la littérature théorique et empirique.

Pour cela, cette partie se décompose en trois chapitres :

Nous présenterons, dans le chapitre 4, la problématique, nos questionnements, ainsi que la méthodologie générale de notre étude empirique, à travers un cadre de recherche dynamique pour analyser la relation entre la structure d'actionnariat et la performance dans un premier temps, ensuite la relation entre la concentration de l'actionnariat et les mesures de restructuration prises par les entreprises dans le contexte marocain.

Le chapitre 5 présente la méthodologie détaillée, ainsi que les résultats des tests statistiques obtenus qui confirment ou infirment les hypothèses que nous avons formulées concernant les effets de la structure d'actionnariat sur la performance de la firme sous l'angle de la performance financière des entreprises marocaines cotées à la bourse de valeurs de Casablanca.

Pour ce qui est du chapitre 6, il aura pour mission d'analyser l'impact de la structure actionnariale sous l'angle de la concentration d'actionnariat sur les mesures de restructuration prises par les entreprises en difficulté cotées en bourse, en présentant, la méthodologie de l'étude qui traite les données de la recherche empirique (échantillon, périodicité…), le modèle utilisé, les différents tests et les différents résultats obtenus.

Dans le cadre de cette partie empirique, nous allons utiliser une approche méthodologique basée sur des analyses statistiques quantitatives (univariées, bivariées et multivariées), pour mieux étudier le lien qui existe entre la structure d'actionnariat et nos variables dépendantes.

Partant de ce constat, notre démarche, dans cette partie, servira à apporter un nouvel éclairage sur la nature du lien qui existe entre la structure d'actionnariat et la performance ainsi que les mesures de restructuration des entreprises marocaines cotées en bourse.

Chapitre 4 :

Méthodologie de recherche

La revue de littérature théorique et empirique sur la structure d'actionnariat a permis de mettre en évidence son lien significatif avec la performance et les mesures de restructuration. Par ailleurs, nous avons pu constater que les études empiriques antérieurs réalisées sont assez hétérogènes, ceci étant dû certainement au caractère complexe des mesures utilisées et des tests empiriques réalisés sur des échantillons différents, ce qui explique l'incomplétude des résultats sur ce sujet.

Le présent chapitre mettra en place les assises méthodologiques de cette thèse. Le choix de la méthodologie utilisée sera discuté de même que l'échantillon sélectionné en insistant sur les paramètres spécifiques à ce dernier. Ce chapitre permettra de camper nos positions et objectifs et de formuler les différentes hypothèses, nous nous inspirons des idées évoquées dans les chapitres précédents de la thèse.

A cet effet, nous allons présenter la problématique générale de la recherche et la démarche empirique mise en œuvre dans le cadre de ce travail de recherche. Tout en détaillant le positionnement scientifique et épistémologique ainsi que la démarche de recherche générale appliquée. Il s'organise autour de deux grandes sections en définissant successivement la problématique générale et les hypothèses visées par le projet de recherche (section 1), ainsi que notre positionnement épistémologique avec les choix méthodologiques sélectionnés (section 2).

Section 1 :

Problématique et questions de recherche

Construire un objet de recherche consiste en l'élaboration d'une question générale (ou encore la problématique), qui se distingue des « questions de recherche » qui, elles, sont des expressions plus précises et opératoires de la question générale originale. Il s'agit de produire une question principale liant, articulant ou interrogeant des objets théoriques, méthodologiques ou empiriques, qui ne portent pas fondamentalement en eux-mêmes une interrogation.

Construire son objet est donc une étape à part entière du processus de recherche, étape d'autant plus décisive qu'elle constitue le fondement sur lequel tout repose (Grawitz, 1996)[112].

1. Problématique et questions de recherche

1.1. Problématique de la recherche

L'actionnaire, de par son rôle majeur dans les décisions d'investissement et de financement, est identifié comme la pierre angulaire pouvant influencer les orientations stratégiques de l'entreprise, influence liée à la fois à sa nature et à son niveau de pouvoir. Son rôle, abordé initialement sous le prisme de la théorie de l'agence, a fait lui aussi l'objet de très nombreux développements en lien avec la performance de la firme. Aussi, la concentration de l'actionnariat, grâce à un plus grand pouvoir de contrôle des actionnaires sur les dirigeants, devrait améliorer la performance financière. Néanmoins, une limite persiste à cette théorie en cas d'éclatement de conflits entre actionnaires majoritaires et minoritaires qui ne se rallieraient pas à la coalition de contrôle.

112 Maya Velmuradova, *Épistémologies et méthodologies de la recherche en sciences de gestion : note de synthèse*, thèse de doctorat, Université du Sud Toulon-Var (USTV), 2004.

Le débat de la séparation des fonctions de propriété et décision qui caractérisent les grandes sociétés entraîne des conflits entre actionnaires et dirigeants qui poursuivent d'autres objectifs que le traditionnel objectif de maximisation de valeur. Cette relation contractuelle est à l'origine de la théorie d'Agence (Jensen, Meckling 1976). Elle permet de rendre compte de la séparation entre propriété / Décision qui se définie par le pourcentage du capital détenu par les actionnaires. Il est considéré comme un indicateur fiable des diffusions du capital. L'identité des actionnaires principaux joue aussi un rôle important dans l'efficacité de la concentration du capital comme mode de gestion des problèmes d'agence, à cet effet, la nature des actionnaires peut influencer aussi la performance des entreprises.

Nous supposons ainsi que cette relation est expliquée par l'effet d'enracinement et l'effet de crainte de faillite associé à l'effet de convergence des intérêts. Les actionnaires préfèrent utiliser plus de dette lorsque leur participation au capital est faible, ce comportement permet alors de limiter la dilution de leur propriété et augmenter par conséquent leur pouvoir économique. En revanche, la forte participation au capital des actionnaires les incite à limiter l'utilisation de la dette pour réduire le risque de détresse financière[113] (Effet de crainte de faillite).

Divers arguments ont été avancés à l'appui de l'idée que la structure de l'actionnariat aura des implications importantes pour la performance de l'entreprise et sur les mesures de restructuration adoptées. Par exemple, il a été suggéré qu'une propriété concentrée peut contribuer à la résolution des conflits d'agence dans les grandes entreprises parce que les

[113] Le stress financier est défini comme étant la situation dans laquelle est placée une organisation lorsqu'elle ne dispose pas de ressources suffisantes pour assumer ses dettes explicites, à un moment donné. Les premiers signaux de détresse sont d'habitude associés au défaut de paiement et à l'omission ou réduction de dividendes.

gros actionnaires ont un intérêt dans la maximisation de la valeur et possèdent également suffisamment de contrôle des votes pour exercer une pression sur la direction et faire respecter leurs intérêts (Shleifer & Vishny, 1997). Cependant, il peut également y avoir des coûts pour les gros investisseurs. Le problème fondamental est que les grands investisseurs représentent leurs propres intérêts, qui ne doivent pas nécessairement coïncider avec les intérêts des autres investisseurs (et des autres parties prenantes) de l'entreprise. Par conséquent, les gros investisseurs pourraient être incités à obtenir des avantages privés et à redistribuer ainsi la richesse des autres (Barclay et Holderness, 1989). Un autre point de vue sur la relation entre propriété et performance est soulevé par Demsetz (1983), qui soutient que la propriété est une variable endogène et que la structure de propriété n'a pas d'effet d'équilibre car cela impliquerait que les propriétaires à la recherche de bénéfices pourraient gagner en réorganisant leur portefeuille.

D'un autre côté, Jensen (1989) a admis que la structure actionnariale des sociétés en difficulté influence la mesure de restructuration choisie. Ce raisonnement a été confirmé par Séverin et Dhennin (2003), qui ont affirmé que, les restructurations seraient préférables à la défaillance si la valeur de continuation de la firme est beaucoup plus élevée que sa valeur de liquidation. Ainsi, les entreprises défaillantes ne tarderaient pas à se restructurer au risque de tomber sous le coup d'une procédure de redressement judiciaire.

Tous ces constats légitiment le choix de notre objet de recherche et de la problématique générale de la recherche qui est double. Il s'agit d'analyser la relation qui existe entre la structure d'actionnariat et la performance des entreprises marocaines cotées en bourse d'une part, puis le deuxième volet cherche à étudier l'influence de la structure d'actionnariat sur les mesures de restructuration prises par les entreprises marocaines cotées en situation difficile.

Ces réflexions nous ont conduit à formuler une question de recherche principale qui se déduit du cadre général de la problématique de recherche :

Existe-t-il un lien entre la structure d'actionnariat et la performance d'une part et les mesures de restructuration d'autre part ?

Nous étudierons notre question de recherche à travers une double démarche empirique, à cet égard, nous chercherons les résultats de deux études quantitatives de l'impact de la structure d'actionnariat et la performance de la firme d'une part et sur les mesures de restructuration d'autre part

1.2. Questions de recherche

Le cadre général de la problématique de recherche tel que décrit dans le paragraphe précédent est double, il peut être affiné en précisant la définition des différentes composantes mentionnées : Il s'agit d'analyser en premier lieu la relation qui existe entre la structure d'actionnariat et la performance de l'entreprise, en deuxième lieu nous allons étudier l'impact de la structure d'actionnariat sur les mesures de restructuration prises par les entreprises en difficulté.

Le premier volet de cette problématique (structure d'actionnariat et performance des entreprises cotées à la bourse de Casablanca) nous conduit à formuler les questions de recherche suivantes:

- Quelles sont les déterminants de la structure d'actionnariat ?
- Est- ce qu'il y a une relation entre la performance de l'entreprise et la concentration d'actionnariat, d'une part, et avec la nature des actionnaires, d'autre part ? Quelles sont les variables qui sont en mesure d'influer ou modérer ces relations ? Et comment ?

Pour répondre à ces questions, nous allons recourir à des analyses univariées, bivariées et multivariées. Les tests univariées sont calculées séparément pour chaque variable et elles donnent des informations élémentaires telles que la moyenne, les valeurs minimum et maximum, différentes mesures de dispersion, ainsi que des indications sur la forme de la distribution de la variable. Alors que les tests bivariés mettent en relation une variable explicative avec la variable expliquée. Nous utilisons deux types de tests bivariés : les tests de corrélation et les régressions simples. Et finalement, nous procéderons ensuite à des régressions multivariées, afin de prendre en compte plusieurs variables explicatives.

Le deuxième volet de cette problématique (structure d'actionnariat et mesures de restructuration initiées par les entreprises en difficulté) implique les questions de recherche suivantes :

- Quelle est la définition de l'entreprise en situation difficile ?
- Quels sont les signaux annonciateurs de la situation difficile ?
- Quels sont les mesures de restructuration prises par les entreprises marocaines cotées en bourse ?
- Existe t-il des effets de la structure d'actionnariat sur la nature et l'ampleur des mesures de restructuration des entreprises en difficulté ?

Pour répondre à ces questions qui consistent à savoir s'il existe des effets de la structure d'actionnariat sur les mesures de restructuration, un modèle de régression logistique est appliqué qui permet aussi de prédire la probabilité qu'un événement arrive (valeur de 1) ou non (valeur de 0) à partir de l'optimisation des coefficients de régression.

A travers les développements théoriques précédents, des hypothèses de recherche émergent pour répondre à ces questions de recherche. Pour cela, nous proposons dans le point suivant les hypothèses de recherche qui seront testées à travers deux études dont nous exposerons la méthodologie et les résultats dans les chapitres 5 et 6 du présent travail.

2. Détermination des hypothèses de recherche

2.1. Hypothèses théoriques relatives au lien entre la structure d'actionnariat et la performance

Nous avons dégagé à partir de notre revue de littérature que les intérêts, les motivations, les objectifs et le contrôle exercé par les actionnaires dépendent à la fois des niveaux de participations au capital et de la nature des actionnaires. A cet effet, plusieurs auteurs mettent en évidence une influence significative de la structure d'actionnariat sur la performance des entreprises.

Les premières recherches en économie financière visaient simplement à examiner l'impact de la concentration d'actionnariat et n'ont fait aucune tentative pour identifier la partie détenant un bloc particulier d'actions. La plupart des études ont ainsi traité les actionnaires comme un groupe homogène, supposant implicitement qu'ils partagent tous le même objectif de maximiser la valeur. En revanche, un nombre croissant de travaux sur la théorie de l'organisation suggèrent que la nature d'actionnariat révèle des informations importantes car les types des actionnaires peuvent être caractérisés par des motivations et des comportements différents, ce qui pourrait avoir des implications importantes pour la stratégie et la performance de l'entreprise. Si la propriété de l'entreprise est répartie entre différents types de propriétaires, l'identité de ces actionnaires affectera probablement les priorités qu'ils accordent à la poursuite de la gestion de la valeur actionnariale par rapport à d'autres objectifs. Il est donc très important de développer un cadre qui accorde une attention particulière aux différents aspects des différents types des actionnaires.

Les conclusions de notre revue de littérature permettent de dégager, que la concentration d'actionnariat est un élément favorable à l'exercice d'un contrôle efficace par les actionnaires. En effet, dans une firme à l'actionnariat très dispersé, aucun actionnaire n'a intérêt à engager des ressources (du temps et des fonds) pour exercer un contrôle sur la gestion car il sera le seul à supporter le coût de l'investissement alors que l'ensemble des propriétaires ou des partenaires de la firme bénéficiera de cette action. En revanche, lorsqu'un actionnaire possède une part significative du capital, il cherchera à réaliser des bénéfices supplémentaires en en investissant dans le contrôle de la gestion de la firme.

Ce champ théorique avance l'idée que les gros actionnaires utilisent leur pouvoir pour influencer la performance des entreprises. D'un côté, la base d'informations et l'influence importante des gros actionnaires sont avantageuses pour réduire les conflits d'agence entre les actionnaires et la direction. La surveillance est donc censée entraîner une amélioration de la performance des entreprises. D'un autre côté, la concentration de l'actionnariat pourrait également déclencher une démotivation managériale en raison d'une surveillance excessive, ce qui entraînerait par conséquent une baisse de la performance de l'entreprise. À partir de certains niveaux de propriété, les gros actionnaires pourraient également utiliser leur pouvoir pour se traiter préférentiellement et consommer les avantages privés du contrôle aux dépens des autres actionnaires et de la performance de l'entreprise. De plus, la concentration de l'actionnariat réduit la liquidité du marché, ce qui entraîne un coût du capital plus élevé et, par conséquent, une valeur marchande plus faible.

Comme nous avons pu le constater dans notre première partie, les études antérieures ont montré que l'actionnariat familial est le plus répandu au Maroc et dans le monde. En outre, les sociétés familiales affichent des bilans plus solides, une meilleure conversion du cash-flow avec des fonds propres significatifs et des réserves latentes importantes. Des atouts qui rendent l'entreprise moins dépendante des mouvements boursiers et plus flexibles.

Les actionnaires familiaux sont souvent caractérisés par une histoire entrepreneuriale avérée, en général réussie, dès la première génération. Ils sont attachés à la pérennisation de l'entreprise et du caractère familial de l'actionnariat, et ils sont connus aussi par la volonté de bien transmettre le capital, mais aussi une « certaine façon d'être actionnaire ».

De récentes études ont par ailleurs confirmé l'importance des entreprises familiales dans le tissu économique régional et national en leur prêtant des atouts certains : de meilleures performances financières et une meilleure capacité à résister en temps de crise. Nous citons, les recherches de G. Charreaux (1991), qui ont montré que la structure de propriété des entreprises familiales avait un impact sur la rentabilité économique mesurée par le Q de Tobin. S. Coleman et M. Carsky (1999), ont également mis en évidence des ratios de rentabilité économique (ROA) et financière (ROE) supérieurs à ceux rencontrés au sein des entités non familiales.

A cet effet, le postulat de recherche fondamental qui dérive de la littérature que nous avons effectuée pourrait être formulé comme suit : une relation positive entre le niveau de performance des entreprises et leur caractère familial.

Ce postulat théorique fondamental sera testé grâce aux deux hypothèses de recherche qui sont formulées ci-dessous :

-*Hypothèse 1 :* La concentration d'actionnariat augmente avec la performance des entreprises.

-*Hypothèse 2 :* Il existe un lien significatif entre l'actionnariat familial et la performance de l'entreprise, et que les entreprises familiales présentent de meilleures performances que les entreprises non familiales.

Comme le montre la variété des arguments avancés, la relation entre actionnariat et performance est complexe. Les arguments théoriques ne peuvent à eux seuls prédire sans ambiguïté si les avantages d'un actionnariat concentré l'emportent sur ses coûts, ou si certains groupes d'identité des actionnaires ont un impact plus positif ou plus négatif sur la performance de l'entreprise que d'autres.

2.2. Hypothèses théoriques relatives au lien entre la structure d'actionnariat et mesures de restructuration

Comme nous l'avons déjà remarqué dans notre partie théorique, de très nombreux modèles ont cherché à mettre en évidence, la relation entre la structure de l'actionnariat (caractérisée soit par la concentration de l'actionnariat ou par sa nature) et les actions de restructuration entreprises.

Bowman et Singh (1993), distinguent trois grandes catégories de restructurations, le plus souvent liées :

- Les restructurations financières, qui engagent une modification substantielle de la structure du capital de l'entreprise (leveraged buy-out), recapitalisation, swap de dettes en capital, rachat d'actions, etc.) ;
- Les restructurations organisationnelles, qui engagent une modification de l'organisation interne de l'entreprise (redéfinition des divisions, réorganisation des services, réduction des effectifs, etc.).
- Les restructurations de portefeuille, qui engagent une modification de la structure des actifs ou des activités de l'entreprise (fusion-acquisition, liquidations, désinvestissements, ventes d'actifs, scissions, etc.) ;

Les arguments théoriques et empiriques précités en faveur de la relation entre la concentration d'actionnariat et les mesures de restructuration permettent de poser l'hypothèse suivante :

Hypothèse 3 : Plus l'actionnariat est concentré, plus les actionnaires vont engager des mesures de restructuration capables de restaurer la compétitivité de la firme.

A travers notre étude empirique sur les sociétés marocaines cotées en bourse, nous exposerons la pertinence de ce cadre théorique en se concentrant uniquement sur le lien existant entre la concentration d'actionnariat et les mesures de restructuration.

La recherche empirique devient donc importante pour examiner laquelle des explications logiquement possibles est la plus probable.

Le test des hypothèses de recherche présentées dans cette section nécessite l'élaboration d'une méthodologie adéquate pour l'analyse des données empiriques. Pour ce faire, nous tacherons dans la section suivante de présenter d'abord le positionnement épistémologique de recherche ainsi que les choix méthodologiques adoptés.

Section 2 :

Choix épistémologiques et méthodologiques

Après avoir posé le cadre théorique de notre recherche, nos questionnements et hypothèses, nous présentons dans cette section la méthodologie de recherche que nous avons développée.

Tout travail de recherche, utilise une méthodologie, propose des résultats visant à comprendre, expliquer, prédire ou transformer. Une explicitation de ces présupposés épistémologiques permet de contrôler la démarche de recherche, d'accroître la valeur de la connaissance qui en est issue, mais également de mieux saisir un nombre de débats entre courants théoriques en management [114].

La méthodologie empirique consiste à connecter le théorique au terrain. Dans le cadre du positionnement de notre recherche, il paraît pertinent d'adopter le niveau d'analyse épistémo-méthodologique. A ce niveau il est possible de positionner notre recherche en fonction de son objet d'étude, des méthodes et démarches scientifiques employées ainsi que des théories de référence qui structurent nos travaux.

Dans cette section, nous présentons la démarche de recherche dans sa globalité. Nous apportons des précisions quant au projet de recherche et présentons la façon dont la démarche de recherche a été construite (design de la recherche). Dans un premier temps, nous définissons notre design de recherche à travers un éclairage sur les différentes postures épistémologiques, ensuite nous justifions notre choix du mode de raisonnement et du dispositif méthodologique.

[114] Raymond Duchesne et Benoît Gauthier, *Méthodologie de la recherche sociale : cahier de l'étudiant*, Sainte-Foy (Québec), Télé-université du Québec, 1998.

1. Choix de la posture épistémologique

Le chercheur doit faire des choix épistémologiques et méthodologiques qui déterminent sa démarche scientifique.

Il s'agit ainsi, dans ce paragraphe consacré aux quelques paradigmes épistémologiques dominants, de brosser les grandes lignes qui les différencient afin de pouvoir rattacher de façon satisfaisante notre cadre épistémologique à l'un de ces paradigmes.

1.1. Les différents types de paradigmes

Avant de définir notre positionnement épistémologique ou le cadre de référence dans lequel, nous allons inscrire notre recherche, nous allons présenter les différents positionnements pris par chacun des paradigmes des trois grands paradigmes épistémologiques usuellement identifiés en sciences de gestion : le positivisme, le constructivisme ou l'interprétativisme.

Chacune de ces trois postures se caractérise par sa propre interprétation de la réalité, la nature des connaissances produites et sa relation par rapport à l'objet étudié. Ainsi, il s'agit pour le positiviste d'expliquer la réalité, pour l'interprétatif de comprendre la réalité tandis que pour le constructiviste, l'objectif est essentiellement de construire la réalité. Cette appréhension de la réalité permet de guider le chercheur dans son choix de la connaissance à produire, de l'instrumentation à utiliser et des critères à respecter pour assurer la validité de la connaissance produite.

Ci-après, nous présentons brièvement les trois principaux paradigmes épistémologiques en sciences de gestion, au travers de leurs caractéristiques principales et des éléments qui les différencient.

Le paradigme positiviste est souvent présenté comme le paradigme le plus ancien et le plus dominant des sciences de gestion et revendique un positionnement réaliste. Ce paradigme considère que la réalité existe en soi et dispose de sa propre essence. C'est un paradigme essentiellement basé sur l'empirisme, c'est-à-dire sur l'observation de données empiriques.

C'est un paradigme essentiellement basé sur des méthodes de recherche quantitatives, avec des outils de collecte de données mesurables, et une utilisation de méthodes statistiques pour l'analyse de ces données. En effet, l'objet de recherche est élaboré « *à partir d'incohérences entre les théories et les faits, de l'identification d'insuffisances, d'incohérences théoriques rendant compte de la réalité* » (Giordano, 2003)[115].

Contrairement au précédent, **le constructivisme** remet profondément en cause la notion de vérité scientifique et la définition de critères précis et universels de distinction entre science et non-science. En d'autres termes, ce paradigme prend appui le postulat selon lequel la réalité est multiple et qu'elle est le résultat d'une construction individuelle et sociale. Il suggère une approche de la connaissance en termes de validité éthique, c'est-à-dire basée sur des critères et des méthodes pouvant être soumis à discussion. Par une forte opposition au positivisme, la réalité pour les constructivistes peut être construite. Elle se construit par les acteurs impliqués et par les interprétations qui se construisent grâce aux interactions (Girod- Séville et Perret, 1999). C'est sur la base de la nature construite de l'objet que de nombreux travaux renvoient au constructivisme (Mir et Watson, 2000 ; Charreire et Huault, 2002 ; Nguyên-Duy et Luckerhoff, 2007 ; Rouleau, 2007) et dont l'objectif est de rechercher la finalité des actions des acteurs (Maurand-Valet, 2010).

Pour sa part, **l'interprétativisme** vise à comprendre le sens que les acteurs donnent à la réalité et aux actions sociales observées. Il se focalise sur « *ce que les institutions, les actions, les images, les déclarations, les événements, les usages et tous les objets habituels d'intérêt socio-scientifique, veulent dire pour ceux*

---

[115] Yvonne Giordano, « Les spécificités des recherches qualitatives », dans *Conduire un projet de recherche : une perspective qualitative,* 2003, p. 11-39.

dont ils sont les institutions, les actions, les usages, etc. » (Geertz, 1999).

Ce paradigme peut être envisagé comme un constructivisme modéré. Il défend l'hypothèse relativiste selon laquelle on ne peut avoir qu'une représentation unique de la réalité. Il constitue souvent le fondement d'une stratégie de recherche qualitative (Maurand-Valet, 2010) qui va permettre de rendre l'objet accessible à travers « *les représentations mentales des acteurs interrogés et par celles du chercheur* » et ainsi de « *rester très proche des discours des acteurs que l'on cherche à analyser* » (Maurand-Valet, 2010, p. 6)[116]. Tout comme le constructivisme, l'interprétativisme est un positionnement subjectif et dépendant du sujet qui l'observe mais dont l'objectivité est impossible à atteindre, puisque toute réalité résulte d'un réaménagement interne d'une appréhension du monde et que cette appréhension est marquée socialement et ne peut être conçue que dans un contexte spécifique. (Lenoir, 2017, p.59).

Pour avoir une distinction claire de ces trois principaux paradigmes, le tableau N°3 suivant, synthétise les réponses apportées aux questionnements proposés par Perret et Séville[117] (2003) relatifs aux dimensions méthodologiques et éthiques de la recherche.

---

[116] Anne Maurand-Valet, « Choix méthodologiques en sciences de gestion : pourquoi tant de chiffres ? », *Management & Avenir*, vol. 43, no 3, 2011, p. 289-302.

[117] Véronique Perret et Martine Séville, « Fondements épistémologiques de la recherche », dans *Méthodes de recherche en management*, Paris, Dunod, 2007, p. 13-33.

Tableau 3 : Les questions épistémologiques relatives aux paradigmes

Les paradigmes / Les questions épistémologiques	Le positivisme	L'interprétativisme	Le constructivisme
Quel est le statut de la connaissance ?	Hypothèse réaliste Il existe une essence propre à l'objet de connaissance	Hypothèse relativiste L'essence de l'objet ne peut être atteinte (constructivisme ou interprétativisme) ou n'existe pas (constructivisme radical)	
« La nature de la réalité »	Indépendance du sujet et de l'objet Hypothèse déterministe Le monde est fait de nécessités	Dépendance du sujet et de l'objet Hypothèse intentionnaliste Le monde est fait de possibilités	
Comment la connaissance est-elle engendrée ? **Le chemin de la connaissance scientifique**	La découverte Recherche formulée en termes de « pour quelles causes… » Statut privilégié de l'explication	L'interprétation Recherche formulée en termes de « pour quelles motivations des acteurs… » Statut privilégié de la compréhension	La construction Recherche formulée en termes de « pour quelles finalités….. » Statut privilégié de la construction
Quelle est la valeur de la connaissance ? **Les critères de validité**	Vérifiabilité Confirmabilité Réfutabilité	Idéographie Empathie (révélatrice de la compréhension vécue par les actions)	Adéquation Enseignabilité

Source : Perret et Séville (2003, p.14-15)

1.2. Le cadre épistémologique de notre recherche

Après avoir passé en revue les différents paradigmes, le cadre épistémologique dans lequel a prospéré notre projet de recherche (qui se situe dans le domaine de la structure d'actionnariat des entreprises marocaines cotées en bourse), est dans le courant dominant positiviste relativement strict en développant nos hypothèses et nos outils (visant à tester nos construits théoriques) à partir de notre revue de littérature, car il vise à traduire une perspective objectiviste du monde, à découvrir des régularités, à comprendre et expliquer des observations empiriques en mobilisant des théories positivistes. De par notre posture positiviste, notre mode de raisonnement est désormais hypothético-déductif qui vise à tester empiriquement nos hypothèses à travers une approche quantitative, s'appuyant sur l'expérimentation des variables dépendantes et indépendantes choisies sur un échantillon d'entreprises marocaines cotées en bourse ainsi que sur l'analyse statistique des données.

La recherche menée vise à atteindre deux objectifs principaux :

- Mieux expliquer le lien qui existe entre de la structure de l'actionnariat de l'entreprise et la performance des entreprises marocaines cotées en bourse
- Mieux comprendre l'impact de la concentration d'actionnariat sur les mesures de restructuration prises par les entreprises marocaines cotées en bourse en situation difficile.

Ces deux principaux objectifs feront l'objet de deux études empiriques appliquées de manière indépendante et complémentaire à travers une présentation plus détaillée dans les deux chapitres suivants, tout en présentant la méthodologie de recherche adoptée pour chaque étude.

2. Choix du mode de raisonnement et du dispositif méthodologique

2.1. Choix du mode de raisonnement

La méthode de recherche choisie dans l'approche de l'objet d'étude s'accompagne d'un mode de raisonnement permettant de construire progressivement un corps de connaissance sur cet objet de nature scientifique. Il existe deux modes de raisonnement qui accompagnent la démarche de recherche choisie : la démarche hypothético-déductive et la démarche logico-inductive. La déduction est un processus de recherche qui débute avec des analyses théoriques, traduites dans des hypothèses testables, pour ensuite les vérifier sur le terrain, à partir d'un échantillon représentatif. L'induction présume que l'on découvre sur le terrain des régularités à partir de cas particuliers. Ces deux modes de raisonnement distincts doivent être compris comme étant plus complémentaires qu'antagonistes.

Comme nous l'avons déjà souligné plus haut, la méthode de recherche choisie dans notre étude est la démarche hypothético-déductive (approche déductive). Cette dernière s'accompagne d'un mode de raisonnement permettant de construire progressivement un corps de connaissance sur cet objet de nature scientifique. La déduction est un processus de recherche qui débute avec des analyses théoriques, traduites dans des hypothèses testables, pour ensuite les vérifier sur le terrain, à partir d'un échantillon représentatif. D'une manière générale, le raisonnement déductif va du général au particulier.

Cette approche est déductive en ce qu'elle va du général au particulier. Le raisonnement hypothético-déductif est utilisé dans un processus de recherche qui vise à tester ou valider une théorie de portée générale. Des hypothèses concernant une situation particulière sont formulées puis confrontées à la réalité des observations en vue d'infirmer ou les confirmer et, ainsi, valider, invalider ou ajouter à la théorie initiale.

L'investigation se fonde sur des hypothèses (issues de la théorie) permettant d'asseoir un raisonnement particulier dont la confirmation ou l'infirmation est obtenue par l'expérimentation. On peut l'assimiler à ce que certains appellent la recherche empirico-formelle[118].

---

[118] Raymond-Alain Thiétart, *Méthodes de recherche en management*, 4e éd., Paris, Dunod, 2014.

Plus précisément, il est possible de décomposer la démarche hypothético-déductive en quatre grandes étapes (Lerbet, 1993) :

1- Nous déterminons quels sont les concepts qui permettent de répondre à notre question de recherche. Nous mettons ainsi en avant, d'après la littérature, les hypothèses, modèles ou théories qui correspondent à notre sujet.

2- Au cours d'une première phase, nous observons que les hypothèses, modèles ou théories mobilisés ne rendent pas parfaitement compte de la réalité.

3- Nous déterminons de nouveaux modèles, hypothèses ou théories.

4- Nous mettons alors en œuvre une phase de test qui va nous permettre de réfuter, ou non, les hypothèses, les modèles ou les théories.

Nous résumons les étapes ci-dessus, dans le schéma suivant :

Figure 2: Démarche hypothético-déductive.

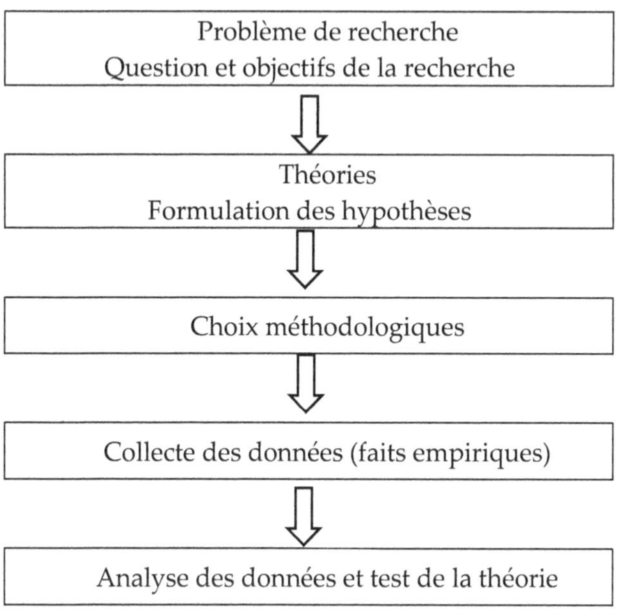

Source : Établi par nos soins

La figure N°2 démontre que la démarche hypothético-déductive, nécessite tout d'abord la théorie qui sous-tend sa recherche et formuler des hypothèses de recherche avant d'effectuer les choix méthodologiques. Il s'ensuit la collecte et l'analyse des données, avec enfin la vérification des hypothèses, qui est la confrontation de la réalité, des faits à la théorie (déduction).

2.2. Choix du dispositif méthodologique

Rappelons que la recherche en sciences de gestion est caractérisée par deux grandes orientations : la construction ou le test d'un objet théorique. S'il s'oriente vers la vérification, le chercheur a une idée claire et établie de ce qu'il cherche. A l'opposé, si le chercheur s'oriente vers une démarche exploratoire, caractéristique de la construction théorique, le chercheur ignore en grande partie la teneur de ce qu'il va mettre à jour (Raymond-Alain Thiétart et coll, 2007).

Le choix de l'approche qu'il faut mettre en place pour collecter et analyser les données empiriques implique que le chercheur doit se situer par rapport aux deux grands courants de recherche empirique que sont l'approche quantitative et l'approche qualitative.

Il est courant de lier l'exploration à une approche qualitative et la vérification à une approche quantitative (Brabet, 1988), voire d'opposer la démarche inductive des recherches qualitatives et la démarche hypothéco-déductive des recherches quantitatives (Hammersley, 1999).

Bien que cette opposition entre les approches quantitatives et qualitatives soulève un grand nombre d'interrogations, beaucoup de chercheurs refusant de trancher quant à la supériorité de l'une ou de l'autre des approches, néanmoins chacune a ses partisans qui la considèrent comme la plus appropriée pour répondre aux besoins d'une recherche (Laroche, 2002).

Il est généralement reconnu que l'approche quantitative offre une plus grande garantie d'objectivité. Les impératifs de rigueur et de précision qui caractérisent les techniques statistiques plaident en ce sens. Il n'est donc pas surprenant que l'approche quantitative soit ancrée dans le paradigme positiviste (Silverman, 1993). Les positivistes qui, comme nous l'avons vu précédemment, reconnaissent certains critères de validité de la connaissance scientifique (vérifiabilité, confirmabilité et réfutabilité), estiment que la seule méthode scientifique qui vaille est celle reposant sur la logique déductive. Cette dernière vise ainsi une reproduction objective de la réalité en fixant des hypothèses de départ et en cherchant à aboutir à la vérité. A cet effet, notre dispositif méthodologique s'appuie sur un raisonnement hypothético déductif et une approche quantitative qui privilégie la validité externe.

Raisonnement hypothético-déductif

Approche quantitative (tests statistiques, mesure,etc.)

Privilégie la validité externe

Afin d'étudier l'impact de la structure d'actionnariat sur la performance et les mesures de restructuration, il a fallu choisir et croiser plusieurs sources de données. Les entreprises marocaines cotées en bourse sont avérées les seules pour lesquelles il nous a été possible de trouver toutes les informations et les données importantes sur la performance, les plans d'action de restructuration et sur la répartition d'actionnariat de ces entreprises.

Pour cela, dans les deux études empiriques menées dans le cadre de notre recherche, l'échantillon choisi est constitué des entreprises marocaines cotées à la bourse des valeurs de Casablanca.

La première étude empirique consiste à tester l'éventuel lien qui existe entre la structure d'actionnariat et la performance des entreprises marocaines cotées en bourse.

Plusieurs sources de données ont été utilisées pour obtenir une base de données assez complète comportant des informations sur la concentration d'actionnariat, la nature des actionnaires, et les indicateurs de la performance. Cette base de données de données concerne un échantillon de 70 entreprises sur les années 2016-2018. Le traitement des données sera effectué à travers des analyses statistiques univariées, bivariées et multivariées.

Cette première étude sera complétée par une deuxième étude de la relation entre la structure d'actionnariat et l'engagement des mesures de restructuration par les entreprises en difficulté. Cette fois ci, nous allons utiliser la concentration d'actionnariat comme variable pour définir la structure d'actionnariat. Notre échantillon sera constitué de 45 entreprises marocaines cotées en bourse qui ont connues des difficultés pendant la période 2015-2019.

Ces deux études statistiques sont originales dans le contexte marocain. En effet, la nécessité de procéder à des études empiriques sur la structure d'actionnariat s'avère primordial en raison du manque des études marocaines sur le sujet, puis l'utilisation de base de données spécifiques consacrées à la structure d'actionnariat nous a permis d'étudier en profondeur et mieux comprendre le phénomène de l'actionnariat au Maroc.

Les résultats statistiques obtenus seront confrontés aux hypothèses de recherche déjà présentées pour les confirmer ou les infirmer, et pour mieux cerner la problématique de l'actionnariat au Maroc.

Chaque étude est indépendante, et nous a conduit à la définition et l'adoption d'une démarche méthodologique spécifique pour répondre à nos objectifs déjà tracés et, in fine, à la problématique principale de notre recherche.

Les tests statistiques adoptés sont à la fois descriptifs et explicatifs, et visent à tester nos hypothèses de recherche.

Pour mieux comprendre notre démarche empirique globale, la figure N°3, ci-dessous résume de manière claire le protocole de recherche adopté.

Figure 3 : Protocole de recherche

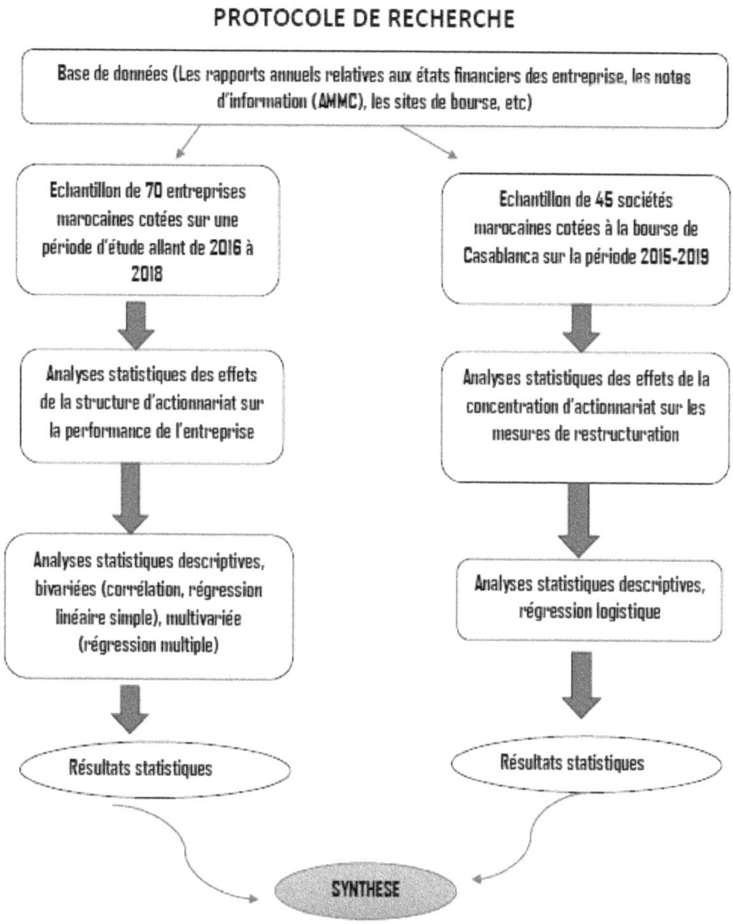

Source : Etabli par nos soins

Conclusion

A travers ces développements, nous inscrivons notre projet de recherche dans le courant dominant positiviste car il vise à traduire une perspective objectiviste du monde, à découvrir des régularités, à comprendre et enfin à expliquer des observations empiriques en mobilisant des théories positivistes. La posture positiviste est ainsi déterminante pour un mode de raisonnement hypothético-déductif qui vise à tester empiriquement des hypothèses à travers une approche quantitative, s'appuyant sur l'analyse statistique des données.

Notre méthodologie adoptée va nous permettra de répondre à notre question principale de recherche portant sur l'existence d'une relation éventuelle entre la structure d'actionnariat, la performance des entreprises marocaines cotées en bourse, et les mesures de restructuration mises en œuvre par les entreprises cotées en difficulté.

Ce débat autour des principes épistémologiques nous a permis d'évoquer dans les grandes lignes les choix méthodologiques et le positionnement épistémologique adoptés lors de notre recherche empirique. La présentation de la méthodologie détaillée ainsi que les résultats de nos deux études empiriques sera réalisée dans les deux chapitres qui suivent, où nous allons analyser dans un premier temps, l'effet de la structure d'actionnariat sous l'angle de la concentration et la nature des actionnaires sur la performance des entreprises cotées en bourse. Dans un deuxième temps, nous allons étudier l'impact de l'actionnariat sur les mesures de restructuration des entreprises cotées en difficulté.

Chapitre 5 :

Analyses statistiques des effets de la structure d'actionnariat sur la performance de l'entreprise

La recherche empirique autour des effets de la structure de l'actionnariat sur la performance de l'entreprise s'étend sur plusieurs décennies, mais n'a abouti à aucune conclusion quant à savoir si la structure de l'actionnariat affecte de manière significative la performance. La plupart des premières études modélisent une causalité à sens unique allant de la concentration de l'actionnariat à la performance.

Afin d'approfondir les résultats issus des recherches menées précédemment dans notre partie théorique, nous avons structuré notre recherche empirique en deux volets importants. Le premier volet porte sur l'échantillon choisi, les outils de saisie et traitement de l'information recueillie ainsi qu'une présentation des variables dépendantes et indépendantes utilisées (section 1). Le deuxième volet expose les tests statistiques utilisés et l'analyse des résultats trouvés qui s'articulent autour de l'effet de la structure d'actionnariat sous l'angle de la concentration et la nature des actionnaires sur la performance des entreprises marocaines cotées en bourse (section 2).

Section 1 :

Echantillonnage et choix des variables

Cette section présente la méthodologie suivie pour tester nos hypothèses de recherche. Il explique la procédure de sélection de notre échantillon, présente les mesures des variables de notre modèle d'analyse, avant de décrire les principales analyses statistiques utilisées. Ces choix n'étaient pas fixés de façon définitive au début de notre recherche, mais ils ont été élaborés au fur et à mesure. C'est progressivement que nous avons construit ce cadre méthodologique.

1. Constitution de l'échantillon et collecte des données

1.1. Echantillon

Pour constituer notre échantillon d'étude, nous avons sélectionné les entreprises cotées à la bourse des valeurs de Casablanca à la date du 31 Décembre 2018. La collecte manuelle des données d'actionnariat à partir des rapports annuels nous a contraints à limiter la période d'étude à 3 exercices allant de 2016 à 2018 sur un échantillon de **70 entreprises cotées** pour lesquelles nous disposons des informations sur le bilan et le compte de résultat. Il s'agit d'un panel déséquilibré étant donné que certaines sociétés ne fournissent pas de données actionnariales sur certaines années, en général parce qu'elles n'étaient pas cotées (par exemple MUTANDIS et IMMORENTE INVEST avant 2018), ce qui explique le nombre d'observations total de 210 observations.Les informations relatives à la structure de propriété datent de 2004. Nous faisons l'hypothèse que ces données sont fiables pour toute la période d'étude 2001-2004.

Les informations relatives à la structure de l'actionnariat (identité et pourcentage du capital détenu par les trois premiers actionnaires) sont collectées pour une seule année[119].

---

[119] Nous avons pris l'année 2018 pour collecter les données sur la structure d'actionnariat.

Nous avons admis par hypothèse que la structure de l'actionnariat est stable dans le temps. Une telle hypothèse ne nous paraissait pas contestable car la structure de l'actionnariat des entreprises de notre échantillon est concentrée et que cette concentration est stable dans le temps avec éventuellement échange de blocs de contrôle entre actionnaires majoritaires.

L'étude est réalisée sur l'ensemble des entreprises pour lesquelles nous avons pu collecter l'information souhaitée. Le tableau N°4, ci-dessous présente cet échantillon.

Tableau 4 : Présentation de l'échantillon utilisé

Échantillon	
Entreprises marocaines cotées à la bourse de valeur de Casablanca au décembre 2018 Entreprises dont les données n'ont pas été trouvées	76 -6
Nombres d'entreprises	70
Nombre d'observations	210

Cette base de données comportait plusieurs indicateurs financiers, avec un certain nombre de variables économiques permettant de caractériser les entreprises de l'échantillon.

Le tableau N°5, ci-après détaille notre échantillon utilisé des entreprises cotées à la bourse des valeurs de Casablanca réparties selon leur secteur d'activité. (Voir annexe n°1).

Tableau 5 : Répartition des entreprises de l'échantillon selon le secteur d'activité

SECTEUR D'ACTIVITÉ	Nombre d'entreprises
Transport	2
Télécommunications	1
Sylviculture et Papier	1
Sociétés de Portefeuilles / Holdings	2
Sociétés de placement immobilier	1
Sociétés de financement et Autres Activités Financières	4
Services de transport	1
Services aux Collectivités	1
Pétrole et Gaz	2
Participation et promotion immobilières	3
Mines	4
Matériels, Logiciels et Services informatiques	7
Loisirs et Hôtels	1
Ingénieries et Biens d'Équipement Industriels	1
Industrie Pharmaceutique	2
Équipements Électroniques et Électriques	1
Électricité	1
Distributeurs	7
Chimie	2
Boissons	2
Bâtiment et Matériaux de Construction	7
Banques	6
Assurances	5
Agroalimentaire et Production	6
Nombre total de l'échantillon	**70**

Source : Etabli par nos soins

L'actionnariat des entreprises marocaines cotées en bourse est caractérisé par un capital concentré. Dans ce cas, l'actionnaire dominant s'implique volontiers dans la gestion et les conflits d'intérêt ne sont pas rares. L'actionnaire majoritaire est tenté d'orienter la stratégie de l'entreprise en faveur de ses objectifs propres et non ceux de l'ensemble des actionnaires, et ce avec l'aide éventuelle des gestionnaires[120].

Ces deux dernières décennies, le marché boursier a connu l'émergence d'un nouvel actionnariat composé d'investisseurs institutionnels, d'investisseurs étrangers et de compagnies familiales inscrites sur le marché financier avec le désir de se procurer de nouvelles sources de financement.

Comme le montre le tableau N°6 suivant, sur notre échantillon, les entreprises familiales occupent 62,9% des entreprises marocaines cotées en bourse. Ce qui montre le rôle important et fondamental que joue l'actionnariat familial par sa forte présence dans le marché boursier marocain.

Tableau 6 : Répartition des entreprises familiales et non familiales dans notre échantillon

		Fréquence	Pourcentage	Pourcentage valide	Pourcentage cumulé
Valide	NF	26	37,1	37,1	37,1
	F	44	62,9	62,9	100,0
	Total	70	100,0	100,0	

F : Entreprises familiales

NF : Entreprises non familiales

Les entreprises familiales constituent aujourd'hui la forme d'organisation la plus répandue dans le monde (Burkart et al., 2003 ; Zachary, 2011). Au Maroc, elle est l'une des structures de propriété les plus présentes. Sur notre échantillon de 70 entreprises[121], 44 entreprises sont contrôlées majoritairement par un actionnaire de contrôle familial, ce qui permet de

[120] T. Biebuyck, Ariane Chapelle et Ariane Szafarz, « Les leviers de contrôle des actionnaires majoritaires », *Revue Gouvernance*, vol. 1, no 2, 2004.

[121] Notre échantillon de 70 est divisé en deux types d'entreprises : 44 entreprises familiales et 26 entreprises non familiales. Cette répartition est valable pour toute la période d'étude (2016-2018).

relever le poids important de la famille dans les entreprises marocaines cotées à la bourse des valeurs de Casablanca.

Le tableau N°7, ci-dessous, montre le poids des entreprises familiales dans chaque secteur d'activité.

Tableau 7 : Poids des entreprises familiales cotées dans notre échantillon

SECTEUR D'ACTIVITÉ	NOMBRE DES ENTREPRISES COTÉES	EF COTÉES	PART/SECTEUR (EN%)
Distributeurs	7	7	100.00%
Bâtiment et Matériaux de Construction	7	5	71.43%
Assurances	5	5	100.00%
Sociétés de Financement et Autres Activités Financières	4	3	75.00%
Participation et promotion immobilières	3	3	100.50%
Agroalimentaire et Production	6	3	50.00%
Transport	2	2	100.00%
Sociétés de Portefeuille / Holding	2	2	100.00%
Mines	4	2	50.00%
Industrie Pharmaceutique	2	2	100.00%
Chimie	2	2	100.00%
Banques	6	2	33.33%
Sylviculture et Papier	1	1	100.00%
Sociétés de placement immobilier	1	1	100.00%
Pétrole et Gaz	2	1	50,00%
Matériels, Logiciels et Services Informatiques	7	1	14.29%
Ingénierie et Biens d'Équipement Industriels	1	1	100.00%
Boissons	2	1	50.00%
Télécommunications	1	0	0.00%
Services de transport	1	0	0.00%
Services aux Collectivités	1	0	0.00%
Loisirs et Hôtels	1	0	0.00%
Équipements Électroniques et Électriques	1	0	0.00%
Électricité	1	0	0.00%

Source : Etabli par nos soins.

On complète le tableau ci-dessus par une représentation graphique pour mieux visualiser la distribution observée des entreprises familiales dans notre échantillon.

Graphique 1 : Représentativité des entreprises familiales Cotées à la BVC

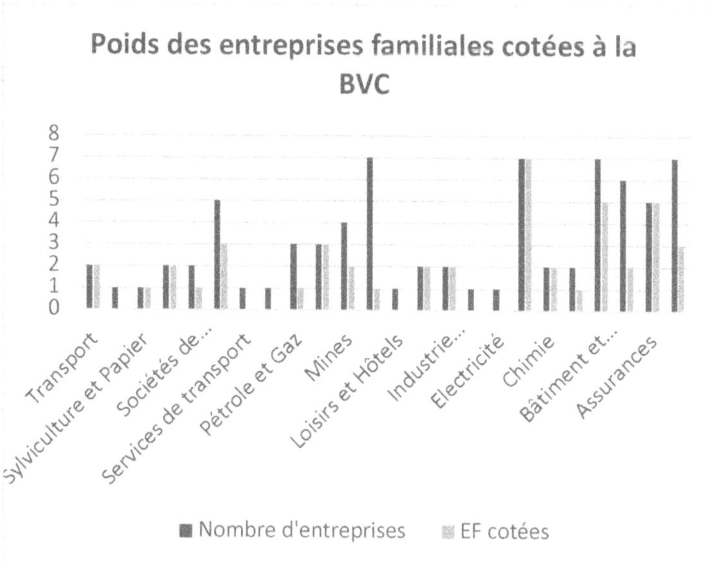

D'après le tableau N°7 et le graphique N°1 ci-dessus, nous remarquons que les entreprises familiales cotées se situent essentiellement dans les secteurs correspondant à la distribution, l'agroalimentaire, assurances, l'immobilier, et la chimie. Toutefois, nous relevons une absence totale pour d'autres secteurs, tels que les équipements électroniques et électriques, services de transport, électricité, services aux collectivités et les télécommunications.

Afin de relever le poids de la famille à travers l'ensemble des filiales et ou participations, nous avons regroupé dans le tableau N°8, l'ensemble des 44 entreprises relevées par famille.

Tableau 8 : Appartenance des entreprises familiales aux holdings familiaux principaux

Libellé Valeur	Holding familial principal
AFRIQUIA GAZ	AKWA GROUP / FAMILLE AKHANNOUCH ET WAKRIM
MAGHREB OXYGENE	AKWA GROUP/ FAMILLE AKHANNOUCH ET WAKRIM
AUTO-HALL	AMANA SC / YACOUBI
JET CONTRACTORS	AR CORP SARL / RTABI
COLORADO	COLBERT FINANCE / FAILLE BERRADA
ALUMINIUM DU MAROC	DIVERS HOLDING/ FAMILLE ELALAMI
DIAC SALAF	FININVEST / BENCHERKI
BMCE BANK	GROUPE FINANCE.COM / FAMILLE BENJELLOUN
CTM	GROUPE FINANCE.COM / FAMILLE BENJELLOUN
MAGHREBAIL	GROUPE FINANCE.COM/ FAMILLE BENJELLOUNJ
SALAFIN	GROUPE FINANCE.COM / FAMILLE BENJELLOUN
RES DAR SAADA	GROUPE PALMERAIE DEVELOPPEMENT / FAMILLE BERRADA SOUNNI
REALISATIONS MECANIQUES	GROUPE PREMIUM / FAMILLE LEFORT ET FAMILLE LANEKRIF
AUTO NEJMA	HAKAM ABDELLATIF FINANCE SA / FAMILLE HAKAM
DELTA HOLDING	HF INTERNATIONAL / FAMILLE FAHIM
PROMOPHARM S.A.	HIKMA PHARMACEUTIQUE PLC / FAMILLE MERNISSI
ATLANTA	HOLMARCOM/ FAMILLE BENSALEH
OULMES	HOLMARCOM / FAMILLE BENSALEH
ENNAKL	PGI HOLDING / FAMILLE EL MATERI
LABEL VIE	RETAIL HOLDING / FAMILLE BENNANI
SAHAM ASSURANCE	SAHAM FINANCE / MOTSEPE PATRCIE ANCIENNEMENT DETENU PAR MYHFID ELAMLAMY
UNIMER	SANAM HOLDING/ALJIA HOLDING FAMILLE ALJ
TIMAR	SCGPP / FAMILLE PUECH
LAFARGEHOLCIM MAR	AL MADA[122] / FAMILLE ALAOUI royale
MANAGEM	AL MADA / FAMILLE ALAOUI royale marocaine

[122] Al Mada (anciennement Société nationale d'investissement) est un fonds d'investissement privé marocain à vocation panafricaine. Son actionnariat est composé de plusieurs entreprises et fonds d'investissements marocains, et de quelques entreprises étrangères. Son principal actionnaire est Siger, la holding de la famille royale du Maroc.

WAFA ASSURANCE	AL MADA / FAMILLE ALAOUI
ATTIJARIWAFA BANK	AL MADA / FAMILLE ALAOUI royale
SMI	AL MADA (MANAGEM) /FAMILLE ALAOUI royale
AGMA	AL MADA (ONA) / FAMILLE ALAOUI
ZELLIDJA S.A	AL MADA (SOMED)/ FAMILLE ALAOUI
FENIE BROSSETTE	AL MADA (ZELLIDJA) / FAMILLE ALAOUI
AFMA	TENOR GROUP / FAMILLE BENSAID
SNEP	YNNA HOLDING / FAMILLE CHAABI
ALLIANCES	FAMILLE Alami NAFAKH LAZRAQ
BALIMA	FAMILLE Bardi, Liorel et Mathias
CARTIER SAADA	FAMILLE DEBBARH ET CARTIER
DARI COUSPATE	FAMILLE KHALIL
DELATTRE LEVIVIER MAROC	FAMILLE Jean-Claude Bouveur
DOUJA PROM ADDOHA	FAMILLE SEFRIOUI
MICRODATA	FAMILLE AMOR
SOTHEMA	FAMILLE TAZI
STOKVIS NORD AFRIQUE	SANAM HOLDING/FAMILLE ALJ
MED PAPER	FAMILLE SEFRIOUI
AFRIC INDUSTRIE	FAMILLE ELALAMI

Source : Etabli par nos soins

Le tableau ci-dessus, confirme que, la proportion approximative des entreprises familiales cotées au Maroc est de 60%, c'est-à-dire que la tendance est plus à la prolifération de l'entreprise familiale au Maroc et que, les proches parents préfèrent se mettre entre eux pour créer leurs entreprises tout en ayant la volonté de transmettre leur patrimoine aux générations futures. Cela évite qu'ils aient à se confronter en cas de difficultés aux personnes qu'ils ne connaissent pas, constituant ainsi une part non négligeable de l'économie du Maroc.

Une entreprise familiale qui s'introduit en bourse entame le processus de changement nécessaire pour dépasser ses limites et pour réussir ses enjeux de pérennité et de croissance. La vision principale de ces entreprises repose sur un développement à long-terme et introduit une certaine stabilité dans le marché boursier qui penche plutôt vers des rendements à court-terme. Ceci représente une alternative de placement pour les investisseurs qui préfèrent miser sur des valeurs plus sûres.

Elle sera soumise aux mécanismes du marché financier qui imposent des normes et des standards concernant les bonnes pratiques de gouvernance et de management. À leur tour, ce type de sociétés rend service au marché. Un actionnaire qui a une part de contrôle importante et qui s'implique dans le management de son entreprise rassure les minoritaires[123].

L'entreprise familiale se distingue de ce modèle puisqu'il y a un actionnaire majoritaire qui peut plus facilement contrôler les actions des dirigeants. Toutefois, cette situation engendre un autre problème d'agence, puisque l'actionnaire majoritaire peut demander aux dirigeants d'entreprendre des projets qui sont dans son intérêt et pas dans celui des actionnaires minoritaires. Dès lors deux points de vue sur l'effet de la présence d'un actionnaire familial s'opposent. Certains pensent que cela a un impact positif sur la performance de l'entreprise, car la famille est soucieuse de sa réputation et surtout de son patrimoine qui est généralement peu diversifié. D'autres trouvent que les familles peuvent souffrir de problèmes de népotisme ou de désaccords, voire de luttes internes au sein de la famille qui auront un effet néfaste sur la performance de l'entreprise[124].

Afin de déterminer si la présence d'un actionnaire majoritaire familial a un impact positif ou négatif sur la performance, nous avons mené une étude sur les entreprises cotées en bourse au Maroc où nous comparons la performance

---

123 « Un débat à l'ESCA : mieux comprendre les entreprises familiales cotées à la Bourse », *Le Boursier*, 12 janvier 2018.

124 Patrice Charlier et Céline Du Boys, « Gouvernance familiale et répartition de la valeur : étude des politiques de distribution aux actionnaires des entreprises familiales cotées », *La place de la dimension européenne dans la Comptabilité Contrôle Audit*, 2009.

des entreprises familiales à celle des autres firmes cotées non familiales. Nous examinons la performance sous deux angles complémentaires, celui de la profitabilité et celui de l'évaluation par le marché. Pour la profitabilité, nous utilisons la rentabilité des actifs (ROA). Pour l'évaluation du marché, nous prenons le Q de Tobin qui est un ratio qui ramène la valeur de marché des fonds propres à leur valeur comptable.

A cet effet, nous estimons que la bonne gestion des fonds propres, des stratégies à long terme et une défiance face à la dette sont des atouts qui font que les entreprises familiales marocaines cotées en Bourse sont plus performantes sur le plan financier que les entreprises non familiales.

1.2. Collecte des données

Au niveau de cette étude, la base de données utilisée est composée de trois sources d'information :

- Les rapports annuels relatifs aux états financiers des entreprises.
- Les notes d'information concernant les entreprises cotées qui sont des documents publiés sur le site internet de l'Autorité Marocaine des Marchés de Capitaux (AMMC).
- Les sites de bourse[125].

Il convient de noter que lors de la phase de la préparation des données, l'étude attentive des données nous indique un certain nombre de valeurs statistiques manquantes pour des entreprises. A cet effet des retraitements ont été nécessaires afin de ne pas biaiser les analyses. Tenant compte aussi de l'impact que des valeurs extrêmes peuvent avoir pour la suite des analyses statistiques envisagées, notre choix a été de

---

[125] A noter que 76% des sociétés cotées ont un site web actualisé et 44% des sociétés cotées diffusent leur rapport annuel en ligne.

retirer les entreprises ayant des données manquantes de l'échantillon afin de gagner en précision d'étude[126].

Les valeurs aberrantes dues à des erreurs de saisie, ou bien suite à des limites de certaines mesures utilisées ont été exclues de notre échantillon car l'estimation des paramètres de la régression et l'interprétation des moyennes sont très sensibles à la présence de ces valeurs.

Après retraitement, notre échantillon final est constitué de 70 entreprises marocaines cotées en bourse observées sur une période d'analyse de 3 ans (2016-2018) soit 210 observations. L'ensemble des analyses statistiques ont été réalisées par nos soins avec les logiciels SPSS (version 25.0) et EXCEL, le choix de ces logiciels est justifié par la pertinence de leurs résultats, leur simplicité (faciles à utiliser ou à manipuler), leur grand nombre de procédures statistiques.

2. Indicateurs de mesure des variables

Après avoir passé en revue nos hypothèses dans le chapitre 4, nous choisissons à présent nos variables et analysons les relations attendues avec nos variables à expliquer.

Notre choix de sélection des variables s'est basé sur les études empiriques antérieures qui montrent que la structure d'actionnariat et la performance des entreprises sont reliées.

Sachant que l'actionnaire est l'élément principal de l'entreprise puisqu'il met son argent au sein de cette dernière. Nous allons donc tester l'effet de la structure d'actionnariat sur la performance. Sans oublier aussi que la structure d'actionnariat est définie par sa concentration et la nature de ses actionnaires. A partir de ces deux variables, nous pourrons savoir le lien qui les relie avec la performance des entreprises cotées en bourse.

---

[126] A titre d'exemple, nous avons supprimé IMMORENTE INVEST, MUTANDIS, SAMIR, STROC INDUSTRIE et DIAC SALAF de notre échantillon des entreprises marocaines cotées.

Afin d'énoncer les mesures optées dans notre étude, nous proposons un tableau récapitulatif des variables utilisées et justifions par la suite le choix de chaque variable choisie pour étudier le lien entre la structure d'actionnariat et la performance.

La sélection des variables est dictée par la littérature et la disponibilité des données. Le tableau N°9, ci-dessous expose l'ensemble des variables incluses dans notre étude ainsi que les mesures utilisées.

Tableau 9 : Synthèse des variables utilisées

Notation	Variable	Description
Variables dépendantes (A expliquer)		
TobinQ	Q de TOBIN	(Valeur de marché des capitaux propres + Valeur comptable de la dette) / Valeur comptable du total des actifs $\frac{\text{Capitalisation boursiére + total de l'actif − fonds propres}}{\textit{Total de l'actif}}$
ROA	Rentabilité des actifs	$\frac{\textit{Résultat net}}{\textit{Total de l'actif}}$
Variables indépendantes (Explicatives)		
ACT1	Pourcentage d'actions détenu par le premier actionnaire	
ACT2	Pourcentage d'actions détenu par le second actionnaire	
ACT3	Pourcentage d'actions détenu par le troisième actionnaire	
FAM	Pourcentage de détention par les actionnaires familiaux	
NFAM	Pourcentage de détention par les actionnaires non familiaux	
TAIL	Taille mesurée à partir du logarithme népérien du total de l'actif	

Source : Etabli par nos soins

La variable à expliquer : c'est celle dont on recherche la réponse. Ici c'est « Performance », on l'appelle aussi variable dépendante.

La variable explicative : c'est la cause du phénomène à expliquer. C'est celle qui est manipulée à volonté et qui explique la réponse, ici c'est « La structure d'actionnariat », dans notre étude cette variable se décline en 5 autres variables (le premier actionnaire, le second actionnaire, le troisième actionnaire, l'actionnariat familial, et l'actionnariat non familial).

2.1. Variables à expliquer (dépendantes)

La concurrence pour les clients, les employés, le capital et d'autres facteurs de production rend la performance essentielle à la survie et au succès de l'entreprise. La performance est étroitement liée à la valeur, elle est donc la variable dépendante ultime d'intérêt dans presque tous les domaines de la recherche en gestion et en finance d'entreprise. Cependant, sa mesure est l'un des domaines d'enquête les plus difficiles.

Dans le cadre de la présente étude et compte tenu de la composition de notre échantillon formé essentiellement d'entreprises cotées en bourse, nous avons choisi d'aborder la performance financière selon deux approches complémentaires. Une variable d'ordre comptable, la rentabilité des actifs (ROA) et une variable de valorisation par le marché (Q de Tobin). Comme le soulignent Demsetz et Villalonga (2001), les deux variables Q de Tobin et ROA sont complémentaires car ils ne mesurent pas les mêmes aspects de la performance selon deux critères : l'aspect temporel et le façonnement de la mesure.

2.1.1.Q de Tobin

L'analyse empirique de cette étude se concentre sur la performance du marché des capitaux en tant que principale mesure de la performance des entreprises. L'accent mis sur la performance du marché des capitaux découle du pouvoir que le marché boursier possède sur les sociétés cotées en bourse pour inciter les entreprises à adopter des stratégies d'augmentation de valeur: tout d'abord, une valeur de marché élevée diminue la probabilité d'une OPA hostile et assure ainsi la survie de l'entreprise (et protège ainsi la direction d'être remplacée). Les entreprises peuvent même utiliser leurs propres actions comme monnaie bon marché pour faire des acquisitions d'autres sociétés. Enfin, une valeur de marché élevée est utile pour lever de l'argent frais (en émettant de nouvelles actions ou de la dette convertible) afin de financer de nouveaux projets et d'étendre les opérations.

Pour mesurer la performance du marché des capitaux, le ratio Q de Tobin est utilisé. Ce dernier est une théorie des choix d'investissement élaborée en 1969 par l'économiste James Tobin. C'est un ratio représentant le rapport entre une valeur cotée en bourse et la valeur de remplacement du capital fixe[127].

La performance de l'entreprise est estimée à partir du Q de Tobin qui s'écrit de la manière suivante :

$$\textit{Tobin'sQ} = \frac{\textbf{Capitalisation boursiére + valeur de marché des dettes}}{\textbf{Valeur comptable du total actif}}$$

Le Q de Tobin est aussi calculé aussi de la manière suivante :

$$\frac{\textbf{Capitalisation boursiére + total de l'actif} - \textbf{fonds propres}}{\textit{Total de l'actif}}$$

Un Q supérieur à 1 signifie que l'entreprise en question est en bonne position et a intérêt à augmenter son stock de capital fixe (donc à investir), car l'augmentation de la valeur boursière sera supérieure au montant investi. Si le ratio est supérieur à 1, la confiance des actionnaires augmente et ces derniers peuvent voir leurs dividendes augmentés.

[127] James Tobin, « A general equilibrium approach to monetary theory », *Journal of Money, Credit and Banking*, vol. 1, no 1, 1969, p. 15-29.

En revanche, si le ratio de Tobin est inférieur à 1, les actionnaires se montreront pessimistes envers l'entreprise. En conséquence, l'entreprise aura du mal à lever des fonds, à investir, et à récompenser ses actionnaires par des dividendes. Cependant, cet indicateur de la performance de l'entreprise montre ses limites en présence d'une bulle spéculative.

L'utilisation du Q présente de nombreuses limites liées aux approximations successives nécessaires pour estimer la valeur du Q marginal et du Q moyen. Selon les méthodes d'évaluation du coût de remplacement des actifs ou de la valeur de marché des dettes ou selon les données utilisées (données courantes ou moyenne sur plusieurs années), la mesure du Q varie (Perfect et al. (1995), Calvi-Reveyron (1998), Yoon et Starks (1995)).

Malgré ces limites, le Q de Tobin nous semble être la meilleure mesure de la performance d'une firme et nous le retenons pour notre étude.

2.1.2. ROA

En complément de Q de Tobin, nous utiliserons ROA la mesure de performance utilisée dans la plupart des grandes études pour analyser la performance des entreprises (Anderson et Reeb, 2003, Miller et al, 2007, Villalonga et Amit, 2006, King et Santor, 2008, Andres, 2008). Le rendement des actifs (ROA) est une mesure de performance importante basée sur des données comptables.

Le Return On Assets (ROA) mesure le rapport entre le résultat net (outil permettant de savoir si l'entreprise est bénéficiaire ou déficitaire) et le total des actifs (ensemble des éléments générant des ressources). Il exprime la capacité d'une entreprise à générer un revenu à partir de ses ressources.

Pour calculer la ROA, la méthode la plus fréquemment utilisée est la suivante :

$$ROA = \frac{\textbf{Résultat net}}{\textbf{Actifs nets}}$$

2.2. Variables explicatives (indépendantes)

2.2.1. Variables de la concentration d'actionnariat

Afin d'examiner le cas de plus d'un grand actionnaire, Overland, Mavruk et Sjögren (2012) proposent de calculer le ratio des participations du plus grand et du deuxième plus grand actionnaire (ou d'un groupe d'actionnaires suivant le plus grand actionnaire)[128].

Le choix de nos variables de concentration d'actionnariat est justifié par l'actionnariat des grandes sociétés marocaines, qui est principalement concentré entre les mains d'actionnaires dominants. Comme les variables de l'actionnariat sont collectées manuellement dans le cadre de ce travail, la probabilité d'erreur de données est minime.

Étant donné que la mesure de la concentration d'actionnariat devrait reproduire l'existence et le pouvoir d'un actionnaire contrôlant, la fraction des actions détenues par le plus grand actionnaire est saisie dans la variable ACT1.Certaines données sur le pourcentage de droit de vote n'étant pas disponibles, le pourcentage de détention a été retenu pour l'ensemble des sociétés.

La mesure de concentration de l'actionnariat est étendue à d'autres actionnaires en utilisant les parts agrégées du second ACT2 et troisième actionnaire ACT3, comme variables explicatives.

ACT1 : Pourcentage d'actions détenues par le premier actionnaire

ACT2 : Pourcentage d'actions détenues par le second actionnaire

ACT3 : Pourcentage d'actions détenues par le troisième actionnaire

---

[128] Katinka Wölfer, *Ownership Structure and Corporate Performance: A Panel Data Analysis for the German Market*, mémoire de recherche, 2016.

Nous faisons l'hypothèse que les données relatives à la concentration d'actionnariat de 2018 sont fiables pour toute la période d'étude 2016-2018.

2.2.2. Variables de la nature d'actionnariat

Les mesures de concentration d'actionnariat peuvent être étendues par des informations supplémentaires sur l'identité des actionnaires afin de refléter la concentration des actions détenues par des types particuliers d'actionnaires.

Vu le poids important des entreprises familiales dans notre échantillon, nous avons porté notre choix sur l'actionnariat familial et l'actionnariat non familial comme variables de la nature d'actionnariat.

Notre choix pour présenter l'actionnariat familial est basé sur les études de La Porta et *al.* (1999), Miller et Le Breton-Miller (2006), Claessens et *al* (2002), King et Santor (2008) et Bozec (2008) qui statuent qu'une entreprise est à contrôle familial si 20% et plus des actions votantes sont détenues par un ou plusieurs membres de la famille. A cet effet, l'actionnariat familial sera défini par le pourcentage d'actions ordinaires détenues par le plus grand actionnaire dans une entreprise familiale.

- FAM : Pourcentage de détention par les actionnaires familiaux

- NFAM : Pourcentage de détention par les actionnaires non familiaux

2.3. Variable de contrôle

C'est un indicateur de la visibilité politique de l'entreprise. Les études démontrent que la taille des sociétés affecte les caractéristiques de la structure de propriété. L'intégration de la variable « taille », en particulier, s'avère essentielle. En effet, une taille réduite peut se traduire par un contrôle plus important des actionnaires.

À titre d'exemple, l'étude de Demsetz et Lehn (1985), soutient que le niveau de concentration de l'actionnariat est corrélé de manière négative avec la taille de l'entreprise. Afin de maîtriser d'autres déterminants possibles de la performance de la firme non détectés par les variables de la structure de l'actionnariat, nous avons utilisé la variable de contrôle « taille », retenue dans la littérature (Crashwell et al., 1997 ; Sahut et Gharbi[129], 2010) :

TAIL : Taille de l'entreprise mesurée par le logarithme népérien du total de l'actif.

---

[129] Jean-Michel Sahut et Hidaya Othmani Gharbi, « Institutional investors' typology and firm performance: The case of French firms », *International Journal of Business*, vol. 15, no 1, 2010, p. 33.

Section 2 :

Études empiriques des effets de la structure d'actionnariat sur la performance des entreprises marocaines cotées en bourse

L'évaluation de la validité d'une hypothèse statistique se fait au moyen d'un «test statistique » effectué sur des données issues d'un échantillon représentatif de la population étudiée. Ce test statistique est une procédure permettant d'aboutir, en fonction de certaines règles de décision, au rejet ou au non-rejet d'une hypothèse de départ, en l'occurrence l'hypothèse nulle.

On distingue traditionnellement trois types d'analyses : les analyses descriptives, les analyses bivariées et les analyses multivariées (ou multivariables).

- Les analyses descriptives permettent de décrire les données, et sont utiles pour y détecter des problèmes.
- Les analyses bivariées et multivariées permettent des comparaisons statistiques, et seules les analyses multivariées permettent de prendre en compte les facteurs de confusion[130].

1. Analyses univariées et bivariées

1.1. Analyses univariées

L'analyse des statistiques descriptives va nous permettre de dresser le profil des entreprises de notre échantillon, composé de 70 entreprises cotées à la bourse des valeurs de Casablanca sur la période allant de 2016 à 2018.

Le tableau N°10 qui suit récapitule les principales données dont nous allons nous servir pour nos explications

---

[130] Les facteurs de confusion désignent un ensemble d'erreurs qui peuvent survenir dans l'interprétation des liens entre la variable dépendante et la variable indépendante lors de l'analyse de résultats.

ultérieures, il présente les statistiques descriptives de notre échantillon pour les années 2016-2018.

Tableau 10 : Statistiques descriptives des variables incluses dans les modèles testés

Variable	Moyenne	Médiane	Ecart type	Max	Min	Observations
ROA	0,068	0,0395	0,0831	1,2618	-0,6259	210
Q	1,6048	1,309	0,2914	5,5262	0,0288	210
ACT1	0,5356	0,5294	0,1841	0,9968	0,1385	210
ACT2	0,2261	0,2111	0,098	0,49	0,0032	210
ACT3	0,0981	0,1015	0,0596	0,218	0	210
FAM	0,3359	0,3874	0,2893	0,9412	0	210
NFAM	0,2064	0	0,2934	0,9968	0	210
TAIL	21,6375	21,44	2,0631	26,9	17,49	210

Source : Etabli par nos soins à l'aide du logiciel Excel

Avec ROA, la rentabilité des actifs, Q, le Q de Tobin, ACT1, ACT2, et ACT3 le pourcentage d'actions détenu par le premier, second et troisième actionnaire respectivement, FAM le pourcentage de détention par les actionnaires familiaux, NFAM le pourcentage de détention par les actionnaires non familiaux, TAIL (variable de contrôle), représente la taille de l'entreprise mesurée à partir du logarithme népérien du total des actifs.

Le tableau N°10, présente les statistiques descriptives des variables de recherche utilisées dans cette étude pour l'échantillon complet. En ce qui concerne les variables de performance des entreprises, les résultats montrent que le ROA moyen est de 6,8 pour cent, et le Q moyen de Tobin est de 1,60%. Sur l'échantillon étudié, nous remarquons une forte concentration de l'actionnariat, le premier actionnaire détient en moyenne 53,56%, le second 22,61% et le troisième actionnaire 9,81%. A cet effet, dans le contexte marocain, la propriété et le contrôle sont regroupés entre les mains des actionnaires majoritaires, ce qui confirme notre hypothèse selon laquelle l'actionnariat des entreprises marocaines cotées en bourse est concentré.

D'autre part, la catégorie d'actionnaires la plus représentée au sein de l'échantillon se révèle être les actionnaires familiaux qui détiennent en moyenne 33,59% des parts. Ce pourcentage englobe les parts détenues à la fois directement et celles par le biais de holdings dont les détenteurs principaux ne sont autres que les dirigeants de l'entreprise.

Alors que les actionnaires non familiaux qui regroupent les autres catégories d'actionnaires (financiers, salariés, état, etc.) représentent en moyenne que 20,64%.

Nous avons commencé notre analyse statistique par une série de tests de tendance centrale tels que la médiane et la moyenne et des tests de dispersion tels que l'écart type. L'objectif de ces tests est de décrire de façon synthétique et parlante les données observées pour mieux les analyser. Ces tests statistiques réalisés ont des visées descriptives et explicatives nécessaires pour réaliser des tests bivariées et multivariées.

1.2. Analyses bivariées

Dans la plupart des études empiriques, nous cherchons à montrer les principales relations entre les variables utilisées ; selon les hypothèses formulées, nous tentons de démontrer l'influence de certaines variables sur les autres. L'objectif de l'analyse bidimensionnelle est d'étudier les liens entre deux variables d'une enquête.

Habituellement, trois types de liaison entre variables peuvent être envisagés :

- **La liaison nulle** : il n'y a aucune relation entre les deux variables ;
- La relation quasi totale entre les variables ;
- **La liaison relative** : une variable en influence une autre, mais dans certaines limites.

Dans notre étude, nous avons affaire à des variables quantitatives. Il faut donc utiliser des tests d'hypothèses pour nous aider à interpréter les données et à prendre des décisions.

Ces tests nous permettent de déterminer si les relations entre nos deux variables sont dues au hasard ou sont réellement significatives. Une hypothèse se formule en supposant des relations ou l'absence de relation entre les deux variables choisies.

Pour vérifier nos hypothèses, nous allons à présent nous intéresser à des outils traditionnels d'analyse statistique, comme des modèles de corrélation et de régression linéaire. Tout en sachant bien évidemment que ces modèles permettent d'identifier des associations entre les variables explicatives et la variable à expliquer, et non pas une relation de causalité.

1.2.1. Corrélation

Afin de mesurer l'association entre la structure de l'actionnariat et la performance, nous avons utilisé la matrice de corrélation bivariée de Pearson. Ce dernier contrairement à la régression simple ne propose pas d'identifier une variable dépendante et une variable indépendante mais il cherche à mesurer l'association qui permet d'établir si deux variables mesurées sur le même ensemble d'observations variant de façon analogue ou non.

L'analyse des données de cette recherche permettra de justifier le lien qui existe entre la structure d'actionnariat (sous l'angle de la concentration d'actionnariat et la nature d'actionnariat) et la performance, qui est présentée par ROA et Q de Tobin. Ces données ont été traitées au moyen du logiciel SPSS.

1.2.1.1. Rappel théorique

La matrice de Pearson propose que toutes les données soient comparées à partir d'une unité de mesure en laquelle toutes les échelles de mesures peuvent être converties : l'écart-type.

Nous nous rappelons que l'écart-type, comme la variance, est une mesure de la dispersion des données autour de la moyenne. Lorsque nous divisons n'importe quelle distance de la moyenne par l'écart-type, nous obtenons cette distance en unités d'écart-type. Nous pouvons donc suivre la même logique pour trouver la covariance en unités d'écart-type.

Nous obtenons ainsi le coefficient de corrélation de Pearson :

$$r = \frac{COV(x, y)}{SxSy}$$

COV (x,y) : La covariance entre les observations de x et celles de y

S_xS_y : Ecarts type de x et y respectivement

Le coefficient de corrélation donne deux informations importantes :

- Le sens de la relation linéaire entre les deux variables : Le coefficient de corrélation, qui présente finalement la covariance standardisée, varie entre -1 et 1. Un coefficient de 1 indique une corrélation positive parfaite entre les deux variables. À l'inverse, un coefficient de -1 indique une corrélation négative parfaite : lorsque la variable **x** augmente, la variable **y** diminue dans la même proportion. Dans les deux cas, les points tombent parfaitement sur la droite. Un coefficient de 0 indique qu'il n'y a aucune relation entre les deux variables.
- La force de la relation linéaire entre les deux variables : Plus la valeur du coefficient est proche de +1 ou de -1, plus les deux variables sont associées fortement. Au contraire, plus le coefficient est près de 0, moins les variables partagent de covariance et donc, moins l'association est

forte. On peut qualifier la force de cette relation avec les balises de Cohen[131] concernant la taille d'effet[132].

1.2.1.2. Traitement des données et discussion des résultats

Le coefficient de corrélation réfère à la direction et à l'intensité de la relation entre deux variables. Il vise à quantifier l'importance du lien entre une variable *X* et une variable *Y*, observées chez un même groupe de sujets. Si ces variables sont associées positivement, les sujets obtenant un score élevé sur *X* devraient aussi tous recueillir un score élevé sur *Y*. Le tableau N°11, rapporte les résultats de la corrélation entre la structure d'actionnariat et la performance mesurée par ROA et Q de Tobin.

Tableau 11 : Résultats de la corrélation Pearson

Corrélation	ROA	Q	ACT1	ACT2	ACT3	FAM	NFAM
ROA	1						
Q	0,475**	1					
ACT1	0,032	0,14	1				
ACT2	0,217	0,051	-0,274*	1			
ACT3	-0,073	-0,026	-0,609**	0,022	1		
FAM	0,215	0,08	0,282*	-0,002	-0,175	1	
NFAM	-0,2	-0,021	0,314**	-0,186	-0,194	-0,813**	1

- La corrélation est significative au niveau de 0,01 (bilatéral)
- La corrélation est significative au niveau de 0,05 (bilatéral)

Source : Listing SPSS (voir annexe n°2)

Afin de clarifier la relation qui existe entre les variables, nous avons utilisé la corrélation partielle en introduisant comme variable de contrôle la taille de l'entreprise qui est calculée par le logarithme népérien du total de l'actif.

---

131 La mesure de la taille de l'effet la plus couramment utilisée pour un test t est le d de Cohen (Cohen 1998).

132 E. Yergeau et M. Poirier, *SPSS à l'UdeS*, 2013, repéré à http://spss.espaceweb.usherbrooke.ca

Tableau 12 : Résultats de la corrélation partielle

Corrélation*	ROA	Q	ACT1	ACT2	ACT3	FAM	NFAM
ROA	1						
Q	0,467	1					
ACT1	0,031	0,14	1				
ACT2	0,175	0,03	-0,283	1			
ACT3	-0,049	-0,015	-0,612	0,049	1		
FAM	0,189	0,066	0,284	-0,036	-0,161	1	
NFAM	-0,174	-0,007	0,318	-0,16	-0,213	-0,809	1

- *Variable de contrôle : Taille

Source : Listing SPSS (voir annexe n°2)

Les deux matrices (tableau 11 et 12) sont élaborées par nos soins à l'aide du logiciel SPSS. L'analyse de la matrice de corrélation montre que la part détenue par le troisième actionnaire est associée négativement avec la performance exprimée par ROA et Q de Tobin, puis positivement au-delà d'un certain seuil de détention qui est de 9,81%, au-delà de ce seuil la performance est favorable à la concentration du premier actionnaire et le deuxième actionnaire.

Le tableau de corrélation fait apparaître aussi une relation positive entre les mesures de performance et le pourcentage cumulé détenu par les familles (0,189), le lien semble négatif avec le pourcentage cumulé détenu par les sociétés non familiales (-0,174). Ce qui confirme que les entreprises familiales obtiennent de meilleurs résultats que celles dont le capital n'est pas entre les mains d'une famille. En d'autres termes, les entreprises familiales cotées à la bourse de Casablanca affichent de meilleurs résultats financiers que celles qui ne sont pas contrôlées par la famille du fondateur.

Pour mieux comprendre l'intensité de la relation qui existe entre la performance (ROA), et **le pourcentage d'actions détenues par les trois principaux actionnaires** d'une part et la relation qui existe avec **l'actionnariat familial** d'autre part, nous avons introduit le test de contingence afin de nous clarifier cette mesure qui se situe entre zéro et un. Le **zéro** nous montre une relation nulle ou très faible ; à l'autre extrême, le **un** nous indique une relation totale entre les deux variables.

La formule de calcul du coefficient de contingence est :

$$C = \sqrt{\frac{x^2}{n + x^2}}$$

Ici,x^2est le khi-carré et n correspond à la taille de l'échantillon ou de la population. Le test de contingence peut être considéré comme une approximation du r carré de Pearson.

La lecture du test de contingence se fait selon le tableau N°13 suivant, ce tableau de contingence permet de dénombrer tous les cas possibles :

Tableau 13 : Lecture du test de contingence[133]

Le tableau de lecture du test de contingence	
La forme d'association	Les valeurs du test CC
Une association nulle ou très faible	0,0 et 0,10
Une association faible	0,11 et 0,20
Une association moyenne	0,21 et 0,30
Une association forte	0,31 et 0,40
Une association très forte	0,41 et plus

Source : Stafford, 2006

Les tableaux N°14 et N°15 suivants présentent les résultats du test de contingence obtenus avec le logiciel SPSS à partir de la rubrique « Tableau croisé » mettant en relation les variables ACT123[134] et ROA d'une part et les variables FAM et ROA d'autre part.

---

[133] Jean Stafford et Paul Bodson, *L'analyse multivariée avec SPSS*, Québec, Presses de l'Université du Québec (PUQ), 2006.

[134] ACT123= Pourcentage d'actions détenus par les trois principaux actionnaires.

Tableau 14 : Coefficient de contingence mettant en relation les variables ACT123 et ROA

Récapitulatif de traitement des observations						
	Observations					
	Valide		Manquant		Total	
	N	Pourcentage	N	Pourcentage	N	Pourcentage
ROA * ACT123	70	100,00%	0	0,00%	70	100,00%

Tableau 15 : Coefficient de contingence mettant en relation les variables FAM et ROA

Récapitulatif de traitement des observations						
	Observations					
	Valide		Manquant		Total	
	N	Pourcentage	N	Pourcentage	N	Pourcentage
FAM * ROA	70	100,0%	0	0,0%	70	100,0%

Source : Listing SPSS

D'après les résultats obtenus nous avons trouvé un coefficient de contingence de 0,984 entre le pourcentage de détention des actions détenus par les trois principaux actionnaires et la performance mesurée par le ROA, ainsi un coefficient de 0,989 entre l'actionnariat familial et le ROA.

Si nous considérons la table de lecture susmentionnée, nous avons donc une association « très forte » entre la variable dépendante et la variable indépendante, à cet effet, nous devons donc rejeter l'hypothèse nulle H_0 et admettre que la structure d'actionnariat définie par sa concentration et par la nature d'actionnariat familial a une association forte avec la performance.

1.2.2. Régression simple

1.2.2.1 Rappel théorique

L'analyse de **régression simple** est un cas particulier de l'analyse de régression multiple. L'analyse de régression multiple prend en considération plusieurs variables indépendantes pour rendre compte de la variable dépendante (Y). L'analyse de régression simple se limite à une variable indépendante (X). La régression simple sera présentée ici comme instrument exploratoire des relations bivariées, complémentaires à la corrélation. À partir du critère de « minimisation de la somme des carrés des résidus », la régression simple permet d'identifier la droite qui rassemble « au mieux » autour d'elle le nuage de points représentant les couples d'observations (Yi, Xi). C'est la droite sous-jacente à la corrélation.

Dans le cas de la régression, **l'hypothèse nulle** est qu'il n'y a pas de relation entre la variable dépendante et la variable indépendante, donc que la variable indépendante ne permet pas de prédire la variable dépendante.

L'hypothèse alternative est qu'il est possible de prédire la variable dépendante à partir de la variable indépendante.

La régression linéaire simple renvoie à un modèle où une variable dépendante (Yi) est interprétée selon une relation linéaire en fonction d'une variable indépendante (Xi) et d'un terme d'erreur (εi).

$$Y_i = \beta_0 + \beta_1 X_i + \varepsilon_i$$

1.2.2.2. Traitement des données et discussion des résultats

Pour mieux éclairer cette relation entre les variables étudiées, nous avons réalisé une régression linéaire simple à partir des données fournies dans la base (ACTIONNARIAT ET PERFORMANCE.sav). Cette base comprend 70 entreprises cotées en bourse. Elle permet d'expliquer plus clairement la régression.

Nous avons regroupé les résultats de la régression simple entre chaque variable dépendante et indépendante dans les tableaux N°16 et 17 qui suivent. (Voir annexe n°3)

Les résultats de ces tests statistiques seront confirmés par ceux d'une analyse multivariée qui sera présentée dans le troisième point de cette section.

Tableau 16 : Régression simple liant la performance et les variables de la concentration d'actionnariat

Variable	ROA	Q TOBIN
ACT 1	0,044	0,628
ACT 2	0,563	0,433
ACT 3	-0,310	-0,355
ACT123	0,239	1,014
N	70	70

Source : Listing SPSS

Tableau 17 : Régression simple liant la performance et les variables de la nature d'actionnariat (ACT FAM / ACT NFAM)

Variable	ROA	Q TOBIN
FAM	0,188	0,227
NFAM	-0,174	-0,059
N	70	70

Source : Listing SPSS

D'après les résultats de la régression simple, nous pouvons confirmer les conclusions déjà définies par l'analyse de la corrélation entre nos variables qui stipulent que la concentration d'actionnariat est liée à la performance qu'après un certain niveau de détention ce qui explique le lien positif entre le premier et le second actionnaire avec la performance et le lien négatif de cette dernière avec le troisième actionnaire.

En ce qui concerne le second angle de l'actionnariat qui se représente par sa nature, nous validons notre hypothèse de départ qui se fonde sur le lien positif entre l'actionnariat familial et la performance et le lien négatif entre l'actionnariat non familial et la performance.

In fine, nous pouvons confirmer la relation forte existante entre le pourcentage des actions détenus par le premier et le second actionnaire avec la performance des entreprises mesurée par Q de TOBIN et ROA, ainsi qu'une relation positive enregistrée entre l'actionnariat familial et la performance des entreprises marocaines cotées en bourse.

Pour mieux modéliser ces relations positives entre les variables et mieux comprendre si la variable qu'on a mis en relation avec la variable dépendante permet de mieux expliquer sa variabilité, les deux graphiques ci-dessous illustrent les relations dont nous parlons.

Graphique 2: Représentation graphique du modèle de la régression simple entre la performance et le pourcentage de détention du premier actionnaire (ACT1)

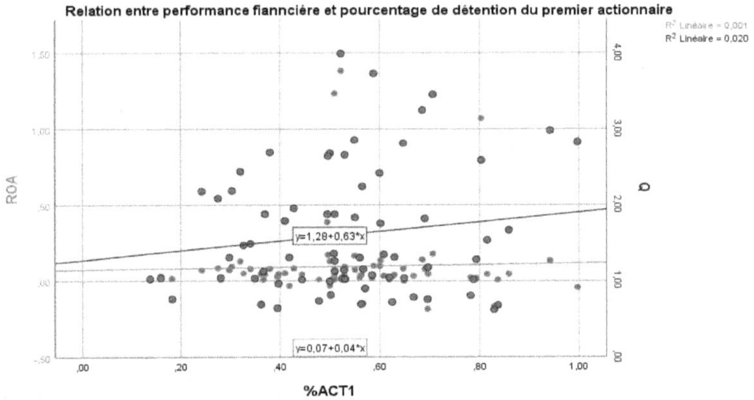

Ce graphique offre une représentation graphique de la relation obtenue dans les régressions du tableau N°16. Avec Q, le Q de Tobin (en logarithme népérien), ROA, la rentabilité des actifs, ACT1, le pourcentage d'actions détenu par le premier actionnaire. L'axe vertical de droite correspond au Q de Tobin, celui de gauche au ROA.

Graphique 3: Représentation graphique du modèle de la régression simple entre la performance et l'actionnariat familial

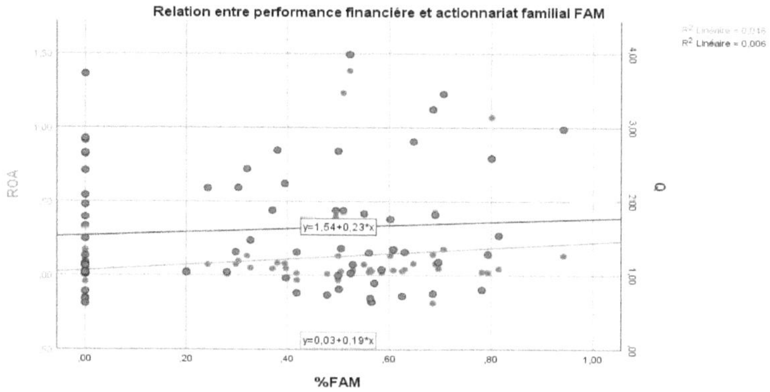

Ce graphique offre une représentation graphique de la relation obtenue dans les régressions du tableau N°17. Avec Q, le Q de Tobin (en logarithme népérien), ROA, la rentabilité des actifs, FAM, le pourcentage de détention par les actionnaires familiaux. L'axe vertical de droite correspond au Q de Tobin, celui de gauche au ROA.

Les graphiques N°2 et N°3, nous ont donné une présentation claire de la relation entre nos variables. Dans un premier temps, nous pouvons avoir une idée visuelle du modèle avec prédicteur. En effet, le modèle de régression linéaire est représenté graphiquement par la droite de régression qu'il est possible de tracer entre les points du graphique et se présente sous la forme de : **y=0,07+0,04*x**, pour la relation entre la performance (ROA) et le pourcentage de détention du premier actionnaire (ACT1) et **y=1,28+0,63*x** pour la relation entre la performance (Q) et pourcentage de détention du premier actionnaire (ACT1).

En ce qui concerne le graphique N°3, la droite de régression se présente sous l'équation **y=0,03+0,19*x**, pour la relation entre la performance (ROA) et l'actionnariat familial, et **y=1,54+0,23*x,** pour présenter la relation entre la performance (Q) et l'actionnariat familial. Bien que plusieurs droites puissent être tracées, une seule représente bien le modèle.

En examinant les graphiques, ceux-ci présentent deux modèles de régression qui possèdent les mêmes pentes (b1). Pourtant, on voit clairement que ces deux droites sont ajustées différemment aux données. Dans les deux graphiques, les points sont agglomérés très près et un peu moins dispersés autour de la droite.

2. Analyses multivariées

Afin de mieux généraliser l'approche adoptée dans la régression linéaire simple, nous avons fait appel à la régression linéaire multiple. Cette analyse multivariée regroupe les méthodes statistiques qui s'attachent à l'observation et au traitement simultané de plusieurs variables statistiques en vue d'en dégager une information synthétique pertinente. Les méthodes d'analyse statistique multivariées ont, pour objectif d'expliquer l'une des variables (dite dépendante 'Y') à l'aide de deux ou plusieurs variables explicatives (dites indépendantes 'X'). La mise en œuvre de cette régression impose l'existence d'une relation de cause à effet entre les variables prises en compte dans le modèle.

Dans la régression multiple, le nombre de variables indépendantes est supérieur ou égal à 2, mais inférieur au nombre de situations (observations) considérées.

$$Y_i = \beta_0 + \beta_1 X_{1i} + \beta_2 X_{2i} + \beta_3 X_{3i} + \ldots\ldots\ldots\ldots\ldots + \beta_K X_{Ki} + \varepsilon_i$$

Avec $k < n$, où n désigne le nombre de situations (observations) considérées et k, le nombre de variables indépendantes (terme constant exclu). Pour chaque situation i considérée, les variables indépendantes et le terme constant (de valeur 1), pondérés par les paramètres β_0, β_1, β_2,........,β_K respectifs, et le terme d'erreur sont associés à chaque variable dépendante (Yi) selon une relation additive.

2.1. Régression liant les variables de concentration des trois premiers actionnaires et la performance de l'entreprise

Comme nous l'avons déjà souligné plus haut, la structure de l'actionnariat influence la performance de l'entreprise que ce soit de manière positive, négative ou neutre. Pour cela, il était primordial d'intégrer la variable performance dans notre modèle de régression.

On a donc deux hypothèses.

L'hypothèse H0 présume qu'il n'y a pas de relation entre les variables de la concentration d'actionnariat et de la performance.

L'hypothèse H1, au contraire, affirme qu'il y a une relation entre les deux variables et que la concentration d'actionnariat augmente avec la performance des entreprises.

Les résultats des tests permettront de trancher entre ces deux hypothèses et d'en tirer les conséquences pour l'interprétation des données.

Dans ce qui suit, on va exécuter deux régressions linéaires suivant deux modèles. La première régression linéaire va tester, la relation entre la variable dépendante « ROA » et la variable indépendante « Concentration d'actionnariat », en plus de la variable de contrôle. La deuxième régression va tester la relation entre la variable indépendante « Concentration d'actionnariat » mais cette fois-ci avec la variable dépendante « Q de Tobin ». Le tableau N°20 résume les principaux résultats de nos deux régressions linéaires.

La matrice de régression multiple introduit les niveaux de détention par le premier, le second et le troisième actionnaire (variables ACT1, ACT2 et ACT 3), comme variables explicatives de la performance, mesurée par le ROA d'une part, et par le Q Tobin d'autre part.

Tableau 18 : Régression en utilisant ROA comme variable dépendante

Récapitulatif des modèles				
Modèle	R	R-deux	R-deux ajusté	Erreur standard de l'estimation
1	,294[a]	,087	,030	,25091
a. Prédicteurs : (Constante), TAIL, ACT1, ACT2, ACT3				

Source : logiciel SPSS

Dans l'exemple, la valeur du coefficient de corrélation multiple est de 0,294. On trouve cette donnée sous la colonne « R ».

Le coefficient de détermination (R^2, soit le carré du coefficient de corrélation linéaire r) est un indicateur qui permet de juger la qualité d'une régression linéaire simple. Il mesure l'adéquation entre le modèle et les données observées ou encore à quel point l'équation de régression est adaptée pour décrire la distribution des points.

Les résultats montrent que le coefficient de détermination R2 se rapproche de 0, ce qui signifie que le nuage de points se disperse autour de la droite de régression.

Rappelons que 0 équivaut à une absence de lien, alors que 1 constitue un lien parfait entre les variables. A cet effet, Il convient de noter qu'il existe une relation d'intensité moyenne et proportionnelle entre la performance ROA et la concentration d'actionnariat (R=0,294).

Tableau 19 : Régression en utilisant Q TOBIN comme variable dépendante

Récapitulatif des modèles				
Modèle	R	R-deux	R-deux ajusté	Erreur standard de l'estimation
1	,213[a]	,045	-,014	,83349
a. Prédicteurs : (Constante), TAIL, ACT1, ACT2, ACT3				

Source : logiciel SPSS

On remarque aussi qu'une relation d'intensité moyenne et proportionnelle existe entre Q de TOBIN et la concentration d'actionnariat (R= 0,213).

Dans notre étude nous avons introduits aussi deux tests de colinéarité : tolérance et facteur d'inflation de la variance (VIF).

La tolérance est définie comme la part de variabilité de la variable indépendante qui n'est pas expliquée par une ou d'autres variables indépendantes. Une tolérance élevée correspond à un faible degré de colinéarité. Le seuil de 0,3 est recommandé. A l'inverse, le seuil du facteur d'inflation de la variance VIF doit être faible : Inférieur à 3.

Tableau 20 : Récapitulatif des résultats des analyses de régression linéaire multiple liant la performance financière et les variables de concentration des trois premiers actionnaires

Variable	ROA	Q TOBIN	Tolérance	VIF
Constante	0,403	1,464		
ACT 1	0,111	1,105	0,561	1,784
ACT 2	0,517	0,803	0,85	1,176
ACT 3	-0,036	1,838	0,601	1,665
TAIL	-0,022	-0,037	0,937	1,068

Source : Listing SPSS (voir annexe n°4 et n°5)

A la lecture du tableau, la tolérance et facteurs d'inflation de la variance (VIF) sont proches de 1, largement dans les limites recommandées (Tolérance sup > à 0,3 et VIF < à 3). Les variables explicatives sont donc peu corrélées entre elles, ce qui est un indice de qualité du modèle.

Concernant la variable introduite dans la régression, la taille est associée négativement à la performance financière. Aussi, des études démontrent que la taille des sociétés affecte les caractéristiques de la structure de propriété. À titre d'exemple, l'étude de Demsetz et Lehn (1985), soutient que le niveau de concentration de l'actionnariat est corrélé de manière négative avec la taille de l'entreprise.

À la lumière de ce qui précède, on peut constater qu'il existe une relation curvilinéaire entre la part détenue par le premier et second actionnaire et la performance. La concentration du troisième actionnaire est d'abord associée négativement avec la performance de l'entreprise, puis positivement au-delà d'un certain seuil de détention. A cet effet, on peut confirmer qu'il existe une relation entre la concentration d'actionnariat et la performance.

Nos résultats rejoignent les études de Thomsen et Pedersen (2000), qui ont constaté aussi une relation curvilinéaire (d'abord croissante puis décroissante) entre la concentration de l'actionnariat et la performance des grandes entreprises européennes.

2.2. Régression liant les variables de la nature d'actionnariat et la performance financière

En complément de l'analyse de la concentration de l'actionnariat, nous avons analysé le lien entre la nature des actionnaires et la performance de l'entreprise, en se focalisant plus précisément sur l'actionnariat familial.

La plupart des études concluent que les entreprises familiales se caractérisent par des performances supérieures comparativement aux entreprises non familiales. Ce constat concerne aussi bien les performances boursières (Anderson et Reeb, 2003a ; Villalonga et Amit, 2004) que les performances économiques et financières (Allouche et Amann, 1995 ; McConaughy, Walker, Henderson et Mishra, 1998 ; Lee, 2004 ; Sraer et Thesmar, 2004).

Les membres de la famille participent généralement à la gestion de l'entreprise, soit en tant que membre du conseil d'administration et / ou en tant que cadre supérieur. Cette situation inciterait à surveiller plus strictement les gestionnaires afin de réduire le problème d'agence entre les actionnaires et les gestionnaires. Cependant, un deuxième problème d'agence se pose lorsque l'actionnaire majoritaire, en l'occurrence la famille, aligne ses intérêts avec la direction de l'entreprise afin de potentiellement tirer profit des actionnaires minoritaires.

A cet effet, on va chercher à valider ou infirmer notre deuxième hypothèse :

-Hypothèse H0 : Il n'existe aucun lien entre l'actionnariat familial et la performance de l'entreprise.

-Hypothèse H2 : Il existe un lien significatif entre l'actionnariat familial et la performance de l'entreprise, et que les entreprises familiales présentent de meilleures performances que les entreprises non familiales.

2.2.1. Récapitulatifs des modèles de régression multivariée

Nous avons procédé à la régression multivariée de nos variables en introduisant ROA et Q comme variables dépendantes. Les tableaux N°21 et 22 suivants récapitulatifs des modèles permettent de déterminer la contribution de chaque bloc de variables. Ces tableaux indiquent le R2 cumulatif à chaque étape du modèle (colonne R-deux)) ainsi que l'apport spécifique de chaque bloc (colonne Variation de R-deux).

Tableau 21 : Récapitulatif des modèles de la régression liant les variables de la nature d'actionnariat avec ROA comme variable dépendante

Récapitulatif des modèles[b]

Modèle	R	R-deux	R-deux ajusté	Erreur standard de l'estimation	Modifier les statistiques					Durbin-Watson
					Variation de R-deux	Variation de F	ddl1	ddl2	Sig. Variation de F	
1	,293a	,086	,044	,24912	,086	2,065	3	66	,113	1,916

a. Prédicteurs : (Constante), TAIL, NFAM, FAM

b. Variable dépendante : ROA

Source : Listing SPSS

Le récapitulatif des modèles présente plusieurs informations utiles. Premièrement, la valeur de la corrélation multiple (R) correspond à l'agglomération des points dans la régression simple. Elle représente la force de la relation entre la variable dépendante et la combinaison des variables indépendantes de chaque modèle. La valeur de 0,293 suggère que les données sont ajustées de manière relativement satisfaisante au modèle.

Ensuite, la signification du R2 est évaluée en fonction de l'apport de chaque étape. La variation de F associée au premier modèle est significative ($p < -.001$). Ce modèle explique donc une proportion significative de la variance de la variable ROA. Nous sommes passés de R2 = 0 à R2 = 0,086. Cette variation de 0,086 apparait comme significative. En effet, la valeur de F est calculée à partir de la variation du R2 entre les étapes. Chaque étape contribue donc significativement à l'amélioration de l'explication de la variabilité de la variable dépendante.

Finalement, dans le test de Durbin-Watson affiché dans la dernière colonne, il n'y a pas de seuil de signification associé, la valeur de la statistique est acceptable seulement lorsqu'elle se situe entre 1 et 3. Il est convenu que plus la valeur est près de 2, moins il y a de problème au niveau de l'indépendance des erreurs. Avec une valeur de 1,916, nous pouvons croire que nous respectons cette prémisse.

Tableau 22 : Récapitulatif des modèles de la régression liant les variables de la nature d'actionnariat avec Q comme variable dépendante

Récapitulatif des modèlesb

Modèle	R	R-deux	R-deux ajusté	Erreur standard de l'estimation	Modifier les statistiques					Durbin-Watson
					Variation R-deux	Variation de F	ddl1	ddl2	Sig. Variation de F	
1	,144a	,021	-,024	,83764	,021	,467	3	66	,706	2,065

a. Prédicteurs : (Constante), TAIL, NFAM, FAM

b. Variable dépendante : Q

Source : Listing SPSS

En prenant le Q de Tobin comme variable dépendante, nous trouverons une valeur de R=0,144, qui suggère que les données sont ajustées de manière relativement satisfaisante au modèle. Le test de Durbin-Watson correspond à une valeur de 2,065, c'est-à-dire il y a moins de problème au niveau de l'indépendance des erreurs.

Le pourcentage de variabilité de la variable dépendante expliquée par le modèle (les prédicteurs) correspond à 2,1 %.

2.2.2. Régression multiple liant la nature d'actionnariat et la performance

Pour bien mener notre étude empirique sur la structure d'actionnariat, il convient alors de compléter les résultats par d'autres résultats empiriques issus de l'estimation de modèles de régressions multivariées.

Une telle approche nous semble nécessaire pour tester l'effet simultané de diverses variables explicatives de la nature d'actionnariat et évaluer la validité des concepts théoriques.

Tableau 23 : Récapitulatif des résultats des analyses de régression linéaire multiple liant la performance financière et les variables de nature d'actionnariat

Variable	ROA	Q TOBIN	Tolérance	VIF
Constante	0,593	2,185		
FAM	0,118	0,501	0,338	2,962
NFAM	-0,054	-0,385	0,338	2,957
TAIL	-0,024	-0,038	0,977	1,024

Source : Listing SPSS

Le tableau N°23 ci-dessus (voir annexe n°6), montre que la performance représentée par ROA et Q de Tobin est associée positivement avec l'actionnariat familial alors qu'elle est associée négativement avec l'actionnariat non familial.

Il apparaît une relation convexe entre la part détenue par les actionnaires familiaux et la performance de l'entreprise. Il semblerait que l'influence favorable de ce type d'actionnaire n'apparaisse qu'au-delà d'un certain niveau de détention. En revanche, le lien entre la part de capital détenue par les actionnaires non familiaux et la performance est négatif. Pour cela, les résultats sont significatifs pour l'actionnariat familial.

3. Discussion des résultats

Pour vérifier l'influence de la concentration de l'actionnariat et la nature des actionnaires sur la performance financière des entreprises marocaines cotées en bourse, nous avons choisi d'effectuer deux types d'analyses. La première consiste à réaliser une corrélation à travers des tests statistiques bivariées et la deuxième s'intéresse à effectuer une régression linéaire à travers des tests statistiques multivariées avec la variable dépendante « performance » et la variable indépendante « concentration et nature d'actionnariat ». Ces tests ont été appliqués sur notre échantillon représentatif de 70 sociétés marocaines cotées en bourse appartenant aux différents secteurs d'activités pendant la période 2015-2018.

En examinant d'une part les principaux résultats obtenus lors de notre test de corrélation partielle en introduisant comme variable de contrôle la taille de l'entreprise, nous concluons que la concentration de l'actionnariat présentée par le pourcentage des actions détenus par le premier et le second actionnaire sont positivement corrélés avec la performance financière des sociétés marocaines cotées. Cependant, après avoir dépassé un certain niveau de détention des actions, l'actionnariat devient négativement lié à la performance financière (-0,049).

Les résultats montrent ainsi que le coefficient de corrélation de Pearson, qui est une mesure d'association linéaire entre deux variables, est négatif pour l'actionnariat non familial (-0,174) et positif pour l'actionnariat familial (0,189).

Ces résultats montrent que la motivation des actionnaires et leur capacité à agir sur les décisions et le contrôle de l'entreprise supposent la détention d'une part suffisamment importante du capital car ils s'approprieront une part non négligeable des bénéfices supplémentaires ainsi réalisés. En revanche, lorsqu'ils détiennent une faible part du capital, ils ne seront pas en mesure d'exercer une influence favorable sur le devenir et la performance de l'entreprise. Ajoutons ainsi, que les entreprises familiales marocaines cotées en bourse réussissent mieux à travers la concentration de l'actionnariat de l'entreprise.

D'autre part, les résultats de la régression multiple entre la structure d'actionnariat et la performance des entreprises basés sur ROA et Q de Tobin, montrent que l'effet varie de positif à négatif avec un coefficient positif et significatif pour la part des actions détenus par le premier et le deuxième actionnaire au niveau de signification de 1% et un coefficient négatif pour la part des actions détenus par le troisième actionnaire. Les résultats soutiennent notre hypothèse (H1), suggérant que la concentration d'actionnariat augmente avec la performance des entreprises, ce qui indique que la concentration de l'actionnariat a un impact bienveillant sur la performance de l'entreprise. Pour cela, la concentration de l'actionnariat peut garantir une meilleure qualité de contrôle des agissements du dirigeant du fait que les retombées de ce contrôle leur reviendront en grande partie.

En ce qui concerne la nature d'actionnariat, nous constatons que le coefficient de notre variable FAM est positif et significatif au niveau de 1% pour Q de Tobin et ROA. Ces résultats soutiennent largement notre hypothèse (H2) selon laquelle, il existe un lien significatif entre l'actionnariat familial et la performance financière des entreprises, et que les entreprises familiales présentent de meilleures performances que les entreprises non familiales. Ce qui est cohérent avec les études de (Bonilla et al., 2010 ; Carney et Gedajlovic, 2002 ; Hsu et al., 2018 ; Joh, 2003; Maury, 2006; Villalonga et Amit, 2006 ; Wang et Shailer, 2017), qui montrent également que la propriété familiale est corrélée à une meilleure performance. En outre, le coefficient de NFAM est négativement et significativement associé à Q de Tobin et ROA. Enfin, lorsque nous regardons les variables de contrôle, nous constatons que TAIL, est aussi négativement corrélé avec Q de Tobin et ROA. Cependant, l'intensité de l'ensemble de ces relations est très faible du fait que l'ensemble des carrés des coefficients de corrélation sont très proches de 0.

En conclusion, on peut dire que les résultats de l'application du modèle de régression linéaire dans notre étude, montrent que la performance des entreprises cotées en bourse affiche une relation linéaire positive et significative avec les variables explicatives qui sont : la concentration d'actionnariat, l'actionnariat familial. In fine, nous pouvons conclure que la forte concentration de l'actionnariat familial, a une influence sur la performance et que l'actionnaire non familial ne pourra exercer un contre-pouvoir face à l'actionnaire principal familial qu'à partir d'un certain niveau de détention.

À travers l'analyse et la discussion des résultats obtenus lors de nos différents tests effectués sur notre échantillon d'entreprises cotées marocaines, nous pouvons souligner les constats suivants :

- La performance de l'entreprise augmente avec la concentration de l'actionnariat tant que le changement de l'actionnariat concorde avec les intérêts de la direction et des actionnaires.

- Une entreprise contrôlée par une famille peut offrir un avantage concurrentiel et améliorer la performance de l'entreprise.

- La présence d'une relation positive et significative entre la concentration de l'actionnariat représentée par la détention des actions par le premier et le second actionnaire et la performance.

- La présence d'une relation positive et significative entre l'actionnariat familial et la performance.

A noter que la présence simultanée de résultats empiriques qui soutiennent l'existence de relations à la fois positives et négatives met en évidence qu'il existe différentes variables d'interaction, dérivant de l'environnement institutionnel, qui peuvent influencer le signe et l'intensité de la relation. À cet égard, l'effet de la structure de l'actionnariat sur la performance est indéniable. Cependant, il reste encore beaucoup à étudier à ce sujet. Bon nombre des effets dont nous pourrions être témoins appellent à être clarifiés par une enquête plus approfondie, car bien que cela ait été étudié de manière approfondie dans d'autres pays, il reste relativement inconnu au Maroc.

Conclusion

Comme nous l'avons déjà souligné auparavant, la majorité des études quantitatives réalisées au cours de ces 35 dernières années sur les effets de la structure d'actionnariat sur la performance de la firme varient en général dans leurs conclusions quant à l'existence d'une relation neutre, positive ou bien une relation négative entre les variables de la structure d'actionnariat et la performance de la firme.

A travers ce chapitre, l'application des tests statistiques nous a mieux éclairé la concentration de l'actionnariat et l'identité des principaux actionnaires des entreprises marocaines cotées. Cette description nous a donné aussi une meilleure présentation statistique de notre échantillon et de nos variables.

Nous avons conclu que l'actionnariat des entreprises marocaines est concentré et détenu majoritairement par des familles. Cette concentration se caractérise par un premier actionnaire très puissant et des deuxièmes et troisièmes actionnaires beaucoup plus modestes. Le pouvoir du premier actionnaire est d'autant plus fort qu'il cumule souvent les rôles de dirigeant, d'actionnaire principal et de fondateur.

Après avoir accepté la preuve empirique qu'il existe une relation positive à sens unique entre la concentration de l'actionnariat et la performance, la question se pose alors de savoir si cette relation est linéaire sur toute la plage de concentration d'actionnariat. L'utilisation de régression confirme la relation généralement positive et un effet positif mais à des niveaux moyens et élevés de concentration de l'actionnariat, avec des actions détenues majoritairement par des familles mais révèle par la suite que la forme de l'effet est mieux décrite comme non linéaire avec un effet négatif à de faibles niveaux de concentration de l'actionnariat, avec des actionnaires non familiaux.

Chapitre 6 :

Analyses statistiques des effets de la concentration d'actionnariat sur les mesures de restructuration

La revue de littérature théorique et empirique sur la structure d'actionnariat nous a permis de mettre en évidence son lien significatif avec les mesures de restructuration. A cet effet, divers arguments ont été avancés à l'appui de l'idée que la structure de l'actionnariat aura des implications importantes sur les mesures de restructuration adoptées.

Ce chapitre s'intéresse à la structure d'actionnariat au Maroc plus particulièrement sous l'angle de la concentration des actionnaires et son impact sur les mesures de restructuration prises par les entreprises cotées en difficulté. Notre étude est conduite sur un échantillon de 45 sociétés marocaines cotées à la bourse de Casablanca sur la période 2015-2019. Pour expliquer la nature du lien entre nos variables choisies, nous avons optés pour la régression logistique, cette technique sera présentée avec le logiciel SPSS et la procédure d'analyse des résultats y sera détaillée.

Dans ce qui suit, nous présentons dans un premier temps la procédure de sélection de l'échantillon d'étude ainsi que les variables choisies (section 1). Enfin nous présenterons un modèle mathématique « le modèle de régression logistique » qui permettra de prévoir et de corroborer la nature du lien entre la concentration d'actionnariat et les mesures de restructuration (section 2).

Section 1 :

Méthodologie et recueil des données

Comme nous cherchons à mettre en évidence une relation entre les caractéristiques de la concentration d'actionnariat des firmes et les mesures de restructuration, nous avons constitué une base à partir de données comptables et de la presse.

Sur la base de cette collecte, nous avons appliqué, dans un second temps, une méthode de régression logistique destinée à apporter une validation (ou une infirmation) empirique aux hypothèses développées dans la discussion théorique.

Nous exposons dans un premier temps, la méthode de la collecte de nos données et la période d'étude choisie, suivie de la procédure de sélection de l'échantillon d'étude. Et finalement, nous définissons nos variables utilisées.

1. Collecte des données et période d'étude choisie

L'entrée d'une entreprise dans une phase de difficultés sérieuses est un problème économique dû à des caractéristiques des contextes économiques et financiers liés aux difficultés économiques et financières. En d'autres termes, une entreprise connait des difficultés parce que ses conditions d'exploitation se sont détériorées par rapport à l'équilibre qui existait auparavant.

La prolifération des crises, la rareté des ressources et l'asymétrie d'information sont des constats qui permettent à la performance boursière d'une entreprise d'être affectée par des changements survenus dans sa situation financière. Dans ce contexte, il devient nécessaire d'évaluer les tendances dans les états financiers afin de faire ressortir les éléments pour lesquels les variations sont un signe avant-coureur de difficultés financières.

Le niveau d'un élément des états financiers ou d'un ratio financier, à un moment donné, est une information statique qui ne devrait pas influencer directement la variation du cours des actions[135].

Cela étant, la plupart des études empiriques utilisent comme mesures de difficulté, des variables comptables et/ou boursières.

En se référant aux études d'Ofek (1993), l'auteur construit un échantillon de firmes aux performances faibles en sélectionnant arbitrairement celles dont la rentabilité annuelle de l'action est dans les 10 % les plus faibles de l'ensemble du marché après avoir été dans les 67% les plus fortes l'année précédente. Pour cela, nous avons choisi comme critère de difficulté des entreprises cotées, le critère boursier car il met l'accent sur la baisse de rentabilité et la destruction de valeur pour l'actionnaire.

Pour la collecte de nos données, nous avons dû déployer beaucoup d'efforts afin d'accéder à toutes les informations requises. En effet, une consultation du site web de la BVC[136] et celui de l'AMMC[137] nous a permis de recueillir certaines données nécessaires à la mise en œuvre de la présente recherche (liste des sociétés cotées, les états financiers, la liste des variations des actions ainsi que les différentes données comptables, les cours des titres et les volumes traités, etc.). Nous nous sommes dirigés, ensuite, vers les communiqués de la presse publiant les informations de la bourse tels que boursenews, pour pouvoir compléter notre base de données sur les mesures de restructuration prises par les entreprises en difficulté.

Dans le cadre de cette étude, nous nous intéressons exclusivement à des sociétés cotées à la bourse de Casablanca

---

135 Denis Cormier, *L'utilisation de méthodes quantitatives en vérification*, 3e éd., Québec, Presses de l'Université du Québec (PUQ), 2011.

136 *Site Internet consulté :* Bourse de Casablanca, https://www.casablanca-bourse.com

137 *Site Internet consulté :* Autorité marocaine du marché des capitaux (AMMC), https://www.ammc.ma

durant la période s'étalant entre 2015 et 2019. Le choix de la période d'étude est justifié prioritairement par les difficultés qu'ont rencontrées certains secteurs plus précisément pendant les années 2015 et 2018. Il faut se rappeler que l'année 2018 a été le théâtre de fortes secousses à la Bourse de Casablanca, particulièrement le boycott qui a affecté directement 2 valeurs cotées mais avec des répercussions indirectes sur une grande partie du marché. Ainsi cette étude adopte un échantillon plus récent pour obtenir des preuves supplémentaires sur les difficultés rencontrées par les entreprises cotées. Le nombre d'entreprises de l'échantillon varie aux files des années selon le nombre des introductions en bourse par année.

Pour ne pas biaiser les résultats, nous avons écarté la variation boursière de 2020, en raison de la crise sanitaire du Covid-19 qui a frappé de plein fouet la Bourse de Casablanca. Cette dernière a fortement chuté au cours des trois premiers mois de l'année 2020, à l'instar des marchés financiers internationaux. La place casablancaise, rattrapée par la psychose liée au coronavirus, s'est effondrée en mars 2020. En valeur, ce sont 123,67 milliards de dirhams (MMDH) de capitalisation qui sont partis en fumée en l'espace de trois mois[138].En réponse à cette crise sans précédent, des mesures importantes et strictes ont été prises par les intervenants clés du gouvernement Marocain pour aider les entreprises à survivre à la pandémie afin de ne pas sombrer dans un processus de défaillance, d'éviter la faillite, préserver le plus grand nombre d'emplois possible, et soutenir l'économie dans un contexte où les entreprises manquent cruellement de liquidités.

---

[138] *Libération*, « La Bourse de Casablanca frappée de plein fouet par la crise sanitaire du Covid-19 », 15 avril 2020. https://www.libe.ma

2. Constitution de l'échantillon

Sur la période 2015-2019, nous avons repéré **64 entreprises en difficulté cotées à la bourse de Casablanca**[139], la performance boursière de ces entreprises est détaillée dans le tableau suivant :

Tableau 24 : Liste des variations-Marché central-Actions-

ENTREPRISES	2015	ENTREPRISES	2016	ENTREPRISES	2017	ENTREPRISES	2018	ENTREPRISES	2019
ALLIANCES	-85,25	CENTRALE DANONE	-49,16	AUTO HALL	-18,18	ALLIANCES	-58,33	ALLIANCES	-34,12
BALIMA	-8,57	COLORADO	-10,02	COSUMAR	-13,99	BCP	-4,76	CENTRAL DANONE	-20,68
BMCE BANK	-2,73	ZELLIDJA	-21,1	STROC INDUSTRIE	-0,4	CIMENTS DU MAROC	-2,37	CIH	-0,33
CDM	-11,86	TIMAR	-17,63	TIMAR	-31,31	DLM	-32,24	DLM	-59,34
COLORADO	-1,77	STOKVIS NORD AFRIQUE	-10,76			FENNIE BROSSETTE	-49,63	DOUJA PROM	-33,29
DOUJA PROM	-36,91	REBAB COMPANY	-10,34			IB MAROC	-42,62	IB MAROC	-37,33
FENIE BROSSETTE	-48,19	INVOLYS	-19,21			JET CONTRACTORS	-10,81	REBAB COMPANY	-13,57

139 Notre choix s'est basé sur les entreprises qui ont fait appel à des mesures de restructurations pour assurer la poursuite de leur activité dans les conditions les moins préjudiciables à l'environnement économique.

-43,43	-46,12	-53,08	-31,19								
RES DAR SAADA	SONASID	STROC INDUSTRIE	ZELLIDJA								
-46,15	-36,38	-15,43	-35,29	-3,64	-3,02	-48,83	-33,81	-33,66	-51,37	-49,17	
MANAGEM	MED PAPER	OULMES	RES DAR SAADA	SBM BOISSONS MAR	SM MONETIQUE	SMI	SONASID	STOKVIS	STROC INDUSTRI E	TOTAL	
-18,88	-12,55										
JET CONTRACTORS	FENIE BROSSETE										
-45,65	-11,54	-0,49	-49,29	-52,21	-39,3	-57,25	-46,97	-61,33	-54,84	-9,63	-17,52
IB MAROC	**LABEL VIE**	**LAFARGECIMENTS**	**MAGHREB OXYGEN**	**MED PAPER**	**REALISATIONS MECANIQUES**	**RISMA**	**SAMIR**	**SNEP**	**SONASID**	**SOTHEMA**	**STOKVIS**

STROC INDUSTRIE	-77,42								
TIMAR	-7,67								
ZELLIDJA	-58,41								

Source : Etabli par nos soins à l'aide des rapports annuels de la bourse de Casablanca

A la lecture du tableau, ci-dessus, nous remarquons que le promoteur immobilier Alliances affiche en 2015 une performance boursière de -85,25. Cela s'explique par le secteur immobilier qui souffre depuis plusieurs années du recul de la demande et de la baisse des ventes. Ainsi, les stocks de logements qui s'accumulent. S'ajoute à cela un fort endettement des promoteurs immobiliers, conjugué à un affaiblissement des crédits accordés au secteur.

Le BTP n'est pas en reste. Touché aussi par le ralentissement économique, l'arrêt des grands chantiers et de la baisse de la demande de manière générale, le secteur a vécu des années difficiles depuis 2008. A cet effet, les valeurs du secteur ont vu leur cours fortement chuter. C'est le cas de Sonasid, de DLM, de Stokvis ou encore de Fenie Brossette. Ainsi, la Société des Réalisations Mécaniques (SRM) qui est touchée par la conjoncture difficile qui sévit dans le BTP et, par conséquent, ses ventes de biens d'équipements se sont fortement réduites[140].

La société Zellidja continue de souffrir des mauvaises performances de sa filiale de plomb. Cette situation s'explique par le fait que la holding a provisionné des avances qu'elle a

140 *Challenge Hebdo*, « Résultats semestriels : le top 10 des sociétés les plus déficitaires », 5 octobre 2015. https://www.challenge.ma

accordées à la société des fonderies de plomb de Zellidja (SPFZ) dont l'activité est à l'arrêt.

Med Paper n'a pas arrivé à sortir du rouge malgré certaines mesures de protection commerciale. Aussi, IB Maroc a vu ses pertes semestrielles s'alourdir.

Certes, Fenie Brossette a réduit sa perte semestrielle mais elle n'a pas toujours réussi à sortir du rouge. La société spécialisée dans la vente et la commercialisation d'équipements, de produits et de services pour le bâtiment et l'industrie, fait face depuis 2011 à un ralentissement de la croissance de son activité conjuguée à un manque de liquidité.

In fine, nous pouvons avancer les constats suivants relatifs à la performance boursière des entreprises cotées durant la période 2015-2019 :

A partir du mois mars 2015, la Bourse s'est inscrite dans une trajectoire baissière continue et a clôturé l'exercice dans le rouge. Cette situation est expliquée plus particulièrement par l'annonce du groupe Addoha d'un nouveau plan triennal baptisé « Plan Génération Cash », ainsi par la crise dont souffre le pôle Construction du groupe Alliances, ou encore les chroniques échecs de la Samir.

Par ailleurs, la Bourse des Valeurs de Casablanca s'est bien comportée en 2016, année durant laquelle le marché boursier a réalisé des performances exceptionnelles. L'année a connu des faits marquants, dont principalement l'opération de démutualisation de la bourse, l'introduction à la cote de Marsa Maroc, ainsi que la radiation d'Holcim suite à la fusion « LafargeHolcim ».

Après une année 2016 spectaculaire à la Bourse des Valeurs de Casablanca, le marché Actions parvient à maintenir le cap en clôturant l'exercice 2017 sous de bons auspices et ce, malgré l'affaissement accusé durant le mois de décembre

2017[141]. La hausse de la place casablancaise en 2017 trouve son origine, notamment, dans les progressions marquées par la quasi-totalité des valeurs Stars de la cote, à l'image de MARSA MAROC, CIMENTS DU MAROC, ATTIJARIWAFA BANK, WAFA ASSURANCE et BCP.

La Bourse de Casablanca a terminé l'année 2018 sur un territoire rouge. Les indicateurs de la bourse de Casablanca, Masi et Madex ont rétrocédé plus que leurs gains pour clôturer l'année sur une note négative.

Alors que la Bourse de Casablanca avait vu en 2018 sa capitalisation fondre de 50 milliards de DH, elle a, contre toute attente, bouclé l'année 2019 sur une franche progression et en bonne mine, ses deux principaux indicateurs, Masi et Madex, progressant respectivement de 7,11% et 7,43%. Et ces indicateurs ne sont pas les seuls à avoir positivement évolué. Outre le volume transactionnel global, mieux encore, la capitalisation boursière a augmenté de 44 milliards de DH pour atteindre un niveau de 626,7 milliards de DH, rattrapant quasiment ses pertes d'une année auparavant. Alors que les anticipations des différents opérateurs du marché boursier marocain étaient optimistes pour l'année, notamment après avoir clôturé 2019 sur une franche progression de 7,11%, la pandémie de nouveau Coronavirus (Covid-19) est venue tout chambouler en 2020.

Le tableau N°25 expliquant l'évolution des performances boursières des entreprises en difficulté cotées en bourse pendant la période 2015-2019, nous a permis de sélectionner notre échantillon d'étude. En tenant compte du critère boursier, le premier tri nous a mené à retenir 57 entreprises. Par hypothèse, nous nous sommes basés sur deux critères pour définir notre échantillon final :

---

[141] *Site Internet consulté* : Bourse de Casablanca, https://www.casablanca-bourse.com

1) Nous avons pris l'ensemble des entreprises sélectionnées dont les cours boursiers avaient connu **une baisse de plus de 10%** sur chacune des années[142] ;
2) Les entreprises qui ont opté pour des mesures de prévention et de restructurations afin de ne pas tomber dans la faillite.

À partir de là, nous avons retiré de notre échantillon toutes les entreprises pour lesquelles nous n'avons pas pu obtenir aucune information par rapport aux mesures de restructuration prises. Cela nous a conduit à retenir un échantillon final de 45 entreprises.

La performance boursière annuelle de notre échantillon sur la période 2015-2019 est présentée à travers les statistiques descriptives suivantes :

Tableau 25 : Statistiques descriptives des firmes de l'échantillon en termes de performance boursière annuelle sur la période 2015-2019

	N	MOYENNE	MEDIANE	MAX	MIN
2015	16	-47,12	-48,19	-11,54	-85,25
2016	2	-29,59	-29,59	-10,02	-49,16
2017	3	-21,16	-18,18	-13,99	-31,31
2018	14	-38,84	-39,50	-10,81	-58,33
2019	10	-37,22	-35,73	-13,57	-59,34
TOTAL	45	-34,78	-35,725	-10,02	-85,25

Source : Etabli par nos soins à l'aide du logiciel Excel

On observe que la moyenne de la baisse du cours boursier se situe entre -21,16 % (2017) et 47,12 % (2015). La chute moyenne du cours boursier de l'ensemble de notre échantillon correspond à -34,78 %.

Par ailleurs, les rendements boursiers pourraient varier d'une industrie à une autre. La distribution des entreprises en

142 Nous considérons que lorsque cette valeur est inférieure à -10%, l'entreprise est en difficulté.

difficulté de notre échantillon est présentée dans le tableau suivant :

Tableau 26 : Répartition des observations selon le secteur d'activité

Secteur	Nombre de firmes par secteur
Distributeurs	7
Banques	1
Transport	1
Matériels, Logiciels et Services Informatiques	3
Agroalimentaire et Production	4
Pétrole et Gaz	2
Participation et promotion immobilières	6
Bâtiment et Matériaux de Construction	5
Chimie	2
Sylviculture et Papier	2
Boissons	1
Mines	3
Loisirs et Hôtels	1
Sociétés de Portefeuilles / Holdings	2
Ingénieries et Biens d'Equipement Industriels	5
TOTAL (N)	45

Source : Etabli par nos soins

La distribution de notre échantillon par secteur industriel comme le détaille le tableau N°26 montre que les entreprises qui ont connu des difficultés durant notre période étude sont concentrées surtout dans les secteurs d'activité suivants : distribution, promotion immobilière, bâtiment, et ingénieries et biens d'équipements industriels.

3. Choix des variables

3.1. Variables explicatives (indépendantes)

Dans leurs travaux, Séverin et Dhennin (2003) ont identifié des variables capables de mesurer l'influence de la structure actionnariale sur les mesures de restructuration. Parmi ces variables, ils citent : le levier financier, la liquidité, la concentration de l'actionnariat, ainsi que les variables de contrôle. Compte tenu de l'objet de recherche, nous allons se concentrer sur la concentration d'actionnariat et les variables de contrôle comme variables indépendantes et de les analyser de façon approfondie. Les autres variables feront l'objet d'une brève étude statistique pour mieux comprendre les résultats des données boursières et de bilan, et ce lors de l'année de détresse (N=annéc de difficulté pour l'entreprise cotée en bourse) et N-1.

3.1.1. Levier financier

Le levier financier est une variable importante dans la détermination de la structure du capital. Le niveau du levier financier véhicule une image sur la qualité de la structure financière, donne un signal sur les difficultés de la société et évalue le niveau du risque financier et de faillite. Il s'obtient par le rapport des dettes financières en valeur comptable sur les fonds propres en valeur comptable (Charreaux, 1997). En d'autres termes, il est exprimé par le ratio de la dette à l'actif total. S'il est supérieur à 1, cela signifie que les dettes financières ne sont pas entièrement couvertes par les fonds propres et par conséquent la société est endettée (ou surendettée). En revanche, le surendettement est susceptible de conduire à des difficultés de remboursement de la dette et peut engendrer une éventuelle faillite[143].

3.1.2. Liquidité

Une forte liquidité devrait permettre à l'entreprise de mieux surmonter ses difficultés. En effet, la liquidité représente la capacité que la société détient pour s'acquitter de ses obligations à court terme durant une période de difficulté. Le ratio de liquidité est mesuré comme le rapport de l'actif circulant sur les dettes à court terme (Variable LIQ).

---

143 Thallian-Farrel N'goma, *L'augmentation de capital en situation difficile : le cas des entreprises françaises cotées*, thèse de doctorat, Université de Bretagne Occidentale – Brest, 2016.

Les recherches antérieures supposent que la liquidité est un déterminant direct de la capacité de la firme à supporter et surmonter la détresse qu'elle éprouve. La liquidité est mesurée par le ratio actif courant/passifs courants. Ce ratio est associé à la probabilité de faillite.

3.1.3. Concentration d'actionnariat

Comme déjà mentionné dans le chapitre précèdent, **la Concentration d'actionnariat** est présentée à travers le pourcentage d'actions détenues par les trois principaux actionnaires (Variable ACT123). Elle vise à favoriser l'exercice d'un contrôle efficace par les actionnaires (Séverin et Dhennin, 2003). En effet, elle est caractérisée par des pourcentages importants de la détention du capital (Fama, 1980).

3.1.4. Variables de contrôle

Outre les variables déjà citées, nous avons repris la taille de l'entreprise et la variation de la performance boursière comme variables de contrôle.

✓ Taille de l'entreprise

La théorie de l'agence suggère que les entreprises de grande taille ont des coûts d'agence relativement plus élevés que les petites entreprises. Debreceny et al. (2002) et Raffournier, (1995) ont montré que les entreprises de grande taille sont caractérisées par une structure d'actionnariat dispersé et une participation importante d'investisseurs institutionnels. Dans ces structures, incités par la divergence de leurs intérêts contre ceux des dirigeants, les actionnaires s'investirent dans le contrôle de la gestion. Il en résulte que les gestionnaires sont incités à communiquer en vue de réduire l'asymétrie d'information et baisser leurs coûts et la pression de surveillance. Cette variable est mesurée par le logarithme népérien du total actif de l'entreprise[144].

✓ Variation boursière

Enfin, pour rendre compte de l'importance des difficultés rencontrées par la firme, nous avons repris la variation de la performance boursière durant l'année de détresse (variable VARB ou variation du cours boursier).

3.2. Variables à expliquer (dépendante)

Comme nous cherchons à évaluer si les mesures de restructuration sont influencées par la concentration d'actionnariat, il nous faut désormais rappeler brièvement notre variable dépendante représentée par les mesures de restructuration opérationnelles, financières et de portefeuille que nous avons retenues.

3.2.1. Les mesures de restructuration opérationnelles

Les restructurations organisationnelles, engagent une modification de l'organisation interne de l'entreprise (redéfinition des divisions, réorganisation des services, réduction des effectifs…). Les mesures organisationnelles et opérationnelles se traduisent essentiellement par la réorganisation de l'entreprise, la réduction des coûts, les désinvestissements et les licenciements (John et al., 1992).

3.2.2. Les mesures de restructuration financières

Les restructurations financières, engagent une modification substantielle de la structure du capital de l'entreprise (leveragedbuy-out), recapitalisation, swap de dettes en capital, rachat d'actions…). Les mesures financières sont relatives à la renégociation de la dette, à l'augmentation de capital et à la modification de la politique de dividende.

---

[144] Hamrouni Amal et Faten Lakhal, « La transparence de l'entreprise et la structure de propriété : cas des entreprises françaises. », *Crises et nouvelles problématiques de la valeur*, 2010.

3.2.3. Les autres mesures de restructuration de portefeuille

Les restructurations de portefeuille, engagent une modification des activités de l'entreprise ou de la structure des actifs (fusion-acquisition, liquidations, désinvestissements, ventes d'actifs, scissions…).

Par ailleurs, nous notons qu'il n'est pas exclu qu'une société engage un panel de mesures de restructuration en cas de difficultés importantes dont le but serait de profiter et de mesurer la complémentarité entre les différentes sources de financement (Ofek, 1993).

Section 2 :

Étude empirique de l'effet de la concentration d'actionnariat sur les mesures de restructuration prises par les entreprises marocaines cotées en bourse

1. Analyse des données

1.1. Statistiques descriptives des variables indépendantes

Après avoir présenté notre échantillon et abordé la nature des variables à utiliser pour expliquer l'influence de la structure d'actionnariat sous l'angle de sa concentration sur les mesures de restructuration, le sommaire des résultats des statistiques descriptives appliqués aux données de notre échantillon est exposé dans le tableau ci-après :

Tableau 27 : Statistiques descriptives des variables utilisées

Variable (année de calcul)	Moyenne	Médiane	Maximum	Minimum
LEVIER (N-1)	0,61004	0,29461	6,40553	-1,2970
LEVIER (N)	0,46056	0,28880	3,92164	-1,2861
LIQ (N-1)	2,10492	1,72749	5,18188	0,59018
LIQ (N)	1,93161	1,69726	6,14398	0,39866
ACT123 (%)	91,07	95,96	100,00	48,85
TAIL	21,1889	21,2016	24,7240	17,2635
VARB	-34,78	-35,72	-10,02	-85,25

***LEVIER :** dettes financières / capitaux propres

***LIQ :** Actif circulant/ dettes à court terme

***ACT123** : Pourcentage de détention des actions par les trois premiers actionnaires

***TAIL** : Logarithme du total de l'actif

***VARB** : Variation boursière

Les résultats du tableau N°28, nous conduisent à plusieurs observations. D'une part, le ratio du levier financier qui met en évidence le poids des dettes financières d'une entreprise par rapport à ses capitaux propres et qui désigne l'utilisation de l'endettement pour augmenter la capacité d'investissement d'une entreprise, dans notre cas le levier est en diminution pendant l'année de détresse par rapport à N-1. D'autre part, on observe que le ratio de liquidité qui mesure la capacité de l'entreprise à honorer ses dettes financières à court terme se situe en moyenne à 2,10 en N-1 et passe à 1,93 en N, il y a donc une diminution du ratio pendant l'année de détresse. Ces résultats montrent une progression de la dette à court terme dans l'ensemble des dettes durant l'année pendant laquelle l'entreprise doit s'attendre à rencontrer rapidement des difficultés financières.

Finalement, on constate une forte concentration de l'actionnariat qui caractérise les entreprises marocaines cotées en bourse puisque le pourcentage moyen détenu par les trois principaux actionnaires est de 91 %

1.2. Les mesures de restructuration initiées par les entreprises en difficulté

Comme nous l'avons déjà souligné dans notre partie théorique, le mot restructuration est complexe car plusieurs définitions y sont proposées. En effet, la restructuration tente de devenir une pratique courante pour les firmes en difficulté. Il s'agit d'une modification de la structure actionnariale qui a des conséquences, tant sur le plan organisationnel qu'économique. Par ailleurs, il convient de noter que toutes les entreprises qui engagent des restructurations ne sont pas toutes nécessairement en difficulté. Selon Masquefa (2000), la restructuration est un dispositif technique à un enjeu économique et social. Par exemple, la recapitalisation est une restructuration. Elle est caractérisée par une « modification du cadre et du mode d'organisation de la structure, trouvant son origine dans un mécanisme juridique susceptible d'entrainer une transformation durable et sensible de ses éléments essentiels ». L'auteur conçoit que la restructuration se distingue de la réorganisation qui est un simple changement ou transformation d'activité[145]. Elle est également une réponse efficiente aux difficultés rencontrées par les entreprises (Séverin, 2006).

Énoncés dans le tableau ci-après, notre échantillon de 45 entreprises qui ont connu des difficultés durant la période 2015-2019, tout en précisant les mesures de restructuration choisies par chaque entreprise et les années durant lesquelles ces mesures se sont appliquées.

Tableau 28 : Les mesures de restructuration favorisées par les entreprises en difficulté de notre échantillon

Année de détresse	Entreprises en difficulté	Année(s) de restructuration	Mesure(s) de restructuration prise(s)
2015	ALLIANCES CDM DOUJA PROM FENIE BROSSETTE IB MAROC LABEL VIE MAGHREB OXYGEN MED PAPER REALISATIONS MECANIQ RISMA SAMIR SNEP SONASID STOKVIS STROC INDUSTRIE ZELLIDJA	2015/2016 2015/2016 2015/2016 2015 2015/2016/2017/2018 2015/2016/2017 2015 2015/2016/2017/2018 2015/2016 2015 2015 /2016 2015 /2016 2015 2015/2016/2017 2015 2015/2016	AUGMENTATION DE CAPITAL ACTIONS FINANCIERES ACTIONS FIN. // FUSION ABSORPTION REDUCTION DES COUTS // MESURES OP. MESURES ORG. /REDUC D'EFFECTIF AUGMENTATION DE CAPITAL PROFIT WARNING/ MESURES FIN. AUG. DE CAPITAL/ DESENDETTEMENT BAISSES DES DIVIDENDES ABSORPTION / MESURES FINANCIERES RESTRUCTURAT. FIN/ LIQUIDATION JUDIC PROFIT WARNING / MESURES FIN. MESURES OPERATIONNELLES

[145] Christine Masquefa, « La restructuration », 2000.

			RACHAT DES ACTIONS/MERSURE FIN. MESURES FINANCIERES PROFIT WARNING/ ACTIONS FIN.
2016	CENTRALE DANONE COLORADO	2016 2016	RESTR D'ACTIFS// MESURE OP. MESURES OPERATIONNELLES/AUTRES
2017	AUTO HALL COSUMAR TIMAR	2017 /2018 2017 2017	AUGMENTATION DE CAPITAL FUSION ABSORPTION/ACTIONS FIN. ACTIONS FINANCIERES
2018	ALLIANCES DLM146 FENNIE BROSSETTE JET CONTRACTORS MANAGEM OULMES RES DAR SAADA SMI SONASID STROC INDUSTRIE147 IB MAROC MED PAPER STOKVIS TOTAL	2018 /2019 2018/ 2019 2018 /2019 2018 /2019 2018 2018 2018 2018 2018 2018 /2019 2018 /2019 2018 2018 2018 / 2019	AUGMENTATION DE CAPITAL PLAN DE SAUVEGARDE RESTRUCTURATION OPERATIONNELLE BAISSE DE DIVIDENDES AUGMENTATION DE CAPITAL MESURES OP. ET ORGANISATIONNELLES NOUV PLAN DEVELOP/MESURE OP. ACTIONS FINANCIERES REDRESSEMENT JUDICIARE PLAN DE SAUVEGARDE ACTIONS FINANCIERES ACTIONS FINANCIERES (OP ACCORDEON)

146 **Delattre Levivier Maroc** est placée sous sauvegarde judiciaire en décembre 2019. DLM est la deuxième entreprise de construction métallique à solliciter la protection de la juridiction commerciale. C'est aussi, avec Stroc industrie, la deuxième société cotée en bourse à faire l'objet d'une procédure de sauvegarde. Un événement qui confirme la conjoncture difficile que connait le secteur.

147 Au Maroc, cette société est la première à avoir bénéficié de "la sauvegarde judiciaire", procédure introduite avec la dernière refonde du livre V du Code de commerce. **Stroc Industrie** a 5 ans pour exécuter son plan de sauvegarde, validé le 9 mai 2018par le tribunal de commerce.

			MESURES OPERATIONNELLES MESURES OP. ET ORGANISATIONNELLES
2019	CENTRAL DANONE REBAB COMPANY DLM STROC INDUSTRIE ALLIANCES DOUJA PROM IB MAROC RES DAR SAADA SONASID ZELLIDJA	2019 2019 2019 2019 2019 2019 2019 2019 2019 /2020 /2021 2019	MESURES OP. ET ORGANISATIONNELLES BAISSE DES DIVIDENDES PROCEDURE DE SAUVEGARDE PROCEDURE DE SAUVEGARDE MESURES OPERATIONNELLES ACTIONS FINANCIERES MESURES ORG. / NOUV. ACTIONNAIRE ABSENCE DE DIVIDENDES REDUCTION DES COUTS PROFIT WARNING/ MESURES FIN.

Source : Etabli par nos soins à l'aide des sites de bourse

L'extraction des informations sur la nature des mesures de restructuration prises par chaque entreprise et pendant chaque année a été faite de façon manuelle à partir des revues de presse et les sites de bourse.

De façon générale, les entreprises qui procèdent à une restructuration doivent être en mesure de se relever le plus rapidement possible pour éviter les conséquences négatives et limiter les impacts négatifs sur la performance organisationnelle. Ainsi, le plan de restructuration mis en place par une entreprise en difficulté, dont la durée doit être la plus courte possible, doit permettre de rétablir dans un délai raisonnable la viabilité à long terme de l'entreprise, sur la base d'hypothèses réalistes concernant ses conditions d'exploitation futures.

Les résultats trouvés dans le tableau par rapport à l'année de la mise en place des mesures de restructuration confirment ces constats. A cet effet, on remarque, que la majorité des entreprises en difficultés procèdent à des mesures et à des actions de restructuration pendant la même année de début des difficultés financières et l'année en cours de détresse.

Un autre point remarquable à soulever du tableau montre que trois sociétés de notre échantillon ont utilisé à la fois l'ensemble des mesures financières et opérationnelles à savoir : Alliances, IB MAROC, ResDarSaada. A cet égard, nous constatons que l'ensemble des mesures de restructuration utilisées par les entreprises en difficulté sont complémentaires afin de retrouver la croissance et la création de valeur nécessaire à la restauration de la compétitivité.

Pour avoir une idée plus claire sur les différents types de mesures prises par les entreprises en difficulté de notre échantillon, nous avons regroupé dans le tableau ci-dessous, les mesures adoptées par chaque entreprise en trois grandes catégories : les mesures financières, les mesures opérationnelles, et les autres mesures de portefeuille (tels que : plan de sauvegarde, fusion, etc.).

Tableau 29 : La nature des mesures de restructuration initiées par les entreprises de notre échantillon

Mesures de restructuration employées	***Entreprises concernées*** **(voir libellé des valeurs cotées en annexe N°7)**	**Commentaires**
Mesures financières : - **Actions financières** - **Réorganisation de la dette** - **Augmentation de capital** - **Politique des dividendes**	ADI, LBV, TIM, ATH, MNG, MDP, CDM, SNA, IBMC, ADH, SRM, REB, RDS, ZDJ, JET, MOX, SNP, SMI	L'augmentation de capital constitue la mesure la plus utilisée par les entreprises en difficulté, l'augmentation de capital aurait des effets positifs sur certaines entreprises. Elle permet d'éviter la liquidation en remboursant les dettes. Elle

		contribue à maintenir la pérennité et la continuité de l'exploitation des activités de l'entreprise.
Mesures opérationnelles et organisationnelles : - **Réorganisation de l'entreprise** - **Réduction des couts** - **Licenciement/ Réduction d'effectifs**	SID, IBMC, COL, FBR, OUL, RDS, SNA, CLT, ADI, TMA.	IB MAROC, la seule entreprise qui a opté pour la réduction d'effectif comme mesure de restructuration organisationnelle.
Autres mesures de portefeuille (plan de sauvegarde, fusion)	DLM, STR, SID, RIS, SAM, CSR.	Comme déjà mentionné plus haut, Delattre levivier et Stroc industrie sont placées sous sauvegarde judiciaire.

Source : Etabli par nos soins

Nous concluons que les entreprises en difficulté utilisent non pas une seule mesure mais le plus souvent une panoplie de mesures visant à restaurer leur compétitivité. Il y a donc souvent une complémentarité entre les différentes mesures engagées.

A noter que la survie des entreprises dépend non seulement des mesures à prendre mais plus encore de leur rapidité d'exécution. A cet égard, le tableau ci-après recense l'ensemble des mesures adoptées par les entreprises de notre échantillon pendant l'année de détresse N et les années qui suivent N+1, N+2.

Tableau 30 : Nature des mesures de restructuration prises par les entreprises en difficulté de notre échantillon

Nature des mesures prises	*Nombre des entreprises*	*Mesures de restructuration prises N*		*Mesures de restructuration prises N et N+1*		*Mesures de restructuration prises N et N+1 et N+2*	
		Nombre	Fréquence %	Nombre	Fréquence %	Nombre	Fréquence %
Actions opérationnelles	45	13	29%	3	6%	1	2%
Actions financières	45	15	33%	6	13%	1	2%
Augmentation de capital	45	6	13%	5	11%	2	4%
Absence des dividendes	45	4	8%	2	4%		
Licenciements	45	1	2%	1	2%	1	2%
Réduction des couts	45	2	4%				
Profit warning	45	9	20%				
Plan de sauvegarde	45	2	4%	2	4%	2	4%
Fusion	45	3	7%				

Source : Etabli par nos soins

Tel que démontré dans le tableau N°30, les entreprises engagent des actions financières et opérationnelles au cours de l'année de détresse car elles doivent être en mesure de se relever le plus rapidement possible pour éviter les conséquences négatives et limiter les impacts négatifs sur la performance financière et organisationnelle de l'entreprise. Les améliorations attendues se situent au niveau de la prise de décision plus rapide, une plus grande propension à innover, une communication plus fluide, une décentralisation du pouvoir au bénéfice d'équipes responsabilisées et une augmentation de la qualité (Bruton, Keels et Strook, 1996 ; Mroczkowski et Hanaoka, 1997). Ces mesures sont destinées à faciliter la réorganisation de l'entreprise pour permettre la poursuite de son activité, le maintien de l'emploi mais également l'apurement de ses dettes.

Par ailleurs si l'on compare l'augmentation de capital, ou la mise en place d'un plan de sauvegarde, nous pouvons observer une fréquence moyenne au cours des 3 ans à compter de l'année N. Ce retard peut s'expliquer par la difficulté plus grande d'engager une augmentation de capital ou une renégociation de la dette et par la réticence des dirigeants à réduire les dividendes (politique conservatrice mise en évidence par De Angelo et De Angelo (1990)).

Il ressort essentiellement de ces remarques que les restructurations contribuent à l'amélioration des performances des entreprises qui les pratiquent, mais seulement au terme de quelques années. L'année de la restructuration, ces entreprises ont généralement une performance inférieure aux autres entreprises. Cela peut s'expliquer par le retard qu'ont les entreprises qui doivent se restructurer (surtout lorsque la restructuration nécessite des suppressions d'emplois), ou par les couts cachés que ces opérations engendrent à court terme (Chevalier et Dure, 1993 ; Zardet, 1993). Ces opérations permettent ensuite un rattrapage qui est alors favorisé par l'inscription de l'opération dans une réflexion sur la stratégie menée et la qualité de l'organisation[148].

In fine, nous estimons que les restructurations sont devenues une stratégie de premier plan pour les entreprises à

---

[148] José Allouche, Patrice Laroche et Florent Noël, « Restructurations et performances de l'entreprise : une méta-analyse », *Finance Contrôle Stratégie*, vol. 11, no 2, 2008, p. 105-146.

la grandeur de la planète (Mirabel et DeYoung, 2005) en cherchant à réaliser des gains rapides par la réduction des coûts et d'effectifs et en augmentant l'efficience et la performance organisationnelle (Farell et Mavondo, 2004)[149].

2. Régression logistique : Utilisation avec SPSS

2.1. Champ d'application et présentation du modèle

La régression logistique se définit comme étant une technique permettant d'ajuster une surface de régression à des données lorsque la variable dépendante est dichotomique. C'est une technique de modélisation qui est très répondue, elle est un cas particulier du modèle linéaire généralisé. Elle vise à prédire et expliquer les valeurs d'une variable à partir de variables explicatives[150].

Lorsque la variable de réponse ne peut prendre que deux valeurs possibles, un des modèles que l'on peut alors utiliser est le modèle de la régression logistique.

La régression logistique propose une manière de modéliser la relation entre une variable qualitative à deux classes à des variables Xi, (i=1,2,....,k), qui peuvent être quantitatives ou qualitatives. Cette technique est utilisée pour des études ayant pour but de vérifier si des variables indépendantes peuvent prédire une variable dépendante dichotomique (binaire). Du moment que la variable dépendante est dichotomique, le modèle logistique correspond à une situation où l'on cherche à prédire à quel groupe (zéro ou un) appartient un sujet. La régression logistique est alors utilisée puisque l'objectif de l'étude consiste à préciser dans quelle mesure les variables sont associées au recours aux mesures de restructurations.

---

149 Olivier Gagnon, *Les conditions de succès des restructurations*, thèse de doctorat en sciences de gestion, Université Paris 1 Panthéon-Sorbonne, 2017.

150 Julie Desjardins, « L'analyse de régression logistique », *Tutorial in Quantitative Methods for Psychology*, vol. 1, no 1, 2005, p. 35-41.

Soit Y la variable à prédire (variable expliquée) et X= (X1, X2,…,XJ) les variables prédictives (variables explicatives).

Dans le cadre de la régression logistique binaire, la variable Y prend deux modalités possibles {+, −} (ou {1, 0} pour simplifier). Les variables Xj sont exclusivement continus ou binaires.

Puisque nous cherchons à étudier l'impact de la concentration d'actionnariat sur les mesures de restructurations prises par les firmes en difficulté, nous utiliserons la régression logistique qui apparait comme un moyen puissant et souple pour analyser la relation entre nos variables ; elle permet en effet de prendre en compte aussi bien des variables qualitatives que quantitatives et de tester la présence d'interactions[151].

Dans notre étude, la variable dichotomique est la variable dépendante, cette dernière est égale à 1 lorsqu'une entreprise a engagé une (ou des) mesure(s) de restructuration et à 0 dans le cas contraire.

Le modèle utilisé est représenté de la manière suivante :

$MR=C+b_1X1+b_2X2+ \ldots\ldots\ldots\ldots + bnXn+ \varepsilon$

Dans notre cas, nous cherchons à étudier si la concentration d'actionnariat influe positivement ou négativement sur la probabilité qu'une entreprise ait engagée telle ou telle mesure de restructuration.

A cet effet, l'équation de notre modèle s'écrit :

$MR= C+b_1ACT123+b_2VARB+b_3TAILLE+\varepsilon$

[151] Rachid Choubai, *Les fondements théoriques de la régression logistique et son utilisation en épidémiologie à l'aide du système SAS*, mémoire de recherche, Université de Sherbrooke, 2006.

Avec, **MR :** La variable binaire (Mesure de Restructuration)

C : Constante(**b0)**

b1,b2,b3 : Coefficients

ACT123 : Concentration de l'actionnariat

VARB : Variation du cours boursier pendant l'année de détresse

Taille : Logarithme du total de l'actif

La variable dépendante MR, qui est une variable dichotomique, ne peut prendre que deux valeurs 0 ou 1. En ce sens, c'est une technique qui se classe parmi les concepts d'analyse de Tacq (1997), dans la même catégorie que l'analyse discriminante[152]. En raison du caractère dichotomique de cette variable, son espérance mathématique n'est rien d'autre que la probabilité conditionnelle de réalisation de l'événement, étant donné le vecteur des variables exogènes b1, b2 et b3.

En ajoutant la transformation logarithmique, l'équation pour nos 3 prédicteurs est la suivante :

$$P(MR) = \frac{1}{1 + e^{-(\mathbf{C} + b_1 \mathbf{ACT123} + \mathbf{b_2 VARB} + \mathbf{b_3 TAILLE})}}$$

Où :

P(MR) est la probabilité que MR arrive, il faut savoir que la probabilité qu'un événement arrive **(odds)** est définie comme la probabilité qu'il arrive divisé par celle qu'il n'arrive pas.

[152] L'analyse discriminante est à la fois une méthode prédictive (analyse discriminante linéaire – ADL) et descriptive (analyse factorielle discriminante – AFD). Elle vise à expliquer et prédire l'appartenance des individus à des groupes (des classes), représentés par une variable cible catégorielle, à partir d'une collection de variables explicatives/descriptives, principalement quantitatives, mais qui peuvent être qualitatives moyennant un aménagement.

e est la base des logarithmes naturels

Les coefficients **b0 et b1,b2,b3** représentent la combinaison linéaire des prédicteurs et de la constante.

Le résultat obtenu à une régression logistique se situera toujours entre 0 et 1. Si la valeur est près de 0, la probabilité est faible que l'événement arrive, alors que si la valeur est près de 1, la probabilité est élevée.

Afin d'apprécier la qualité du modèle estimé, nous utilisons plusieurs statistiques et tests. Nous vérifions également dans quelle mesure les prédictions du modèle s'approchent au mieux à la réalité observée.

Pour cela, le logiciel SPSS correspond le mieux à notre projet de recherche et propose des statistiques comme le R-deux de Cox & Snell (Le premier n'atteint jamais le maximum théorique de 1 et varie en fonction de la taille de l'échantillon. Le second est une modification du 1er pour obtenir une valeur théorique plus près de 1. Ils mesurent la force de l'association (la taille d'effet) et fournissent un indice de l'ajustement au modèle, basé sur la log-vraisemblance du modèle comparée avec celle d'un modèle constant) ou de Nagelkerke (c'est une version ajustée du R-deux de Cox & Snell, qui prend des valeurs dans l'intervalle [0 ;1]), mais aussi d'autres tests, comme celui de Hosmer-Lemeshow qui est un indicateur plus fiable de l'ajustement du modèle aux données, plus robuste, en raison du fait qu'il est basé sur le regroupement des observations en déciles et la comparaison de la probabilité observée avec la probabilité théorique à l'intérieur de chaque décile.

2.2. Régression logistique- Modélisation de nos variables sur SPSS

Globalement, les études empiriques antérieures sont partagées entre résultats favorables et résultats neutres concernant le lien entre la concentration d'actionnariat et les mesures de restructuration. Il n'y a pas d'unanimité dans la littérature empirique quant au fait de savoir si les entreprises avec actionnariat concentré engagent des mesures de restructuration opérationnelles, financières ou de portefeuille.

Pour cela nous allons essayer de confirmer ou de rejeter l'hypothèse nulle en se basant sur le nombre des coefficients positifs et significatifs pour l'ensemble des études.

L'hypothèse nulle générale est que la combinaison des variables indépendantes (le modèle) ne parvient pas à mieux expliquer la présence/absence de la variable dépendante qu'un modèle sans prédicteur. Lorsque cette hypothèse nulle est rejetée, ceci signifie qu'il y a au moins un prédicteur du modèle qui est associé significativement à la variable dépendante. Il faut alors interpréter les valeurs des coefficients du modèle (b1, b2, b3… bn) et déterminer lequel ou lesquels sont significatifs[153]. Dans notre étude ces hypothèses sont présentées de la manière suivante :

Hypothèse H0= il n'y a aucun prédicteur du modèle qui est associé significativement à la Variable dépendante (mesure de restructuration appliquée).

Hypothèse H3= la concentration d'actionnariat (prédicteur du modèle) est associée significativement à la Variable dépendante (mesure de restructuration appliquée).

Comme nous cherchons à déterminer l'influence de la concentration d'actionnariat sur la nature et l'ampleur des mesures de restructuration, nous proposons un modèle probabiliste basé sur la régression logistique binaire. Cette méthode permettra d'estimer si la concentration de l'actionnariat a une influence sur la mise en œuvre des mesures de restructuration. Pour ces variables, le seuil significatif choisi se situe entre 0,05 et 0,10 puisque l'exemple a trait à une étude exploratoire.

Pour coder la variable dépendante (prédite), nous utiliserons 1 lorsqu'on constate qu'une entreprise a engagé

153 E. Yergeau et M. Poirier, *SPSS à l'UdeS,* 2013. http://spss.espaceweb.usherbrooke.ca

une (ou des) mesure(s) de restructuration et 0 dans le cas contraire, soit :

(NON = 0 ; OUI = 1).

De ce qui suit, nous allons procéder à une interprétation des résultats de SPSS en cherchant à identifier la nature des mesures de restructuration à engager lorsque l'actionnariat est concentré.

2.2.1. Mesures opérationnelles comme variable dépendante

Un listing SPSS produit par une régression logistique entre les mesures de restructuration opérationnelles et la concentration d'actionnariat sera présentée et la procédure d'analyse des résultats y sera détaillée, notamment en ce qui a trait à l'interprétation des tests statistiques utilisés.

Nous commencerons notre listing par le tableau de classement suivant :

Tableau 31 : Table de classement

Table des classification					
Pas 0	**Observé**		**Prévisions**		**Pourcentage correct**
			MESUREOP		
			Non	Oui	
	MESUREOP	Non	31	0	100
		Oui	14	0	0
	Pourcentage global				68,9

Cette table de classification montre que la prédiction en se basant sur la catégorie la plus fréquente permet de classifier correctement 68,9% des entreprises cotées en difficulté qui n'optent pas pour des mesures opérationnelles.

Comme le montre le tableau N°32 suivant qui présente les variables de l'équation, la valeur du coefficient b0 est de -0,795.

Tableau 32 : Le pouvoir prédictif du modèle

Variables de l'équation							
		B	**E.S**	**Wald**	**Ddl**	**Sig.**	**Exp(B°**
Pas 0	**Constante**	-,796	,322	6,094	1	-,014	,452

Source : Traitement SPSS

Trois méthodes ayant le même principe se présentent : le test du rapport de maximum de vraisemblance, le test de Wald et le test de Score. En effet, elles se basent sur une comparaison entre les valeurs observées de la variable dépendante et celles prédites par le modèle avec ou sans les variables en question. La statistique de Wald occupe la même fonction que le test t dans la régression. Dans notre cas sa valeur est de 6,094 donc différente à 0 ce qui indique que le coefficient beta contribue significativement à l'amélioration du modèle.

Tableau 33 : Les variables absentes de l'équation

Test du score de RAO

	Test du score de RAO		
Variables absentes de l'équation	**Score**	**ddl**	**Sig.**
Pas 0			
ACT123	1,298	1	0,255
TAILLE	0,004	1	0,952
VARB	0,011	1	0,916
Statistiques générales	**1,301**	**3**	**0,729**

Source : Traitement SPSS

En ce qui concerne le tableau N°33, il nous montre les valeurs de la statistique Score pour les variables prédictrices hors de l'équation. Il est basé sur la pente de la fonction de vraisemblance au point correspondant aux valeurs observées dans le modèle. Cette pente estimée, ou score, est ensuite utilisée pour estimer l'amélioration de l'ajustement du modèle si des variables supplémentaires étaient incluses dans le modèle. Comme elle est égale à 1,298 elle est significative, elle contribuera donc probablement à l'amélioration du modèle.

Tableau 34 : Historique des itérations[a,b,c,d]

Historique des itérations			*Coefficients*		
Itération	**Log de vraisemblance -2**	**Constante**	**ACT123**	**Taille**	**Varb**
Pas 1					
1	54,481	-3,353	2,841	0,002	0,001
2	54,331	-4,626	3,927	0,012	0,001
3	54,329	-4,786	4,06	0,013	0,001
4	54,329	-4,788	4,062	0,013	0,001
5	54,329	-4,788	4,062	0,013	0,001

a. Méthode : Introduction

b. La constante est incluse dans le modèle.

c. Log de vraisemblance -2 initial : 55,799

d. L'estimation s'est arrêtée à l'itération numéro 5, car le nombre de modifications des estimations du paramètre est inférieur à,001.

Source : Traitement SPSS

Cet extrait listing de SPSS présente l'historique des itérations pour le modèle de base. Nous retenons la probabilité log -2LL initiale à savoir 55,799 ; c'est la probabilité que nous cherchons à améliorer.

Tableau 35 : Les R-deux du modèle

Récapitulatif des modèles	Log de vraisemblance -2	R-deux de Cox et Snell	R-deux de Nagelkerke
Pas 1	54,329[a]	,032	,045

a. L'estimation s'est arrêtée à l'itération numéro 5, car le nombre de modifications des estimations du paramètre est inférieur à,001.

Le tableau N°35 récapitulatif du modèle fournit la valeur -2LL de notre modèle, cette dernière doit être inférieur à la probabilité de base (55,799), la différence nous donne 1,469. Cette valeur est évaluée dans une distribution X2 et sa signification est présentée dans le tableau des tests composites des coefficients du modèle. Nous constatons que l'étape 1 (soit la variable prédictrice) et le modèle complet sont proportionnellement significatifs. La valeur x2 est identique pour les deux éléments.

Ensuite, le R2 de Cox et Snell (1989) et le R2 Nagelkerke (1991), tous deux fournis dans un tableau SPSS, ces derniers s'apparentent aussi au R2 de la régression linéaire. Le premier basé sur la log-vraisemblance du modèle comparée avec celle d'un modèle constant, il prend toujours des valeurs inférieures à 1, même pour un modèle « parfait ». Le second est une modification du premier pour obtenir une valeur théorique plus près de 1, c'est une version ajustée du R-deux de Cox &Snell, qui prend des valeurs dans l'intervalle [0 ;1]). Ils mesurent la force de l'association (la taille d'effet) et fournissent un indice de l'ajustement au modèle. Ils représentent un estimé de la variance expliquée par le modèle. Plus leur valeur est élevée, plus la probabilité prédite par le modèle s'approche de la valeur observée.

Les valeurs de R-deux sont de 0,032 et de 0,045 ce qui est jugé satisfaisant compte tenu du caractère exploratoire et nouveau de cette étude.

Le listing SPSS nous présente ensuite les rapports de cote (ou « odds ratio ») qui se situent dans la case Exp(B). (Tableau N°37).

Tableau 36 : Coefficients estimés du modèle de choix d'engagement des mesures de restructuration opérationnelles

Coefficients	*B*	*E.S*	*Wald*	*Ddl*	*Sig.*	*Exp(B)*
Pas 1[a]						
ACT123	4,062	3,684	1,216	1	,270	58,071
TAILLE	,013	,215	,004	1	,952	1,013
VARB	,001	,019	,001	1	,979	1,001
Constante	-4,788	6,101	,616	1	,433	,008

a. Introduction des variables au pas 1 : ACT123.

Source : Listing SPSS

Il est à noter que les rapports de cote correspondent au nombre de fois d'appartenance à un groupe lorsque la valeur du prédicteur augmente de 1. Plus précisément, un rapport de cote plus grand que 1 indique une augmentation des chances de procéder à des mesures de restructuration, tandis qu'un rapport de cote de moins de 1 diminue les probabilités d'engager ces mesures.

Le sens des coefficients B et de E.S indiquent le sens de la relation. On constate donc que la relation est positive pour la variable de concentration d'actionnariat. Ce tableau montre que le modèle final permet de prédirc significativement mieux la probabilité d'utiliser une mesure de restructuration opérationnelle lorsque l'actionnariat est concentré.

L'équation finale est la suivante :

MR(OP) = -0,795+ 4,062*ACT123 + 0,001*VARB+0,013*TAILLE

2.2.2. Mesures financières comme variable dépendante

Après avoir une idée claire sur les différents paramètres, étapes et tests statistiques. Nous avons repris l'ensemble des étapes déjà effectuées par le biais de la régression logistique en utilisant le logiciel SPSS sur les mesures financières comme variable dépendante. Et ce, pour avoir une idée sur l'influence de la concentration d'actionnariat et les variables de contrôle sur ce type de mesures. **(Voir listing SPSS en annexe N°8)**

Nous avons résumé les principaux coefficients dans le tableau suivant :

Tableau 37 : Coefficients estimés du modèle de choix d'engagement des mesures de restructuration financières

Variables de l'équation	*B*	*E.S*	*Wald*	*Ddl*	*Sig.*	*Exp(B)*
Pas 0						
Constante	-0,044	0,298	0,022	1	0,882	0,957
Pas 1[a]						
ACT123	-0,014	2,795	0,000	1	0,996	0,986
TAILLE	-0,183	0,207	0,781	1	0,377	0,833
VARB	0,026	0,019	1,854	1	0,173	1,026
Constante	4,852	5,226	0,862	1	0,353	128,018

a. Introduction des variable au pas 1 : ACT123,TAILLE,VARB

Source : Listing SPSS

L'équation finale est la suivante :

MR(FIN) = -0,044-0,014*ACT123+0,026*VARB-0,183*TAILLE

On note que, le sens du coefficient B indique un sens négatif de la relation. En d'autres termes, la relation est négative pour la variable de concentration d'actionnariat. (Coefficient négatif) ($B = -0{,}014$, $p < 0{,}05$), avec un rapport de cote de 0,986.

In fine, nous estimons que la concentration de l'actionnariat des entreprises favorise moins l'utilisation des mesures financières et que le modèle final ne permet pas de prédire significativement la probabilité d'utiliser une mesure de restructuration financière lorsque l'actionnariat est concentré.

2.2.3. Les autres mesures de portefeuille comme variable dépendante

De la même manière, nous avons procédé à la régression logistique en prenant les autres mesures de portefeuille comme variable dépendante et en suivant toutes les étapes du modèle statistique. **(Voir listing SPSS en annexe N°9)**

Tableau 38 : Coefficients estimés du modèle de choix d'engagement des autres mesures de portefeuille

Variables de l'équation	*B*	*E.S*	*Wald*	*ddl*	*Sig.*	*Exp(B)*
Pas 0						
Constante	-1,386	0,373	13,837	1	0,000	0,250
Pas 1[a]						
ACT123	-4,468	3,337	1,793	1	0,181	0,011
TAILLE	0,337	0,287	1,379	1	0,240	1,401
VARB	-0,039	0,024	2,513	1	0,113	0,962
Constante	-6,215	6,696	0,861	1	0,353	0,002

a. Introduction des variables au pas 1 : ACT123,TAILLE,VARB.

Source : Listing SPSS

L'équation finale est la suivante :

MR(AUTRES) = -1,386-4,468*ACT123-0,039*VARB+0,337*TAILLE

Comme les mesures financières, on observe aussi une influence négative de la concentration d'actionnariat sur les autres mesures de portefeuille (B = -4,468, $p < 0,10$), avec un rapport de cote de 0,011.

En revanche, nos résultats ne permettent pas de conclure sur l'influence que peut avoir la taille de la firme sur les mesures engagées à l'exception des mesures opérationnelles et les autres mesures de portefeuille ou les coefficients sont positifs.

Pour ce qui est de la variation du cours boursier pendant l'année de détresse, on observe, que l'ampleur de la détresse influe positivement sur la mise en place de mesures de restructuration opérationnelles et financières. Le coefficient est d'ailleurs positif et significatif (**0,026 et 0,001).** Ce résultat corrobore les résultats des études d'Ofek (1993) et de Séverin (2003) réalisées sur le marché américain et le marché français respectivement. Toutefois, ces résultats suggèrent que la mise en œuvre de mesures de restructuration n'est pas conditionnée par l'ampleur de la destruction de valeur mais plutôt par la détresse financière, des mesures qui doivent être prises si l'on veut éviter la faillite.

3. Discussion des résultats

Notre troisième hypothèse s'appuyait sur l'argumentation de Jensen (1989) et spécifiait que la structure actionnariale des sociétés en difficulté influence la mesure de restructuration. Les résultats de notre étude, présentés et résumés dans le tableau N°39 ci-dessous, sont de nature à confirmer cette hypothèse, en prenant en considération la structure d'actionnariat sous l'angle de sa concentration.

Nous résumons dans le tableau suivant les résultats obtenus par les régressions logistiques.

Tableau 39 : Synthèse des résultats de la régression logistique [154]

Équation	*Constante*	*b1*ACT123*	*b2*VARB*	*b3*TAILL*
Mesures de restructuration prises				
Mesures opérationnelles *LR = 1,469* *Signif. = 0,014**	-0,795 « 6,094 »	4,026 « 1,216 »	0,001 « 0,001 »	0,013 « 0,004 »
Mesures financières *LR = 2,644* *Signif. = 0,882 (NS)*	-0,044 « 0,022 »	-0,014 « 0,000 »	0,026 « 1,854 »	-0,183 « 0,781 »
Autres mesures de portefeuille *LR = 5,023* *Signif. = 0,000*	-1,386 « 13,837 »	-4,468 « 1,793 »	-0,039 « 2,513 »	0,337 « 1,397 »

* significatif à 5%

Source : Etabli par nos soins

Le tableau N°39 précité, résume le modèle complet que nous avons spécifié dans la commande de régression logistique (SPSS) et présente les résultats de la régression logistique effectuée entre nos variables indépendantes (concentration d'actionnariat et les variables de contrôle) et la variable dépendante binaire (mesure de restructuration). Ces résultats nous renseignent sur la relation entre la variable indépendante et la variable dépendante, où la variable dépendante est sur l'échelle logit. Parmi les ratios et les tests du modèle, nous trouvons :

-LR (likehood ratio) est le ratio de vraisemblance. L'amélioration du modèle est donc calculée à partir de la probabilité -2log de base (-2LL), ce ratio illustre la différence au carré entre le modèle de base et le modèle avec un ou plusieurs prédicteur (s). On reprend la valeur de ce ratio :

[154] Toutes les régressions logistiques sont faites à partir des mesures de restructuration engagées en N et N+1 (avec N = année de la détresse).

$LR=X^2 = 2$ (LL « modèle » – LL « base »)

D'après les résultats de SPSS :

LR (OP)=55,799 – 54,334 = **1,469**

LR (FIN)=62,361- 59,717 = **2,644**

LR (AUTRES)=45,036- 40,014 = **5,023**

-En dessous de chaque valeur des coefficients, se trouve entre parenthèses la statistique de Wald. Elle occupe la même fonction que le test-t dans la régression. Elle indique si chaque coefficient (b) contribue significativement à l'amélioration du modèle, et si sa valeur est différente à 0.

-Les régressions logistiques faites sur les mesures opérationnelles reprennent à la fois les licenciements, les réductions de coûts et les désinvestissements. Les régressions logistiques réalisées sur les mesures de restructuration financière tiennent compte des actions financières, des renégociations de la dette, de la baisse des dividendes et des augmentations de capital et les régressions logistiques faites sur les autres types de mesures correspondent aux opérations de fusion et des plans de sauvegarde.

-Le sens des coefficients nous renseigne sur la relation entre les variables indépendantes et la variable dépendante, où la variable dépendante est dichotomique et nous indique le montant de l'augmentation (ou de la diminution, si le signe du coefficient est négatif) dans le log des probabilités prédites.

En parcourant les résultats des tests statistiques ci-dessus, on observe que la concentration de l'actionnariat (variable ACT123) semble favoriser les mesures opérationnelles (coefficient de 4,062). À l'inverse, la concentration de l'actionnariat influe négativement et significativement sur les mesures financières et les autres mesures de portefeuilles (coefficient de -0,014 et -4,468 respectivement).

De ce qui précède, nous concluons que les tests statistiques confirment notre hypothèse qui stipule que plus l'actionnariat est concentré, plus les actionnaires vont engager des mesures de restructuration.

Ces résultats corroborent aussi avec les conclusions de Bethel et Libeskind (1993), qui ont travaillé sur un échantillon de 93 entreprises survivantes du Fortune 500 au cours de la période 1981-87. Les résultats de leur étude montrent que la concentration de l'actionnariat est associée de manière significative à la restructuration des entreprises, ce qui suggère que de nombreux dirigeants ont restructuré leurs entreprises dans les années 80 uniquement sous la pression des grands actionnaires.

Cependant, nos résultats ne permettent pas de donner une idée claire sur l'influence que peut avoir la taille de la firme sur les mesures engagées à l'exception des mesures opérationnelles et les mesures de portefeuilles où les coefficients obtenus (0,013 et 0,337 respectivement) sont positifs et significatifs au seuil de 1 %. Ce résultat semble suggérer que les possibilités d'amélioration de la productivité sont plus nombreuses dans les entreprises de grande taille.

En ce qui a trait à la deuxième variable de contrôle, à savoir la contre-performance boursière des firmes cotées de notre échantillon. On observe, dans presque tous les cas, à l'exception des mesures de portefeuille, que l'ampleur de la détresse influe positivement sur la mise en place de mesures de restructuration. Les coefficients sont d'ailleurs positifs et significatifs.

Cela laisse penser que la mise en œuvre de mesures de restructuration est conditionnée par l'ampleur de la destruction de valeur. Cette conclusion peut s'expliquer par la mesure de difficulté choisie. Etant donné, que notre choix s'est inspiré des études de Ofek (1993), en prenant les entreprises dont la rentabilité boursière était très fortement dégradée (baisse de 10 %). Dès lors, on peut considérer que face à une telle destruction de valeur, des mesures doivent être prises pour parvenir au redressement de l'entreprise et tendre à éviter la défaillance ou à la traiter.

Nos résultats rejoignent aussi ceux de l'étude effectuée par Timbeau (2002) et Severin *et al.* (2003), ces derniers ont montré que la concentration de la structure actionnariale semble accroître la mise en place des restructurations des entreprises. Ils identifient également un effet positif et significatif de la part du capital détenue par les actionnaires majoritaires sur la réduction des coûts en lien avec les réductions d'effectifs. C'est dans les entreprises ayant une plus forte concentration de l'actionnariat en particulier que les mesures de restructuration en termes de réductions d'effectif salarié sont souvent adoptées pour protéger les intérêts des actionnaires. A cet effet, les actionnaires doivent détenir une part significative du capital de sorte que le coût du contrôle ne dépasse pas les bénéfices qu'ils peuvent ainsi en tirer, pour qu'ils puissent peser d'une manière efficace sur les décisions managériales.

De plus, ces résultats vont dans le même sens aussi que ceux trouvés par Norazlan et al. (2010) qui trouvent que la concentration de la structure d'actionnariat renforce la relation entre la performance des firmes et la réduction des effectifs salariés. Sur la base d'un échantillon composé de 96 entreprises cotées en Malaisie durant la période 1995-2002, les auteurs trouvent un effet positif de la concentration de la structure d'actionnariat sur la performance des firmes procédant aux licenciements. Au niveau des entreprises ayant une plus faible concentration de l'actionnariat, les effets observés sont non significatifs.

Partant de nos résultats, il est démontré que la concentration d'actionnariat est davantage associée à l'utilisation des mesures opérationnelles que l'utilisation des mesures financières ou autres mesures de portefeuille.

In fine, nous estimons qu'aucune relation claire n'apparaît entre la structure d'actionnariat et les mesures de restructuration, tout dépend des variables utilisées. Les résultats obtenus démontrent que plus l'actionnariat est concentré, plus les actionnaires vont favoriser les mesures de restructuration opérationnelles, et moins les mesures financières et de portefeuille. Et que la destruction de valeur est la résultante d'une situation de difficulté financière, ce qui oblige les entreprises à engager des mesures de restructuration pour assurer la poursuite de leur activité, optimiser leur performance et éviter la faillite.

Conclusion

Les résultats trouvés confirment donc les conclusions précédentes de Hill et Snell (1988) selon lesquelles la concentration de l'actionnariat est associée à la valorisation des stratégies de restructuration plus efficaces et à une meilleure performance des entreprises. Les résultats sont également cohérents avec les preuves présentées par Barclay et Holderness (1991), Holderness et Sheehan (1988) et Mikkelson et Ruback (1991) qui suggèrent que la propriété des actionnaires de bloc augmente la valeur de l'entreprise en précipitant des changements dans la politique de gestion et en mettant en œuvre des mesures de restructuration pour assurer la survie de l'entreprise.

En outre, les résultats montrent que les gestionnaires hésitent à mettre en place des mesures de redressement ou de restructuration des entreprises, mais que lorsque le besoin s'en fait sentir, les grands actionnaires jouent un rôle essentiel et primordial dans le suivi et la réorientation de la stratégie d'entreprise.

Nous constatons finalement que la situation financière d'une entreprise qui présente des signes révélateurs de difficulté risque de se dégrader très vite, à cet effet, la rapidité du déclenchement des mesures de restructuration et le choix des mécanismes juridiques de prévention contenus dans les différents systèmes de prévention possibles revêtent alors une extrême importance, car l'efficacité du système de prévention en dépendra largement.

In fine, cette présentation sommaire de la régression logistique nous a permis de montrer que les actionnaires détenant une part suffisante de capital influencent positivement et favorablement les mesures opérationnelles. En revanche, le rôle de la concentration d'actionnariat apparaît plus brouillé pour les mesures financières et les autres mesures de portefeuille.

Conclusion de la deuxième partie

Depuis quelques années, l'influence des structures d'actionnariat a aussi été brièvement analysée. Cependant, à notre connaissance, il n'existe aucune analyse structurée et globale de cette problématique. A cet effet, l'objectif de cette étude était donc de fournir un cadre à l'analyse de la relation entre la structure d'actionnariat et la performance d'une part et les mesures de restructuration d'autre part.

Les tests statistiques appliqués ont des visées descriptives et explicatives, et ont pour objectif de tester nos hypothèses de recherche, ils ont été réalisés pour répondre aux objectifs déjà présentés et, in fine, à la problématique de la recherche.

Afin de répondre à nos questions de recherche, deux études empiriques ont été menées.

La première étude quantitative est portée sur un échantillon de 70 sociétés marocaines cotées à la bourse de Casablanca sur la période 2016-2018 pour étudier le lien qui existe entre la structure d'actionnariat au Maroc et la performance des entreprises cotées à la bourse de Casablanca. Les résultats montrent que les actionnaires influencent positivement et favorablement la performance de l'entreprise, dès lors qu'ils détiennent une part suffisante du capital. Cette étude a révélé aussi que l'actionnariat familial influence de manière positive et significative la performance des entreprises. Cependant, l'association devient négative lorsque les actions sont détenues majoritairement par des actionnaires non familiaux (investisseurs institutionnels, état, etc.). La présence des entreprises familiales dans le monde ne laisse aucun doute sur leur prédominance et leur importance économique. Nous avons porté notre choix sur l'actionnariat familial et l'actionnariat non familial comme variables de la nature d'actionnariat puisque les entreprises familiales occupent 62,9% de notre échantillon. Ce qui montre la forte présence de l'actionnariat familial dans le marché boursier marocain.

La deuxième étude quantitative est conduite sur un échantillon de 45 sociétés marocaines en difficulté cotées à la bourse de Casablanca sur la période 2015-2019. Les résultats montrent que les actionnaires détenant une part suffisante de capital semblent favoriser les mesures opérationnelles. En revanche, le rôle de la concentration d'actionnariat influe négativement les mesures financières et les autres types de mesures de portefeuille. De façon général, les entreprises qui se caractérisent par une concentration d'actionnariat étaient susceptibles de se restructurer pendant cette période et les dirigeants engagent des mesures de restructuration lorsque des opportunités se présentaient, mais uniquement sous la pression des actionnaires de bloc.

Notre problématique de recherche étant l'étude de l'impact de la structure d'actionnariat sur la performance et les mesures de restructuration des entreprises cotées à la bourse des valeurs de Casablanca, la principale conclusion de nos deux études empiriques effectuées est la suivante : La concentration d'actionnariat influence positivement la performance de l'entreprise en engageant des mesures de restructuration opérationnelles pour assurer la pérennité de l'entre

Conclusion générale

Tout au long de cette étude nous nous sommes inspiré de l'importance majeure de la structure d'actionnariat dans la gouvernance d'entreprise. Elle est considérée comme l'un des mécanismes de contrôle à exécuter par les actionnaires car elle exprime la capacité des actionnaires à s'immiscer dans le comportement des dirigeants et à affecter leurs incitations. L'objectif principal de notre recherche était de mieux déterminer l'influence de cette structure d'actionnariat sur la performance des entreprises cotées en bourse d'une part, et sur les mesures de restructuration initiées par les entreprises en difficulté d'autre part. A cet effet, nous avons construit un modèle conceptuel permettant d'intégrer les deux approches théoriques des deux variables d'influence, à savoir la performance d'un côté, et les mesures de restructuration d'un autre.

L'origine du thème de recherche traité est issue de questionnements et travaux théoriques antérieurs. De ces observations, nourries par des lectures de travaux issus de la littérature sur la structure d'actionnariat, est né un thème de recherche qui a trouvé un écho au sein des différentes disciplines qui forment les sciences de gestion des organisations. Toutefois nous devons préciser que le choix du thème de recherche est aussi issu de notre intérêt théorique et empirique d'éclairer la compréhension de la structure d'actionnariat et son rôle dans la gouvernance de l'entreprise dans le cadre marocain. Comme nous l'avons déjà précisé, nous avons fait le choix d'une démarche hypothéco-déductive avec un positionnement constructiviste pour aborder ce sujet.

Ce travail de thèse, tout en restant dans le corpus théorique classique des recherches en finance de création de valeur actionnariale, a cherché à développer cette voie. En effet, rares sont les études qui analysent la structure d'actionnariat au Maroc prenant compte la performance et les mesures de restructuration à la fois comme variables explicatives de la structure d'actionnariat.

Pour cela, notre recherche visait à atteindre les trois objectifs suivants :

- Evaluer l'efficacité de la structure d'actionnariat à travers la concentration de l'actionnariat et les différentes catégories des actionnaires sur la performance de l'entreprise et ce en appliquant des analyses quantitatives sur les entreprises marocaines cotées à la bourse des valeurs de Casablanca.

- Chercher, à travers une analyse empirique, les mesures de restructuration favorisées par les entreprises marocaines cotées durant une période de détresse et analyser le rôle de la structure d'actionnariat comme facteur explicatif de ces mesures.

- Améliorer la connaissance de fonctionnement du mécanisme de la structure d'actionnariat, enrichir le cadre théorique et les diffférentes conclusions émises par des théoriciens ayant abordés ce concept, en apportant des éléments de réponse additionnels afin de mieux cerner l'impact de la structure d'actionnariat sur la performance et les mesures de restructuration prises par les entreprises marocaines cotées en bourse.

A travers ce travail, nous avons compris que la structure de l'actionnariat s'entend comme le profil du nombre d'actions concentrées dans un groupe particulier d'actionnaires et que cette structure doit être entreprise et menée sous deux angles différents :

• La concentration de la propriété, c'est-à-dire l'existence d'actionnaires majoritaires et la dispersion de l'actionnariat ;

• La présence de types spécifiques d'actionnaires, en particulier les familles, les salariés, les investisseurs institutionnels, etc.

Le cœur de notre recherche était centré sur la démarche quantitative en réalisant deux études empiriques à l'aide du logiciel SPSS. Cette démarche s'est construite sur un mode participatif en associant des variables quantitatives et qualitatives.

Le premier volet de cet ouvrage s'est intéressé à la combinaison de l'approche conceptuelle améliorée d'investigation à la fois de la concentration et de la nature d'actionnariat. Cette conception méthodologique avancée et l'échantillon de données avantageux apportent un nouvel éclairage sur la relation entre la structure d'actionnariat et la performance. Les analyses empiriques de cette thèse documentent un effet positif significatif de la concentration de l'actionnariat sur la performance présentée par Q de Tobin et ROA, basé sur un modèle de régression, mais révèle que la forme de l'effet est mieux décrite comme non linéaire avec un effet négatif à de faibles niveaux à la concentration de l'actionnariat et un effet positif à des niveaux élevés de concentration de l'actionnariat.

De plus, les analyses révèlent, en outre, que l'identité des grands actionnaires est importante pour la relation entre la concentration de l'actionnariat et la performance. Les actionnaires diffèrent en termes de contraintes de richesse, de compétence, de préférences et de liens de non-propriété avec l'entreprise. Cela affecte la manière dont ils exercent leurs droits de propriété et a donc des conséquences distinctes sur la performance de l'entreprise. Nos résultats montrent que les actionnaires familiaux ont un impact positif sur la performance, alors que la propriété est négativement liée à la performance pour les actionnaires non familiaux. Autrement dit, l'effet positif sur le rendement à des niveaux de concentration de propriété moyens à élevés est attribuable à la dominance relative des grandes institutions familiales qui ont un impact positif sur le rendement des entreprises. En revanche, l'effet négatif sur la performance à de faibles niveaux de concentration de la propriété est attribué à l'impact de la baisse de la valeur de la petite propriété entre les mains des entreprises non familiales à savoir : l'état, les financiers, les managers, etc. Une conclusion majeure à tirer de cette étude empirique est donc que la relation entre la concentration de l'actionnariat et la performance de l'entreprise peut être expliquée dans une large mesure par la distinction entre les différentes identités de propriétaires qui ont des implications différentes pour la performance de l'entreprise et, en même temps, divergent dans leurs préférences de l'actionnariat dans des tranches de taille particulières. Cela implique que l'interprétation des effets de concentration d'actionnariat devrait être effectuée en complément avec les effets d'identité des actionnaires.

A noter aussi que notre étude sur le lien entre la structure d'actionnariat et la performance contribue à la littérature de plusieurs façons. Tout d'abord, elle permet de mettre en évidence l'influence de la concentration de l'actionnariat et du caractère familial sur la performance de l'entreprise. Alors que la plupart des études n'appréhendent la performance que selon un seul axe, notre approche se voulait plus complète et en donne une vision contingente.

Les résultats obtenus par les tests statistiques sur notre échantillon de 70 entreprises familiales et non familiales cotées à la bourse des valeurs de Casablanca permettent de confirmer la meilleure performance des entités présentant un actionnariat concentré et une composante familiale, la notion de performance ayant été appréhendée d'une manière relativement large. En effet, la majorité des indicateurs de performance financière ont démontré une supériorité des grandes entités familiales du marché marocain. Ces résultats viennent ainsi corroborer le constat dressé par de nombreuses recherches empiriques (R. Anderson et D. Reeb, 2003 ; B. Maury, 2006 ; C. Andres, 2008 ; L. Chen et L. Lu, 2009 ; A.J. Ahmad et N.Z. Amran, 2010). Des résultats significatifs ont également été constatés en termes de liquidité, ce qui laisse donc à penser que la faculté de gestion des engagements à court terme des entreprises familiales leur confère un avantage compétitif non négligeable (J-J. Croutsche et B. Ganidis, 2009).

Le deuxième volet de notre ouvrage s'est intéressé à la concentration d'actionnariat et son influence sur les mesures de restructuration appliquées par les entreprises cotées en difficulté, la relation observée peut s'expliquer à la lumière de l'argumentation de Hanka (1998), qui souligne que la destruction de valeur est la résultante d'une situation de difficulté financière, alors il est plus juste de penser que les mesures de restructuration sont un élément de la vie normale des affaires et leur mise en œuvre s'expliquent souvent lorsque l'entreprise s'est développée au point que la structure d'origine ne peut plus gérer efficacement la production et les intérêts généraux de l'entreprise. A cet effet, si la baisse de la rentabilité boursière est la traduction de difficultés présentes et à venir, on peut considérer que bien plus que la chute du cours boursier, ce sont les causes de la difficulté qui expliquent le choix de telle ou telle mesure de restructuration.

Notre étude empirique a montré en premier que la concentration de l'actionnariat semble favoriser les mesures de restructuration opérationnelles. En revanche, on observe une corrélation négative et significative entre la concentration de l'actionnariat et les mesures financières et les autres mesures de portefeuille.

Nos résultats suggèrent également que l'essentiel de ces mesures sont prises sur deux ou trois ans à compter de l'année de difficulté, ce qui indique une certaine réactivité des entreprises marocaines. Ce résultat est à mettre en perspective avec les études antérieures françaises et américaines qui mettent aussi en évidence cette réactivité.

In fine, comme nous venons de le voir, une voie de recherche prometteuse est d'élargir la taille de l'échantillon sur lequel porte l'étude, en tenant compte toutes les entreprises marocaines cotées et en introduisant ainsi des entreprises non cotées pour avoir une meilleure représentativité des résultats.

BIBLIOGRAPHIE

Ouvrages

Batsch Laurent, *Le recentrage stratégique*, Paris, Repères, 2002, p. 41-67.

Batsch Laurent, *La financiarisation des stratégies*, Paris, Repères, 2002, p. 68-98.

Berle Adolf A. et Means Gardiner C., *The Modern Corporation and Private Property*, New York, Transaction, 1932.

Brilman Jean, *Gestion de crise et redressement d'entreprises*, Paris, Hommes et Techniques, 1986.

Charreaux Gérard (dir.), *Le gouvernement des entreprises : Corporate Governance, théories et faits*, Paris, Économica, 1997.

Hirigoyen Gérard et Caby Jean, *La création de valeur de l'entreprise*, Paris, Économica, 1997.

Perret Véronique et Séville Martine, « Fondements épistémologiques de la recherche », dans *Méthodes de recherche en management*, Paris, Dunod, 2003, p. 13-33.

Prunier Régis et Mourel Pierre, *L'ingénierie financière dans la relation banque-entreprise*, Paris, Économica, 1996.

Saadi Mohamed Saïd, *Les groupes financiers au Maroc*, Casablanca, Okad, 1989.

Stafford Jean et Bodson Paul, *L'analyse multivariée avec SPSS*, Québec, Presses de l'Université du Québec, 2006.
Thiétart Raymond-Alain, *Méthodes de recherche en management*, 4e éd., Paris, Dunod, 2014.

Vernimmen Pierre, Quiry Pascal et Le Fur Yann, *Finance d'entreprise*, Paris, Dalloz, 2013.

Articles de recherche

Albouy Michel, « L'actionnaire comme apporteur de ressources financières », *Revue française de gestion*, no 141, 2002, p. 17-35.

Alias Norashidah, Yaacob Mohd Hizam et Jaffar Norazlin, « Governance structure, corporate restructuring and performance », *Polish Journal of Management Studies*, vol. 15, 2017.

Allouche José, Laroche Patrice et Noël Florent, « Restructurations et performances de l'entreprise : une méta-analyse », *Finance Contrôle Stratégie*, vol. 11, no 2, 2008, p. 105-146.

Alonso-Bonís Susana et De Andrés-Alonso Pablo, « Ownership structure and performance in large Spanish companies: empirical evidence in the context of an endogenous relation », *Corporate Ownership and Control*, vol. 4, no 4, 2007, p. 206-216.

Amal Hamrouni et Lakhal Faten, « La transparence de l'entreprise et la structure de propriété : cas des entreprises françaises », dans *Crises et nouvelles problématiques de la valeur*, 2010 (CD-ROM).

Amin Anisa A. et Hamdan Allam M., « Evaluating the effect of ownership structure on firm performance: evidence from Saudi Arabian listed companies », *Journal of Economic Cooperation and Development*, vol. 39, no 3, 2018, p. 65-92.

Barrère Christian, « Pour une théorie critique des droits de propriété », *Actuel Marx*, no 29, 2001.

Beaujolin-Bellet Rachel et Schmidt Géraldine, *Les restructurations d'entreprises*, Paris, La Découverte, 2012.

Ben Jabeur Sami, Fahmi Youssef, Taghzouti Amine et Sadok Hichem, « La défaillance des entreprises : une revue de littérature », IPAG Business School, Working Paper no 2014-315, 2014.

Bethel Jennifer E. et Liebeskind Julia, The effects of ownership structure on corporate restructuring », *Strategic Management Journal*, vol. 14, suppl. 1, 1993, p. 15-31.

Biebuyck Thérèse, Chapelle Ariane et Szafarz Ariane, « Les leviers de contrôle des actionnaires majoritaires », *Revue Gouvernance*, vol. 1, no 2, 2004.

Butt Safdar A. et Hasan Arshad, « Impact of ownership structure and corporate governance on capital structure of Pakistani listed companies », *International Journal of Business and Management*, vol. 4, no 2, 2009.

Charlier Patrice et Du Boys Céline, « Gouvernance familiale et répartition de la valeur : étude des politiques de distribution aux actionnaires des entreprises familiales cotées », *Actes de congrès* (AFC), 2009.

Charreaux Gérard, « Au-delà de l'approche juridico-financière : le rôle cognitif des actionnaires et ses conséquences sur l'analyse de la structure de propriété et de la gouvernance », *Cahiers du FARGO*, 2002, p. 77-107.

Charreaux Gérard, « L'actionnaire comme apporteur de ressources cognitives », *Revue française de gestion*, no 141, 2002, p. 77-107.

Claessens Stijn et Fan Joseph P. H., Corporate governance in Asia : a survey », *International Review of Finance*, vol. 3, no 2, 2002, p. 71-103.

Cohanier Bruno, Lafarge Philippe et Loiseau Alain, « Management de la performance : des représentations à la mesure », *International Marketing Trends Conference*, 2010.

Cormier Denis, *L'utilisation de méthodes quantitatives en vérification*, 3e éd., Québec, Presses de l'Université du Québec, 2011.

Crucifix François et Derni André, « Le redressement de l'entreprise : les symptômes de défaillance et les stratégies », *Academia-Ed*, 1992.

Daigne Jean-François, « Le management en période de crise : aspects stratégiques, financiers et sociaux », Paris, Les Éditions d'Organisation, 1991.

Daunigeau Jean-Marc, « Les entreprises en difficulté », *Revue Banque*, 1969.

De Miguel Alberto, Pindado Julio et De La Torre Chabela, « Ownership structure and firm value: new evidence from Spain », *Strategic Management Journal*, vol. 25, no 12, 2004, p. 1199-1207.

DeAngelo Harry et DeAngelo Linda, Dividend policy and financial distress: an empirical investigation of troubled NYSE firms », *The Journal of Finance*, vol. 45, no 5, 1990, p. 1415-1431.

Demsetz Harold, « Towards a theory of property rights », *American Economic Review*, vol. 57, no 2, 1967, p. 347-359.

Demsetz Harold et Lehn Kenneth, The structure of corporate ownership: causes and consequences », *Journal of Political Economy*, vol. 93, no 6, 1985, p. 1155-1177.

Demsetz Harold et Villalonga Belen, Ownership structure and corporate performance », *Journal of Corporate Finance*, vol. 7, no 3, 2001, p. 209-233.

Desbrières Philippe, « Les actionnaires salariés », *Revue française de gestion*, no 141, 2002, p. 255-281.

Desjardins Julie, « L'analyse de régression logistique », *Tutorial in Quantitative Methods for Psychology*, vol. 1, no 1, 2005, p. 35-41.

Dewata Evada et Isnurhadi Isnurhadi, « The effect of ownership structure on firm value in Indonesia », *EBES Istanbul Conference*, 2012.

Dohou Angèle et Berland Nicolas, « Mesure de la performance globale des entreprises », *Congrès de l'Association Francophone de Comptabilité*, 2007.

Duchesne Raymond et Gauthier Benoît, *Méthodologie de la recherche sociale : cahier de l'étudiant*, Sainte-Foy (Québec), Télé-université, 1998.

Earle John S., Kucsera Csaba et Telegdy Álmos, « Ownership concentration and corporate performance on the Budapest stock exchange: do too many cooks spoil the goulash? », *Corporate Governance: An International Review*, vol. 13, no 2, 2005, p. 254-264.

Fréchette M., Perez Muriel et Chalayer Rouchon Sylvie, « Le désinvestissement face au risque de défaillance en contexte PME : une approche exploratoire », 27e conférence de l'AIMS, Montpellier, 6-8 juin 2018.

Frémond Olivier, « L'actionnariat et son mode de financement », *L'Économiste*, no 175, avril 1995.

Ginglinger Édith, « L'actionnaire comme contrôleur », *Revue française de gestion*, no 141, 2002, p. 37-55.

Giordano Yvonne, « Les spécificités des recherches qualitatives », dans *Conduire un projet de recherche en sciences de gestion : une perspective qualitative*, 2003, p. 11-39.

Grossman Sanford J. et Hart Oliver D., « The costs and benefits of ownership: a theory of vertical and lateral integration », *Journal of Political Economy*, vol. 94, no 4, 1986, p. 691-719.

Houda Bradai, « Détresse financière et restructurations des structures de gouvernance : une analyse de survie », communication, Institut Supérieur de Gestion de Tunis, 2008 (réf. 2010).

Iqbal Muhammad Shahid et Mustafa Khalid, « Ownership structure changes, reforms and corporate restructuring: evidence from Japan », *IBA Business Review*, vol. 12, no 2, 2017, p. 33-64.

Jacquet Stéphane, « Management de la performance : des concepts aux outils », *Centre de Ressources en Économie-Gestion (CREG)*, 2011, p. 2-6.

Jensen Michael C. et Meckling William H., « Theory of the firm: managerial behavior, agency costs and ownership structure », *Journal of Financial Economics*, vol. 3, no 4, 1976, p. 305-360.

Jostarndt Philipp, « Of bail-outs and bankruptcies: an empirical study of distressed debt restructurings in Germany », dans *Financial Distress, Corporate Restructuring and Firm Survival : An Empirical Analysis of German Panel Data*, 2007, p. 71-126.

Kavadis Nikolaos et Castañer Xavier, « Who drives corporate restructuring? Co-existing owners in French firms », *Corporate Governance: An International Review*, vol. 23, no 5, 2015, p. 417-433.

Khalid G., « L'impact de l'introduction en bourse sur la performance des entreprises cotées », *International Journal of Business and Economic Strategy (IJBES)*, 2016.

Khan Farman et Nouman Muhammad, « Does ownership structure affect firm's performance? Empirical evidence from Pakistan », *Pakistan Business Review*, vol. 19, no 1, 2017.

Koh Sze Kee, Durand Robert B., Dai Lei et Chang Ming-Hua, « Financial distress: lifecycle and corporate restructuring », *Journal of Corporate Finance*, vol. 33, 2015, p. 19-33.

Korichi Sabria et Alaoui Mdaghri Abdelouahed, « Entreprise familiale marocaine : vers un capitalisme d'héritiers ? », *International Journal of Economics & Strategic Management of Business Process (ESMB)*, vol. 6, 2016, p. 44-53.

La Porta Rafael, Lopez-de-Silanes Florencio, Shleifer Andrei et Vishny Robert W., « Investor protection and corporate governance », *Journal of Financial Economics*, vol. 58, nos 1-2, 2000, p. 3-27.

Labadi Mohamed et Nekhili Mehdi, « Structure de propriété et partage de la valeur ajoutée : application aux entreprises françaises non financières du SBF 120 », *Revue de la régulation. Capitalisme, institutions, pouvoirs*, no 12, 2012.

Latrous Imen, « Structure de propriété et endettement des entreprises : étude empirique sur le marché français », *Revue Organisations & Territoires*, vol. 20, nos 2-3, 2011, p. 21-28.

Madani Wiem Elmanaa et Khlif Wafa, « Effets de la structure de propriété sur la performance des entreprises tunisiennes », *La Revue des Sciences de Gestion*, no 243-244, 2010, p. 63-70.

Maigne Claire, « Les entreprises en difficulté : réagir avant la défaillance », mémoire de master, Université de Poitiers, IAE, Master 2 CCA, 2013.

Mard Yves, Marsat Sylvain et Roux Fabien, « Structure de l'actionnariat et performance financière de l'entreprise : le cas français », *Finance Contrôle Stratégie*, vol. 17, no 4, 2014.

Maurand-Valet Anne, « Choix méthodologiques en sciences de gestion : pourquoi tant de chiffres ? », *Management & Avenir*, no 43, 2011, p. 289-302.

Meziane S., *Diagnostic et redressement des entreprises en difficulté*, mémoire de fin d'études, Société Interbancaire de Formation, Alger, 2008.

Ngouloubi Christelle A. et Kataba Jean L., « Quel management pour les entreprises en difficultés financières ? », *Revue Congolaise de Gestion*, no 1, 2012, p. 167-190.

O'Boyle Ernest H., Patel Pankaj C. et Gonzalez-Mulé Erik, « Employee ownership and firm performance: a meta-analysis », *Human Resource Management Journal*, vol. 26, no 4, 2016, p. 425-448.

Oluwagbemiga Oyerogba Ezekiel, Michael Oluwatoyin et Zaccheaus Solomon Adeoluwa, « The effect of ownership concentration on firm value of listed companies », *Journal of Humanities and Social Science*, vol. 19, no 1, 2014, p. 90-96.

Omri Abdelwahed, « Systèmes de gouvernance et performance des entreprises tunisiennes », *Revue française de gestion*, no 142, 2003, p. 85-100.

Oubenal Mehdi et Zeroual Ahmed, « Qui dirige l'économie marocaine ? Étude effectuée sur la structure de gouvernance du tissu économique marocain », mémo scientifique, TAFRA, 2018.

Pearce II John A. et Robbins Keith, « Toward improved theory and research on business turnaround », *Journal of Management*, vol. 19, no 3, 1993, p. 613-636.

Perry Tod et Shivdasani Anil, « Do boards affect performance? Evidence from corporate restructuring », *The Journal of Business*, vol. 78, no 4, 2005, p. 1403-1432.

Rachid Choubai, *Les fondements théoriques de la régression logistique et son utilisation en épidémiologie à l'aide du système SAS*, mémoire de M.Sc., Université de Sherbrooke, 2006.

Renaud Angèle et Berland Nicolas, « Mesure de la performance globale des entreprises », dans *Comptabilité et environnement*, Poitiers, 2007.

Sahut Jean-Michel et Othmani Gharbi Hidaya, « Institutional investors' typology and firm performance: the case of French firms », *International Journal of Business*, vol. 15, no 1, 2010, p. 33.

Salgado Melchior, « La performance : une dimension fondamentale pour l'évaluation des entreprises et des organisations », Université de Lyon, 2013.

Salloum Charbel et Azoury Nehmé, « Détresse financière et gouvernance d'entreprise », *Revue Libanaise de Gestion et d'Économie*, vol. 1, no 1, 2008, p. 122-164.

Scoyez-Van Poppel Sylvie et Severin Éric, « Les mesures de restructuration comme sources de restauration de la compétitivité et de la performance des entreprises : une première approche qualitative-inductive », Xe Conférence de l'AIMS, 2001.

Séverin Éric, « La renégociation financière des entreprises en difficulté », *Revue française de gestion*, no 162, 2006, p. 33-49.

Séverin Éric, « Les réductions d'effectifs comme mesure de restructuration pour favoriser la performance », *La Revue des Sciences de Gestion*, no 221, 2007, p. 13-24.

Séverin Éric et Dhennin Solène, « Structure du capital et mesures de restructuration », *Finance Contrôle Stratégie*, vol. 6, no 1, 2003, p. 155-186.

Séverin Éric et Scoyez-Van Poppel Sylvie, « Réductions d'effectifs et création de valeur », *La Revue des Sciences de Gestion*, no 217, 2006, p. 41-57.

Shleifer Andrei et Vishny Robert W., « Management entrenchment: the case of manager-specific investments », *Journal of Financial Economics*, vol. 25, no 1, 1989, p. 123-139.

Shleifer Andrei et Vishny Robert W., « A survey of corporate governance », *The Journal of Finance*, vol. 52, no 2, 1997, p. 737-783.

Tobin James, « A general equilibrium approach to monetary theory », *Journal of Money, Credit and Banking*, vol. 1, no 1, 1969, p. 15-29.

Van Compernol Hélène, Legrand Jean-Jacques et Denève Catherine, *Restructurations : regard sur ses répercussions humaines et organisationnelles*, 2015.

Verny Jean-François et Langet Denys, « Prévention et traitement des difficultés des entreprises : les propositions présentées par le CNPF et l'AFB », *Revue d'économie financière*, no 25, 1993, p. 107-119.

Vintilă Georgeta et Gherghina Ştefan Cristian, « The impact of ownership concentration on firm value : empirical study of the Bucharest Stock Exchange listed companies », *Procedia Economics and Finance*, vol. 15, 2014, p. 271-279.

Vintilă Georgeta et Gherghina Ştefan Cristian, « Does ownership structure influence firm value? An empirical research towards the Bucharest Stock Exchange listed companies », *International Journal of Economics and Financial Issues*, vol. 5, no 2, 2015, p. 501-514.

Wahl Mike F., « The ownership structure of corporations: owners classification & typology », *EBS Review*, vol. 21, no 1, 2006, p. 94-103.

Wölfer Katinka, *Ownership Structure and Corporate Performanc : A Panel Data Analysis for the German Market*, Frankfurt, Peter Lang, 2016.

Yavaş Çiğdem Vural et Erdogan Seda B., « The effect of foreign ownership on firm performance: evidence from emerging market », *Australian Academy of Accounting and Finance Review*, vol. 2, no 4, 2017, p. 363-371.

Yu Mei, « State ownership and firm performance: empirical evidence from Chinese listed companies », *China Journal of Accounting Research*, vol. 6, no 2, 2013, p. 75-87.

Zingales Luigi, « What determines the value of corporate votes? », *The Quarterly Journal of Economics*, vol. 110, no 4, 1995, p. 1047-1073.

Thèses de doctorat

Abbad Ibtissem, *Les entreprises en difficulté : diagnostic et redressement – Cas : Entreprise de Céramique de la Tafna-CERTAF*, thèse de doctorat, Université d'Oran 2 Mohamed Ben Ahmed, 2009.

Ammar Karim, *Le rôle des investisseurs institutionnels dans la gouvernance des sociétés cotées : le cas des sociétés égyptiennes cotées*, thèse de doctorat, Université de Bordeaux, 2009.

Amzal Amine et Benabdemoumen Abdelkader, *Le rôle de la banque dans le redressement des entreprises en difficulté*, thèse de doctorat, Université de Béjaïa, 2017.

Ben Jabeur Sami, *Statut de la faillite en théorie financière : approches théoriques et validations empiriques dans le contexte français*, thèse de doctorat, Université de Toulon, 2011.

Buyankina Anastasia, Justyna Czajka, Malatray Isabelle et Rouchon Coralie, *Restructurations d'entreprise : quels rôles et contribution de la fonction RH*, mémoire de MBA, Université Paris-Dauphine, Département Management des Ressources Humaines, Promotion 9, 2012, p. 3-4.

Ckouekam Olivier, *Géographie du capital et contrôle des grandes entreprises au Cameroun : impact du contexte socio-politique et culturel*, thèse de doctorat, Université de Bordeaux & Université de Yaoundé II, 2015.

Du Boys Céline, *Rôle des conflits d'agence, de la structure d'actionnariat et des mécanismes de gouvernance sur les politiques de distribution : application aux décisions de dividende et de rachat d'actions des sociétés françaises cotées*, thèse de doctorat, Université Paul Cézanne (Aix-Marseille III), 2007.

Gagnon Olivier, *Les conditions de succès des restructurations*, thèse de doctorat, Université Paris 1 Panthéon-Sorbonne, 2017, p. 58-59.

Hamadmad Hassan, *Définition d'une expression temporelle de la performance des entreprises manufacturières*, thèse de doctorat, Université Grenoble Alpes, 2017.

Khaldi Mohamed Amine, *Impact des mécanismes de gouvernance sur la création et la répartition de la valeur partenariale*, thèse de doctorat, Université de Grenoble, 2014.

Ledentu François, *Système de gouvernance d'entreprise et présence d'actionnaires de contrôle : le cas suisse*, thèse de doctorat, Université de Fribourg, Faculté des Sciences économiques et sociales, 2008.

Louizi Amal, *Les déterminants d'une bonne gouvernance et la performance des entreprises françaises : études empiriques*, thèse de doctorat en sciences de gestion, Université Jean Moulin Lyon 3, 2011.

Madhar Soukaina, *Corporate gouvernance et performance des entreprises : cas des émetteurs marocains*, thèse de doctorat, ISCAE Casablanca, 2016.

Mokaya John, *The effect of corporate restructuring on company performance: a case study of East African Breweries Limited (EABL)*, thèse de doctorat, Université Internationale des États-Unis en Afrique, 2016.

N'goma Thérèse Flore, *L'augmentation de capital en situation difficile : le cas des entreprises françaises cotées*, thèse de doctorat, Université de Bretagne Occidentale – Brest, 2016.

Olivier Gabriel, *Les conditions de succès des restructurations*, thèse de doctorat en sciences de gestion, Université Paris 1 Panthéon-Sorbonne, 2017.

Velmuradova Mila, *Épistémologies et méthodologies de la recherche en sciences de gestion : note de synthèse*, thèse de doctorat, Université de Toulon, Laboratoire ERMMES, 2004.

Rivière Anne, *Politique de réduction des coûts et annonce de politique de réduction des coûts : étude des discours des groupes français cotés*, thèse de doctorat, Université des Sciences Sociales de Toulouse, 2007.

Articles de presse

Oudfihri Mohamed, « Actionnaires, vos droits », *L'Économiste,* no 298, octobre 1997.

Sardin Marc, « Quels sont les droits de vos actionnaires ? », *Les Échos,* avril 2018.

Seddik Youssef, « Actionnariat salarié : une culture encore peu développée au Maroc », *Finances News,* juillet 2019.

Seddik Youssef, « Comment se porte l'actionnariat salarié au Maroc ? », *Boursenews,* juillet 2019.

Dassouli Abdelali, « Sociétés cotées défaillantes : un déni de la loi condamnable ! », *La Nouvelle Tribune,* 12 avril 2016, disponible sur lnt.ma.

Frémond Olivier, « L'actionnariat et son mode de financement », *L'Économiste,* no 175, avril 1995.

Fahim Othmane, « Étude : les entreprises marocaines face aux projets de transformation », *TelQuel,* 19 octobre 2017.

Flot Julien, « La politique de distribution des dividendes », *Graphseo Bourse,* novembre 2016.

Libération, « La Bourse de Casablanca frappée de plein fouet par la crise sanitaire du Covid-19 », 15 avril 2020.

Le Boursier, « Un débat à l'ESCA : mieux comprendre les entreprises familiales cotées à la Bourse », 12 janvier 2018.

Rapports

CDVM, *Rapport CDVM n°17, 1er trimestre 2014,* Casablanca, Conseil Déontologique des Valeurs Mobilières, 2014.

AMMC, *Guide de l'actionnaire,* Rabat, Autorité Marocaine du Marché des Capitaux, 2010.

Bourse de Casablanca, *Nouveaux indices MASI Flottant et MADEX Flottant,* Casablanca, 1er décembre 2004.

Royaume du Maroc, *Dahir portant loi n° 1-93-211 relatif à la Bourse des Valeurs,* promulgué le 21 septembre 1993, modifié et complété par les lois n° 34-96, 29-00, 52-01, 45-06 et 43-09.

SITES WEB

Autorité Marocaine du Marché des Capitaux (AMMC), *Site officiel*. Disponible sur : https://www.ammc.ma

Bourse de Casablanca, *Site officiel de la Bourse de Casablanca*. Disponible sur : https://www.casablanca-bourse.com

Ooreka, *Comptabilité : informations et conseils pratiques*, Disponible sur : https://www.comptabilite.ooreka.fr

Université de Sherbrooke, *Espace Web SPSS*. Disponible sur : https://www.spss.espaceweb.usherbrooke.ca

CDG Capital Bourse, *Portail d'information financière*. Disponible sur : https://www.cdgcapitalbourse.ma

Investopedia, *Financial Education Platform*. Disponible sur : https://www.investopedia.com

Le Boursier, *Actualités et analyses boursières au Maroc*. Disponible sur : https://www.leboursier.ma

Conseil Déontologique des Valeurs Mobilières (CDVM), *Portail institutionnel*. Disponible sur : https://www.cdvm.gov.ma

ANNEXES

Annexe 1 : Liste des entreprises cotées à la bourse des valeurs de Casablanca représentant notre échantillon d'étude

Libelle valeur	Secteur/Catégorie	
AFMA	Assurances	1
AFRIQUIA GAZ	Pétrole et Gaz	2
ALLIANCES	Participation et promotion immobilières	3
ATLANTA	Assurances	4
ATTIJARIWAFA BANK	Banques	5
AUTO HALL	Distributeurs	6
BCP	Banques	7
BMCE BANK	Banques	8
BMCI	Banques	9
CDM	Banques	10
CIH	Banques	11
CIMENTS DU MAROC	Bâtiment et Matériaux de Construction	12
COLORADO	Bâtiment et Matériaux de Construction	13
COSUMAR	Agroalimentaire et Production	14
CTM	Transport	15
DELTA HOLDING	Sociétés de Portefeuilles / Holdings	16
DISWAY	Matériels, Logiciels et Services Informatiques	17
DOUJA PROM ADDOHA	Participation et promotion immobilières	18
ENNAKL	Distributeurs	19
EQDOM	Sociétés de financement et Autres Activités Financières	20
FENIE BROSSETTE	Distributeurs	21
HPS	Matériels, Logiciels et Services Informatiques	22
ITISSALAT AL-MAGHRIB	Télécommunications	23
JET CONTRACTORS	Bâtiment et Matériaux de Construction	24
LABEL VIE	Distributeurs	25

LAFARGEHOLCIM MAR	Bâtiment et Matériaux de Construction	26
LESIEUR CRISTAL	Agroalimentaire et Production	27
LYDEC	Services aux Collectivités	28
MANAGEM	Mines	29
MICRODATA	Matériels, Logiciels et Services Informatiques	30
MINIERE TOUISSIT	Mines	31
NEXANS MAROC	Equipements Electroniques et Electriques	32
OULMES	Boissons	33
RES DAR SAADA	Participation et promotion immobilières	34
RISMA	Loisirs et Hôtels	35
SAHAM ASSURANCE	Assurances	36
SALAFIN	Sociétés de financement et Autres Activités Financières	37
SNEP	Chimie	38
SOCIETE DES BOISSONS DU MAROC	Boissons	39
SODEP-Marsa Maroc	Services de transport	40
SONASID	Bâtiment et Matériaux de Construction	41
STOKVIS NORD AFRIQUE	Distributeurs	42
TAQA MOROCCO	Electricité	43
TOTAL MAROC	Pétrole et Gaz	44
UNIMER	Agroalimentaire et Production	45
WAFA ASSURANCE	Assurances	46
ALUMINIUM DU MAROC	Bâtiment et Matériaux de Construction	47
CARTIER SAADA	Agroalimentaire et Production	48
DELATTRE LEVIVIER MAROC	Ingénieries et Biens d'Equipement Industriels	49
IB MAROC.COM	Matériels, Logiciels et Services Informatiques	50
M2M Group	Matériels, Logiciels et Services Informatiques	51
MAGHREB OXYGENE	Chimie	52
MAGHREBAIL	Sociétés de financement et Autres Activités Financières	53
MAROC LEASING	Sociétés de financement et Autres Activités Financières	54
MED PAPER	Sylviculture et Papier	55

S.M MONETIQUE	Matériels, Logiciels et Services Informatiques	56
SMI	Mines	57
SOTHEMA	Industrie Pharmaceutique	58
AFRIC INDUSTRIES SA	Bâtiment et Matériaux de Construction	59
AGMA	Assurances	60
AUTO NEJMA	Distributeurs	61
BALIMA	Sociétés de placement immobilier	62
CENTRALE DANONE	Agroalimentaire et Production	63
DARI COUSPATE	Agroalimentaire et Production	64
INVOLYS	Matériels, Logiciels et Services Informatiques	65
PROMOPHARM S.A.	Industrie Pharmaceutique	66
REALISATIONS MECANIQUES	Distributeurs	67
REBAB COMPANY	Mines	68
TIMAR	Transport	69
ZELLIDJA S.A	Sociétés de Portefeuilles / Holdings	70

Annexe 2 :

* Matrice de Corrélation entre les variables de la structure d'actionnariat et les variables de la performance

Corrélations

		ROA	Q	ACT1	ACT2	ACT3	FAM	NFAM
ROA	Corrélation de Pearson	1	,475**	,032	,217	-,073	,215	-,200
	Sig. (bilatérale)		,000	,793	,071	,551	,074	,097
	N	70	70	70	70	70	70	70
Q	Corrélation de Pearson	,475**	1	,140	,051	-,026	,080	-,021
	Sig. (bilatérale)	,000		,249	,673	,834	,511	,864
	N	70	70	70	70	70	70	70
ACT1	Corrélation de Pearson	,032	,140	1	-,274*	-,609**	,282*	,314**
	Sig. (bilatérale)	,793	,249		,022	,000	,018	,008
	N	70	70	70	70	70	70	70
ACT2	Corrélation de Pearson	,217	,051	-,274*	1	,022	-,002	-,186
	Sig. (bilatérale)	,071	,673	,022		,854	,986	,123
	N	70	70	70	70	70	70	70
ACT3	Corrélation de Pearson	-,073	-,026	-,609**	,022	1	-,175	-,194
	Sig. (bilatérale)	,551	,834	,000	,854		,148	,107
	N	70	70	70	70	70	70	70
FAM	Corrélation de Pearson	,215	,080	,282*	-,002	-,175	1	-,813**
	Sig. (bilatérale)	,074	,511	,018	,986	,148		,000
	N	70	70	70	70	70	70	70
NFAM	Corrélation de Pearson	-,200	-,021	,314**	-,186	-,194	-,813**	1
	Sig. (bilatérale)	,097	,864	,008	,123	,107	,000	
	N	70	70	70	70	70	70	70

**. La corrélation est significative au niveau 0.01 (bilatéral).

*. La corrélation est significative au niveau 0.05 (bilatéral).

Annexe 3 : Listing SPSS- Régression simple liant la performance et les variables de la nature d'actionnariat (ACT FAM / ACT NFAM)

Coefficients[a]						
Modèle		Coefficients non standardisés		Coefficients standardisés	t	Sig.
		B	Erreur standard	Bêta		
1	(Constante)	,034	,046		,739	,463
	FAM	,188	,103	,215	1,815	,074

		B	Erreur standard	Bêta		
1	(Constante)	,132	,037		3,609	,001
	NFAM	-,174	,104	-,200	-1,684	,097

a. Variable dépendante : ROA

Coefficients[a]						
Modèle		Coefficients non standardisés		Coefficients standardisés	t	Sig.
		B	Erreur standard	Bêta		
1	(Constante)	1,537	,152		10,100	,000
	FAM	,227	,343	,080	,660	,511
	(Constante)	1,625	,122		13,355	,000
	NFAM	-,059	,343	-,021	-,172	,864

a. Variable dépendante : Q

Annexe 4: Listing SPSS -Régression multiple liant la concentration d'actionnariat et la performance avec ROA comme variable dépendante

ANOVA[a]

Modèle		Somme des carrés	ddl	Carré moyen	F	Sig.
1	Régression	,388	4	,097	1,542	,201[b]
	de Student	4,092	65	,063		
	Total	4,480	69			

a. Variable dépendante : ROA

b. Prédicteurs : (Constante), TAIL, ACT1, ACT2, ACT3

Coefficients

Modèle		Coefficients non standardisés		Coefficients standardisés	T	Sig.	Corrélations			Statistiques de colinéarité	
		B	Erreur standard	Bêta			Corrélation simple	Partielle	Partielle	Tolérance	VIF
1	(Constante)	,403	,394		1,025	,309					
	ACT1	,111	,219	,080	,505	,615	,032	,063	,060	,561	1,784
	ACT2	,517	,334	,199	1,547	,127	,217	,188	,183	,850	1,176
	ACT3	-,036	,654	-,008	-,055	,956	-,073	-,007	-,007	,601	1,665
	TAIL	-,022	,015	-,179	-1,464	,148	-,225	-,179	-,173	,937	1,068

a. Variable dépendante : ROA

Annexe 5 : Listing SPSS – Régression multiple liant la concentration d'actionnariat et la performance avec Q comme variable dépendante

ANOVA[a]						
Modèle		Somme des carrés	Ddl	Carré moyen	F	Sig.
1	Régression	2,137	4	,534	,769	,549[b]
	de Student	45,155	65	,695		
	Total	47,292	69			
a. Variable dépendante : Q						
b. Prédicteurs : (Constante), TAIL, ACT1, ACT2, ACT3						

Coefficients											
Modèle		Coefficients non standardisés		Coefficients standardisés	t	Sig.	Corrélations			Statistiques de colinéarité	
		B	Erreur standard	Bêta			Corrélation simple	Partielle	Partielle	Tolérance	VIF
	(Constante)	1,464	1,307		1,120	,267					
	ACT1	1,105	,728	,246	1,518	,134	,140	,185	,184	,561	1,784
	ACT2	,803	1,110	,095	,723	,472	,051	,089	,088	,850	1,176
	ACT3	1,838	2,173	,132	,846	,401	-,026	,104	,103	,601	1,665
	TAIL	-,037	,050	-,093	-,740	,462	-,101	-,091	-,090	,937	1,068

b. Variable dépendante :

Annexe 6 : Régression multiple entre les variables de l'actionnariat familial et la performance

		Coefficients non standardisés		Coefficients standardisés	T	Sig.	Corrélations			Statistiques de colinéarité	
		B	Erreur standard	Bêta			Corrélation simple	Partielle	Partielle	Tolérance	VIF
1	(Constante)	,593	,334		1,776	,080					
	FAM	,118	,177	,135	,668	,506	,215	,082	,079	,338	2,962
	NFAM	-,054	,176	-,062	-,308	,759	-,200	-,038	-,036	,338	2,957
	TAIL	-,024	,015	-,197	-1,65	,104	-,225	-,199	-,194	,977	1,024

Variables introduites/éliminées[a]

Modèle	Variables introduites	Variables éliminées	Méthode
1	TAIL, NFAM, FAM[b]	.	Introduire

a. Variable dépendante : ROA

b. Toutes les variables demandées ont été introduites.

ANOVA[a]

Modèle		Somme des carrés	ddl	Carré moyen	F	Sig.
1	Régression	,385	3	,128	2,065	,113[b]
	de Student	4,096	66	,062		
	Total	4,480	69			

a. Variable dépendante : ROA

b. Prédicteurs : (Constante), TAIL, NFAM, FAM

Variables introduites/éliminées[a]			
Modèle	Variables introduites	Variables éliminées	Méthode
1	TAIL, NFAM, FAM[b]	.	Introduire
a. Variable dépendante : Q			
b. Toutes les variables demandées ont été introduites.			

ANOVA[a]						
Modèle		Somme des carrés	Ddl	Carré moyen	F	Sig.
1	Régression	,983	3	,328	,467	,706[b]
	de Student	46,309	66	,702		
	Total	47,292	69			
a. Variable dépendante : Q						
b. Prédicteurs : (Constante), TAIL, NFAM, FAM						

Modèle		Coefficients non standardisés		Coefficients standardisés	t	Sig.	Corrélations			Statistiques de colinéarité	
		B	Erreur standard	Bêta			Corrélation simple	Partielle	Partielle	Tolérance	VIF
1	(Constante)	2,185	1,124		1,945	,056					
	FAM	,501	,595	,177	,842	,403	,080	,103	,103	,338	2,962
	NFAM	,385	,593	,136	,650	,518	-,021	,080	,079	,338	2,957
	TAIL	-,038	,049	-,094	-,765	,447	-,101	-,094	-,093	,977	1,024

Annexe 7 : Libellé des valeurs cotées de notre échantillon

Libellé valeurs cotées	Mnémo
CDM	CDM
FENIE	FBR
BROSSETTE	SRM
REALIS.	SNA
MECANIQUES	ADI
STOKVIS	ADH
NORD AFRIQUE	DLM
ALLIANCES	STR
DOUJA	SID
PROM	OUL
ADDOHA	CLT
DELATTRE	CSR
LEVIVIER	COL
MAROC	SNP
STROC	MNG
INDUSTRIE	REB
SONASID	SMI
OULMES	MOX
CENTRALE	SAM
LAITIERE	MDP
COSUMAR	IBMC
COLORADO	ATH
SNEP	TIM
MANAGEM	LBV
REBAB	RIS
COMPANY	JET
SMI	RDS
MAGHREB	TMA
OXYGEN	ZDJ
SAMIR	
MED PAPER	
IB	
MAROC.COM	

AUTO HALL TIMAR LABEL VIE RISMA JET CONTRACTORS RES DAR SAADA TOTAL MAROC ZELLIDJA SA	

Annexe 8 : Listing SPSS de la régression logistique : Mesures financières comme variable dépendante

Table de classification[a,b]					
	Observé		Prévisions		
			MESURESFIN		Pourcentage correct
			NON	OUI	
Pas 0	MESURESFIN	NON	23	0	100,0
		OUI	22	0	,0
	Pourcentage global				51,1

a. La constante est incluse dans le modèle.

b. La valeur de coupe est,500

Variables de l'équation							
		B	E.S	Wald	ddl	Sig.	Exp(B)
Pas 0	Constante	-,044	,298	,022	1	,882	,957

Variables absentes de l'équation					
			Score	ddl	Sig.
Pas 0	Variables	ACT123	,027	1	,869
		TAILLE	,600	1	,439
		VARB	1,807	1	,179
	Statistiques générales		2,560	3	,464

Tests composites des coefficients du modèle				
		Khi-carré	ddl	Sig.
Pas 1	Pas	2,644	3	,450
	Bloc	2,644	3	,450
	Modèle	2,644	3	,450

Récapitulatif des modèles			
Pas	Log de vraisemblance -2	R-deux de Cox et Snell	R-deux de Nagelkerke
1	59,717[a]	,057	,076

a. L'estimation s'est arrêtée à l'itération numéro 4, car le nombre de modifications des estimations du paramètre est inférieur à,001.

Test de Hosmer et Lemeshow			
Pas	Khi-carré	ddl	Sig.
1	7,880	7	,343

Tableau de contingence pour le test de Hosmer et Lemeshow						
		MESURESFIN = NON		MESURESFIN = OUI		Total
		Observé	Attendu	Observé	Attendu	
Pas 1	1	4	3,491	1	1,509	5
	2	3	3,771	3	2,229	6
	3	4	2,916	1	2,084	5
	4	1	2,718	4	2,282	5
	5	3	2,574	2	2,426	5
	6	2	2,320	3	2,680	5
	7	4	2,120	1	2,880	5
	8	1	1,910	4	3,090	5
	9	1	1,180	3	2,820	4

Variables de l'équation							
		B	E.S	Wald	ddl	Sig.	Exp(B)
Pas 1[a]	ACT123	-,014	2,795	,000	1	,996	,986
	TAILLE	-,183	,207	,781	1	,377	,833
	VARB	,026	,019	1,854	1	,173	1,026
	Constante	4,852	5,226	,862	1	,353	128,018

Variables de l'équation			
		Intervalle de confiance 95% pour EXP(B)	
		Inférieur	Supérieur
Pas 1[a]	ACT123	,004	236,224
	TAILLE	,555	1,249
	VARB	,989	1,064
	Constante		

a. Introduction des variables au pas 1 : ACT123, TAILLE, VARB.

Annexe 9 :Listing SPSS de la régression logistique : Les autres mesures de portefeuille comme variable dépendante

Table de classification[a,b]					
			Prévisions		
			AUTRES		Pourcentage correct
	Observé		NON	OUI	
Pas 0	AUTRES	NON	36	0	100,0
		OUI	9	0	,0
	Pourcentage global				80,0

a. La constante est incluse dans le modèle.

b. La valeur de coupe est,500

Variables de l'équation							
		B	E.S	Wald	Ddl	Sig.	Exp(B)
Pas 0	Constante	-1,386	,373	13,837	1	000	,250

Variables absentes de l'équation					
			Score	ddl	Sig.
Pas 0	Variables	ACT123	1,236	1	,266
		TAILLE	1,076	1	,300
		VARB	1,880	1	,170
	Statistiques générales		4,737	3	,192

Tests composites des coefficients du modèle				
		Khi-carré	ddl	Sig.
Pas 1	Pas	5,023	3	,170
	Bloc	5,023	3	,170
	Modèle	5,023	3	,170

Récapitulatif des modèles			
Pas	Log de vraisemblance -2	R-deux de Cox et Snell	R-deux de Nagelkerke
1	40,014[a]	,106	,167

a. L'estimation s'est arrêtée à l'itération numéro 5, car le nombre de modifications des estimations du paramètre est inférieur à,001.

Test de Hosmer et Lemeshow			
Pas	Khi-carré	ddl	Sig.
1	3,402	7	,846

Tableau de contingence pour le test de Hosmer et Lemeshow						
		AUTRES = NON		AUTRES = OUI		
		Observé	Attendu	Observé	Attendu	Total
Pas 1	1	5	4,773	0	,227	5
	2	5	4,605	0	,395	5
	3	4	4,505	1	,495	5
	4	5	4,330	0	,670	5
	5	4	4,153	1	,847	5
	6	3	3,890	2	1,110	5
	7	5	4,434	1	1,566	6
	8	3	3,409	2	1,591	5
	9	2	1,901	2	2,099	4

Structures éditoriales du groupe L'Harmattan

L'Harmattan Italie
Via degli Artisti, 15
10124 Torino
harmattan.italia@gmail.com

L'Harmattan Hongrie
Kossuth l. u. 14-16.
1053 Budapest
harmattan@harmattan.hu

L'Harmattan Sénégal
10 VDN SICAP AMITIE 3
BP 45034 Dakar-Fann
direction@senharmattan.com

L'Harmattan Cameroun
Tsinga/Derrière polyclinique FECAFOOT
BP 11486 Yaoundé
Jacques.koukam@harmattan.fr

L'Harmattan Burkina Faso
Villa 281, secteur 23 623, rue 14.32
Ouagadougou
zagbie@outlook.fr

L'Harmattan Guinée
Almamya, rue KA 028 OKB Agency
BP 3470 Conakry
harmattanguinee@yahoo.fr

L'Harmattan RDC
185, avenue Nyangwe
Commune de Lingwala – Kinshasa
matangilamusadila@yahoo.fr

L'Harmattan Congo
219, avenue Nelson Mandela
BP 2874 Brazzaville
deunovmikhael@gmail.com

L'Harmattan Mali
Immeuble Mgr Jean Marie Cissé
Aci Hamadallaye
BP 145 Bamako
syllaka@yahoo.fr

L'Harmattan Togo
Djidjole – Maison Amela
face EPP BATOME
02 BP 20680 Lomé
didieramela11@gmail.com

L'Harmattan Côte d'Ivoire
Résidence Karl – Cité des Arts
Abidjan-Cocody
03 BP 1588 Abidjan
harmattan.ivoire@gmail.com

L'Harmattan Bénin
Rue 604, (Immeuble à l'entrée
de la rue UCAO- Cite de Saint-Jean)
Cotonou
stepcorpus@gmail.com

Nos librairies en France

Librairie internationale
16, rue des Écoles
75005 Paris
librairie.internationale@harmattan.fr
01 40 46 79 11
www.librairieharmattan.com

Librairie des savoirs
21, rue des Écoles
75005 Paris
librairie.sh@harmattan.fr
01 46 34 13 71
www.librairieharmattansh.com

www.ingramcontent.com/pod-product-compliance
Lightning Source LLC
LaVergne TN
LVHW011248061026
849535LV00005B/1181